行政与刑事案件转化问题研究

任　佳　著

群　众　出　版　社
·北　京·

图书在版编目（CIP）数据

行政与刑事案件转化问题研究／任佳著．—北京：群众出版社，2019.5
ISBN 978-7-5014-5906-3

Ⅰ.①行…　Ⅱ.①任…　Ⅲ.①行政诉讼法—研究—中国②刑事诉讼法—研究—中国　Ⅳ.①D925.304②D925.204

中国版本图书馆 CIP 数据核字（2019）第 000535 号

行政与刑事案件转化问题研究

任　佳　著

出版发行：群众出版社
地　　址：北京市丰台区方庄芳星园三区 15 号楼
邮政编码：100078
经　　销：新华书店
印　　刷：北京谊兴印刷有限公司

版　　次：2019 年 5 月第 1 版
印　　次：2019 年 5 月第 1 次
印　　张：12. 25
开　　本：787 毫米×1092 毫米　1/16
字　　数：224 千字

书　　号：ISBN 978-7-5014-5906-3
定　　价：48. 00 元

网　　址：www.qzcbs.com
电子邮箱：qzcbs@ sohu.com

营销中心电话：010-83903254
读者服务部电话（门市）：010-83903257
警官读者俱乐部电话（网购、邮购）：010-83903253
公安业务分社电话：010-83905672

前　言

习近平总书记在2015年3月24日十八届中共中央政治局第二十一次集体学习时强调：深化司法体制改革，建设公正高效权威的社会主义司法制度，是推进国家治理体系和治理能力现代化的重要举措。要坚持司法体制改革的正确政治方向，坚持以提高司法公信力为根本尺度，坚持符合国情和遵循司法规律相结合，坚持问题导向、勇于攻坚克难，坚定不移深化司法体制改革，不断促进社会公平正义。

随着我国司法体制改革的深入推进，行政执法与刑事司法的衔接和转化问题再次成为理论界和实务界的焦点，已经不再是单独某一部门的职责和权限，而是需要行政执法机关和刑事司法机关的紧密配合和高效衔接来完善。

行政执法与刑事司法的“两法衔接”，是指行政机关执法工作人员在依法查处行政违法行为时，对于其中可能涉嫌达到刑事犯罪的行政案件及时全面地移送给公安部门和刑事司法部门。刑事案件与行政案件之间的转化主要是指两种转化：第一种是行政案件转化为刑事案件处理，第二种是刑事案件转化为行政案件处理。这两种转化表现出内涵的一致性、方向的相反性。

按照党的十九大提出的要求，今后一个时期，司法体制改革的任务是深化司法体制综合配套改革，全面落实司法责任制，努力让人民群众在每一个司法案件中感受到公平正义。2019年1月29日，司法部发布了《全面深化司法行政改革纲要（2018—2022年）》（以下简称《纲要》）。《纲要》确定的总体目标是：到2022年，司法行政改革工作要努力实现七大目标，其中一项主要目标就是：司法部改革全面深化，以履行中央全面依法治国委员会办公室职责为统领，统筹行政立法、行政执法、刑事执行、公共法律服务为主要内容的职能体系优化协同高效运转，司法行政系统服务党和国家工作大局和事业发展全局的能力和水平切实增强，人民群众的法治需求得到更好满足。《纲要》确定的主要任务之一，就是“统筹推进行政执法体制机制改革，健全完善刑事执行体制”，这也突出表明了行政案件与刑事案件转化问题的重要性和迫切性，加强行政执法与刑事司法衔接与转化，是深化行政执法体制改革、全面推进依法治国的重要内容。

行政执法与刑事司法衔接机制自2001年建立以来，国务院于2001年7月9日颁布实施了《行政机关移送涉嫌犯罪案件的规定》，最高人民检察院单独或者联合其他有关部门也相继出台了一系列法律文件来指导“行刑衔接”的实践工作，地方各级政府及其有关部门均出台了大量关于“两法衔接”的指导性法律文件，也尝试建立了许多实施机制及措施，以此来促进行政执法与刑事司法的衔接工作有效运行。但是，我们必须认识到，在“行刑衔接”法律理论研究方面，存在“两法衔接”法律机制难以得到实施、“两法衔接”制度的宪法依据缺失、“两法衔接”制度的立法模式混乱等问题；在“行刑衔接”的实务工作中也普遍存在一些问题，如行政执法机关及其执法人员出于部门利益甚至个人私利的考量，对于查处的行政处罚案件，不能及时移送或者不全面移送，甚至不移送给刑事司法机关，导致在实践中“以罚代刑”的现象屡见不鲜，很多刑事犯罪行为借此来逃避刑事处罚等。因此，建立有效监督下的行政与刑事案件转化机制，一方面，可以有效整肃行政执法中“以罚代刑”、逃避刑事制裁等问题，另一方面，也可以有效地遏制刑事司法机关不立案、不纠罪的现象，保证公正司法，有效地打击行政违法犯罪。

《行政与刑事案件转化问题研究》一书由中国人民警察大学科研出版基金资助出版。本书回应了我国司法改革工作中的重要问题，植根于我国“两法衔接”的多年实践成果和经验教训，从学理和实务两个维度，探讨行政与刑事案件衔接转化中存在的重大问题和状况，深入分析其原因，探究其中的规律，最后尝试提出完善我国目前“两法衔接”工作的有效建议，以期对理论和实务工作起到一定的借鉴作用。因时间和水平有限，本书存在着一定的疏漏和不足，恳请各位专家批评指正，以便作者在未来的研究工作中改进。

目 录

引 言

一、选题的由来

2012年修订的《中华人民共和国刑事诉讼法》（以下简称《刑事诉讼法》）第52条增加了“行政机关在行政执法和查办案件过程中收集的物证、书证、视听资料、电子数据等证据材料，在刑事诉讼中可以作为证据使用”的规定。但是，行政案件转化为刑事案件需要有一个程序接续问题，《刑事诉讼法》中并没有加以规定，因此，笔者认为非常有必要对这一问题进行分析研究，尝试弥补这一缺憾。这是将此问题作为本论文选题的初衷。

在司法实践中，当一起事件发生以后，由于认识的局限性，不可能立即确定案件的性质；但是，随着认识的不断深入，就可能发生对以往案件性质认识的纠正。这时就涉及一种案件性质向另外一种案件性质的转化，在这种转化过程中，就需要一定的手续、方式，将案件由一个办案主体转移给另一个办案主体。这是摆在实践中的刑事执法和行政执法主体面前的一个难题。由于缺乏具体操作的规定，司法实践中做法各异，出现了各种问题，影响法律的权威性和严肃性。因此，解决司法实践中的问题，为实践部门提供解决问题的对策，同样是本书选题考虑的因素。

刑事执法与行政执法的转化，既包括刑事执法向行政执法的转化，也包括行政执法向刑事执法的转化。这两种转化涉及刑事处罚与行政处罚，虽然它们都属于公法责任的范畴，二者之间又存在着极为密切的联系，但它们是两种性质互异的法律制裁方法。因此，就需要在法律制度设计上，使行政执法与刑事执法在维护秩序统一体的功能下实现两者之间有效的转化。做好行政执法与刑事执法转化工作，关系着人民群众的切身利益，关系着经济社会秩序稳定，更重要的是关系着依法行政和公正司法。

“2001年4月份，国务院制定《关于整顿和规范市场经济秩序的决定》，明确要求为了通畅行政执法与刑事司法的转化，就必须建立资源共享、沟通方便、防范得当、查处及时的打击经济犯罪的协作机制，对破坏市场经济秩序构成犯罪的行为要及时移送司法机关进行处理，这是第一次提出‘行政与刑事案件’机制的概念。”①

2001年7月，国务院颁布了《行政执法机关移送涉嫌犯罪案件的规定》，这是我国第一次通过行政法规的形式确立行政与刑事案件机制。2011年2月9日，中共中央办公厅、国务院办公厅以中办发［2011］8号文件形式转发了国务院法制办、中央纪委、最高人民法院、最高人民检察院、公安部、国家安全部、司法部、人力资源社会保障部《关于加强行政执法与刑事司法衔接工作的意见》，进一步完善了行政与刑事案件衔接机制。

上述两个文件的规定，虽然为行政与刑事案件转化提供了一定的依据，但是这两个文件所规定的转化实际上是单项的，即行政案件向刑事案件的转化，由于颁布文件的机构权力所限，不可能作出刑事案件向行政案件转化的规定；同时，这两个文件所规定的内容也缺乏规范性，需要立法规范程序转化问题。这也是本书选题原因之一。

二、选题的意义

深入、系统地分析研究刑事程序与行政程序的转化问题，并针对两种转化问题提出构建具体的转化程序和机制，具有重要的理论意义和实际意义：

选题的理论意义在于丰富和完善刑事诉讼理论问题。程序转化是刑事诉讼制度中的一个新问题。虽然法律已作出规定，但是这种制度需要进行细化使之具有可操作性。而两类案件转化的程序规则的制定，需要理论的指导和引领促进和完善行政与刑事案件转化程序相关立法规定、构建转化机制、细化相关法律法规，确立及提高其法律效力和可操作性。因此，对两类案件程序转化问题的研究，有利于丰富刑事诉讼的理论体系。

选题的实践意义在于有利于总结实践经验、解决实际问题、为立法制度构建提供实践基础。分析、研究和构建行政与刑事案件的转化机制，合理配置诉讼资源，对发展创造良好的法治环境和对市场经济的培育具有重要意义。构建和完善刑事案件与行政案件程序转化机制是兼顾打击犯罪与保障人权、保障社会秩序、实现社会公平的重要条件。

三、研究现状

关于行政执法向刑事司法转化程序问题的研究文章，近年来比较多地散见

① 周佑勇，刘艳红．行政执法与刑事司法相衔接的程序机制研究［J］．东南大学学报（哲学社会科学版），2008（01）．

于期刊文献中，而进行较为系统、全面、深入研究的专著则比较少。比较有影响和权威的是2008年王敏远（中国社会科学院法学所研究员、博士生导师）主持的公安部重点科研课题《行政执法与刑事司法之转化机制研究》，其阶段性研究成果主要以论文的形式发表，包括《行政执法与刑事司法转化机制的调研报告》《行政执法与刑事司法转化问题实证研究》等。这些论文偏重实证调查调研，分析典型案例和实践情况，提出移送中程序构建问题。这些文章强调，关于刑事执法和行政执法转化问题，应该重视研究如何避免行政执法部门不将构成犯罪的案件移送给公安机关，以及公安机关对移送的案件不接受或者消极接受的问题，通过程序性规定来尽可能防止行政执法与刑事执法之间不转化，同时还应当关注监督机制或者救济机制。此外，刘远、王大海主编的《行政执法与刑事执法转化机制论要》是为数不多的相关方面的图书，但也仅限于论文合集，并没有进行系统深入的分析和研究。而更多的文章杂志则以特殊类别案件为视角研究这一问题，不具有系统性和全面性。

学者们研究行政执法与刑事执法转化问题，其目的必然是建立转化对策或机制，重点也集中在以下几个方面：一是建立信息共享机制；二是联席会议机制；三是协同工作机制；四是案件移送机制。

以往学者研究一般止于立法规定或注重于行政机关和公安机关的协作和沟通，强调要建立转化的意识和政策。而对于具体怎样操作，如案件移送的条件、主体、如何移送等问题都没有深入的研究。这就使问题看似被重视、被研究、被解决，但在实际操作中，具体办案人员还是无从下手，没有头绪。本书研究的正是转化程序问题，是学者在文献中没有详细讨论研究的问题，这也是本书的创新所在。

1 行政与刑事案件转化问题概述

刑事犯罪和行政违法，分别涉及两类完全不同属性特征的行为，两者的区别关系到判断罪与非罪的界限问题。也可以说，刑事犯罪和行政违法两种行为的研判与区分，很大程度上会影响一个国家司法权和行政权的分配是否合法合理合情。国内外学术界对这个问题早有研究，并于1794年编纂的《普鲁士一般法》[①] 中就已经提到了行政违法与刑事犯罪的区别问题。但时至今日，这个在学术理论界已经争论了两个多世纪的法律难题也尚没有得到完全解决，没有一个定论。

我国台湾地区学者林山田[②]教授在《刑法通论》[③] 一书中提到，由于国家任务与行政目的增多而日益扩张，尤其规范工商活动的经济与财税等方面的行

① 《普鲁士一般法》是德意志境内最大的邦国普鲁士所制定的法典，全名为《普鲁士国家的一般邦法》（Allgemeines Landrecht für die Preußischen Staaten，ALR）。

② 林山田（1937—2007），台湾台南人，德国杜宾根大学法学博士，历任"中央警察大学"、"国立政治大学"、"国立台湾大学"教授，台湾教授协会会长。其重要著作《刑法通论》是影响台湾至今的刑法学"圣经"。

③ 《刑法通论》（下册）（增订10版）内容简介：刑法总则是刑事制裁法规范的主要法律，是规定刑事实体法的共同原则，故论述刑法总则的《刑法通论（下册）（增订10版）》称之为刑法通论。《刑法通论》（下册）（增订10版）采用最新的刑法理论学说，引述并评论刑法实务见解，分故意犯、过失犯与不作为犯等三大犯罪形态，建立犯罪的法律要件及其法律效果的刑法理论体系，以作为犯罪判断与定罪科刑的共同原理。

政规章大量增加，一方面使刑事犯罪与行政违法这个古老的法律问题再度引起学术理论界和实务界的热烈讨论，另一方面从某种意义上扩张了行政违法的涵盖范围。受其影响，国家立法机关在立法时，就会不知不觉地扩大刑事犯罪应有的界限，把一些本该赋予行政处罚法律效果的行政违法行为，轻易地赋予刑罚的效果，从事实上可能造成所谓的刑法膨胀现象。

法国学者斯特法尼讲过，刑法的过度膨胀不是好事，它会走上无政府主义的道路。刑法膨胀，罪名增多，人人都可能成为罪犯，那么也就没有罪犯和犯罪了，也就没人守护法律了。笔者认为，在犯罪的认定方面，是行为人刑法向行为刑法的转变，但在刑罚执行或者在刑法实现方面是行为刑法向行为人刑法的转变①。

我国学界开始注意到行政违法与刑事犯罪问题（也包括行政违法与行政犯罪，行政犯罪与刑事犯罪等系列相关问题）是通过国际刑法学协会②第十四次大会的部分会议内容。1984 年，中国派代表出席了国际刑法学协会在开罗举行的第十三届国际刑法学大会，与该协会建立了联系。1988 年 4 月，国际刑法学协会中国分会正式成立并举行了成立大会。同年，国际刑法学协会理事会正式接纳中国分会为该协会国家分会会员。中国分会的首批会员有十六名，由北京大学、中国人民大学、中国政法大学等刑事法律领域的著名学者和最高人民法院、最高人民检察院、公安部和司法部等部门的专家组成，目前中国分会的会员已达九十七名。在第十三届国际刑法学大会上，中国代表与国际刑法学协会的领导成员和其他国家的代表进行了广泛的接触，使更多的国际同行了解到中国刑事法制建设和刑事科学研究的进展情况。

1989 年 10 月 1—7 日，国际刑法学协会在奥地利维也纳召开了第十四次大会，也是该协会成立 100 周年纪念大会。但在当时的环境和情况下，我国学术界能够收集到的已公开出版的著作和对外发表的论文数量非常有限，而且当时的国内相关研究基本上处于萌芽状态和研究的初始阶段，学术争论的重点、焦点也主要集中在以下几个方面：（1）行政犯罪与行政违法的内涵；（2）刑事犯罪与行政违法的界限；（3）刑事犯与行政犯的关系。

研究行政违法和刑事犯罪交叉问题，具有极其重要的理论意义和实践价值。虽然刑事犯罪和行政违法分别属于两个本质上、内涵上截然不同的理论范

---

① ［法］卡斯东·斯特法尼等．法国刑法总论精义［M］．北京：中国政法大学出版社 1998。

② 国际刑法学协会是国际上一个很有影响力的非官方学术性组织，其在联合国享有咨询地位。

畴，但二者实际上存在着千丝万缕的联系，关系到判别罪与非罪的界限。研究该问题，对于我国法律如何更好地保护公民的合法权利和权益也具有极其重要的作用。

多年以来，我国相关研究机构和学者们对该领域进行了深入的研究，也取得了一定的成果，但仍然需要看到存在的不足和空白。长期以来，关于行政违法与刑事犯罪，甚至包括行政犯罪，在概念、范畴、性质的界定上，法学理论界和实务界一直都未能达成共识，这就导致区分刑事犯罪和行政违法的理论分支更加复杂，严重影响了我国司法实务中对行政违法与刑事犯罪相关责任的追究，致使大量的行政违法与刑事犯罪行为被错误地判断，进而得不到更合理、更有效的针对性处理。

需要特别指出的是，我国司法实践中相关部门往往在行政违法与“行政犯罪”相对应的传统观念支配下，在《中华人民共和国刑法》（以下简称《刑法》）框架内将许多行政违法案件主观定义为“行政犯罪”并以此为依据，作出相应的刑罚处理。

鉴于以上陈述的几个问题，笔者的思路是将本书内容的撰写结合我国的司法办案实际情况，以透彻剖析有关刑事案件与行政案件相关概念范畴作为研究基础，通过总结和分析之前的研究成果和学术观点，进而明确刑事司法与行政执法的关系，并分析刑事案件与行政案件相互转化所需要的产生条件和转化成因，提炼出其中有规律性的因素，以期对我国司法理论界和实务操作部门有一定的参考借鉴作用。

1.1 行政与刑事案件相关的概念

1.1.1 刑事案件与刑事司法的界定

刑事案件是指犯罪嫌疑人或者被告人侵害了《刑法》所规定保护的法益，国家公权力机关为了维护或恢复被侵害的法益，追究犯罪嫌疑人或被告人的刑事责任进行立案、侦查、审判等一系列活动，最终给予被告人刑事制裁的案件。“刑事案件又可简单地描述为刑事犯罪行为的外在表现形式与直接结果。”① “刑事案件的构成要素有：犯罪时间、犯罪空间、犯罪主体、犯罪对象、犯罪行为。犯罪行为是构成要素中核心内容。”②

---

① 马忠红．论刑事案件的构成要素［J］．中国人民公安大学学报，2012（05）。

② 任克勤．论刑事案件（一）——刑事案件的概念、构成与形成［J］．中国人民公安大学学报，1993（03）。

刑事案件的存在应该具备以下两个条件：（1）犯罪事实，即存在违反《刑法》规定的具有社会危害性并应由国家公权力机关给予刑事处罚的犯罪行为事实；（2）立案程序，即犯罪行为被发现，经侦查机关初查后依据《刑事诉讼法》规定经过批准立案，决定进行侦查。通过分析以上两个条件的关系，可以得出结论：犯罪事实是前提，立案程序是标志。

刑事案件应该具有以下几个特征：（1）隐蔽性，主要是指犯罪人为摆脱困境、变被动为主动而实施各种逃避侦查或进行反侦查等防御性手段的一种心理特征的外在反应；（2）客观性，主要是指犯罪事件的客观性、犯罪行为的客观性、犯罪行为引起的结果的客观性；（3）整体性，主要是指侦查犯罪行为应当将特定的犯罪时间、犯罪空间、犯罪主体、犯罪对象、犯罪行为看作一个整体进行分析，这样才能从整体上把握犯罪案件；（4）特定性，主要是指侦查犯罪行为除了要关注犯罪行为的共性外，还要把握每个特定犯罪案件的个性化特征，从而缩小侦查范围、提高侦查效率做到准确定位犯罪案件①。

笔者认为，对于刑事司法可以从以下两个层面进行理解：第一，从刑事司法制度层面来理解。刑事司法制度是现代法治文明国家不可或缺的制度规范，其包含了两重任务：如何有效地控制和打击犯罪，如何保护公民权益和刑事诉讼程序中当事人的合法权利，这是刑事诉讼程序的目的和刑事诉讼价值的体现。刑事诉讼活动的目的在于打击和预防犯罪与保障人权、维护社会秩序和公共法益，其价值主要体现为公平、正义和效益。为此，刑事司法的运行必须符合公平和正义的原则。在我国刑事司法制度的价值表现为追求实体真实与正当程序的一致性②。第二，从刑事司法活动层面来看。刑事司法活动是指刑事司法机关依据我国《刑法》《刑事诉讼法》以及其他与刑事相关的各项法律法规对刑事案件进行立案、侦查、审判以及执行刑事制裁等一系列活动的行为。

刑事司法活动一方面体现在一系列的刑事司法程序上，如立案程序、侦查程序、审判程序以及刑事执行程序；另一方面体现在一系列的刑事诉讼行为上，如公安机关、人民检察院和人民法院的立案行为，公安机关或人民检察院的侦查行为、人民法院的审判行为，以及公安机关与人民法院、监狱的执行行为。

刑事司法活动又可根据活动的性质、主体、任务的不同，分为立案阶段、侦查阶段、移送审查起诉阶段、审判阶段、执行阶段。立案阶段的参与主体主要是公安机关，在这一阶段中的检察机关只能针对检察机关自侦案件才享有立

---

① 岳茂华．刑事案件的特性及“七何”要素［J］．政法论坛，1986（02）。

② 杜宝庆．刑事司法价值观透视［J］．学术交流，2008（03）。

案权，人民法院对自诉案件享有立案权；公安机关、人民检察院和人民法院必须严格依据《刑事诉讼法》的规定，针对有犯罪事实发生并需要追究刑事责任的案件才能行使立案权。侦查阶段的参与主体有公安机关、国家安全机关、检察机关，其中以公安机关为主。在侦查阶段，公安机关可以运用法律赋予的各种刑事侦查手段收集证据，发现犯罪真实情况，并可依法对犯罪嫌疑人采取限制人身自由或财产权益的强制措施。移送审查起诉阶段主要的参与主体是检察机关，检察机关依据刑事法律审查公安机关移送过来的和检察机关自侦案件材料，对构成犯罪的案件要向人民法院提起刑事诉讼，对不构成犯罪的案件作出不起诉决定；或对于案件事实不清、证据不足的退回公安机关补充侦查，两次退回补充侦查收集犯罪证据和事实后，仍然是案件事实不清、证据不足的，则必须作出不起诉的决定。审判阶段的参与主体有人民法院、人民检察院、被告人，在审判中以人民法院为中心，依照刑事法律通过对刑事案件证据材料的审查和法庭质证，以及控辩双方关于有罪、无罪、罪重、罪轻的辩护来确定被告人是否有罪、构成何罪，以及如何量刑。刑事执行阶段通常由公安机关、人民法院、监狱部门依据法律赋予的职权对犯罪分子行使剥夺或限制其人身自由、财产权利的刑事制裁。

刑事案件与刑事司法的关系可以描述为：刑事案件是刑事司法活动的客体，是刑事司法制度运行的一种事实表现。刑事司法制度对刑事案件处置的过程具有指导性作用，刑事司法制度的原则、价值贯穿刑事案件整个处置过程中。刑事司法活动的各项行为贯穿刑事案件的处置中，判断刑事司法活动运行是否有序、合法、合理，直接影响刑事案件能否公平公正地处理。

1.1.2 行政诉讼与行政执法的界定

我国行政诉讼的含义主要是指公民、法人或者其他组织，认为行政机关的行政行为违法或不当，合法权益被侵犯，依法向有管辖权的人民法院提起诉讼请求，由人民法院立案处理的行政争议活动。依据我国《行政诉讼法》的规定，行政诉讼立案应具备以下条件：（1）原告必须是行政行为的相对人以及其他与行政行为有利害关系的公民、法人或者其他组织；（2）必须有明确的被告；（3）必须有事实依据和具体的行政诉讼请求；（4）属于人民法院受案范围和受诉人民法院管辖。

依据行政诉讼中原告请求的不同，行政诉讼可分为以下几种：（1）行政撤销之诉案件，即原告请求人民法院撤销对行政主体作出的具体行政行为的案件；（2）行政确认之诉案件，即原告请求人民法院确认被诉行政主体与原告之间存在或不存在某种行政法律关系的案件；（3）行政变更之诉案件，即原告请求人民法院变更显失公正的行政处罚决定的案件；（4）行政赔偿之诉案件，即原告要求人民法院判决行政主体赔偿因违法的具体行政行为对其合法权益造成的损失的案件；（5）行政履行之诉案件，即原告请求人民法院判决特定行政机关如期履行法定职责的案件①。

为什么要对行政诉讼案件按照类别分成几种呢，目的主要是在于总结行政诉讼的共性，发现行政诉讼的基本特征。行政诉讼具有以下几个主要特征：（1）行政诉讼是解决行政争议的一种活动；（2）行政诉讼的被告方为具有行政权力的国家行政机关；（3）行政诉讼的原告方为受国家行政机关行政行为侵害的公民、法人以及其他组织；（4）行政诉讼案件的审判表现为一种司法权对行政权的制约。

行政诉讼案件审理的基本原则主要有：人民法院独立审判原则、以事实为依据以法律为准绳原则、平等对待案件当事人原则，以及只审查具体行政行为原则等。所谓行政诉讼的基本原则，从法律意义上讲，也就成为了司法权力机关在行政诉讼全过程中应当遵守的基本准则。

关于行政执法的概念，我国法律学术界普遍认为存在广义说和狭义说两种不同的理解方法。从广义上来讲，行政执法主要是指我国行政机关运用各项法律对国家事务进行组织与管理的全部活动，行政执法包含了行政机关的立法、司法、执法等过程。从狭义上来讲，行政执法主要是指行政主体依法对行政相对人采取的具体的直接影响其权利义务或者对相对人权利的行使和义务的履行情况进行监督检查的具体行政行为。在我国，行政执法主要有以下几种方式：行政检查、行政决定、行政许可、行政奖励、行政征收、行政处罚、行政强制执行、行政合同②。

行政执法对社会具有重要的作用，主要包括以下几个方面：（1）行政执法使法律从抽象的文本规定转化为人们的现实行为规范，执法从法的实施角度将立法确立的法的准则、规范、规则适用于实际社会生活，进入调节社会关系领域，调节社会关系的产生、变更和消灭，推动社会的前进；（2）行政执法使权利从“应然”状态转变成“实然”状态，法律上确立的人的权利属于“应然”状态，是一种抽象的权利，而执法是为法律上确立的人的权利提供了权利实现的途径、条件以及排除权利实现的障碍，可以有效地防止权利被滥用；（3）行政执法使社会秩序从静态规划转化成动态运行，行政执法通过执

① 马怀德．对我国行政诉讼类型的反思与重构［J］．政法论坛，2001（05）。

② 孟鸿志．我国行政执法的概念、存在的问题及对策［J］．中国煤炭经济学院学报，2000（03）。

法行为直接实现社会秩序的构建和维护，通过执法体制间接影响实现社会秩序的构建和维护[①]。

行政执法要具有合法性，因此在行政执法中的依据就显得尤为重要。目前，我国行政执法的依据主要有各项法律、法规，包含《中华人民共和国宪法》（以下简称《宪法》）、基本法律、行政法规、地方法规、自治条例和单行条例等，此外，部分规章、其他规范性法律文件也是我国行政执法的依据。

行政执法的基本特征主要有以下几点：（1）行政执法主体的法定性，即行政执法主体必须是我国法律规定的国家行政机关和法律、法规授权的组织；（2）行政执法内容的广泛性，即我国行政执法的内容几乎涵盖了所有的社会领域，包括治安、税收、贸易、金融、交通运输、工商管理、环境保护、卫生安全、劳资关系等领域；（3）行政执法行为的职权性，这里的职权性是指行政执法行为必须是行政主体依法行使行政职权、履行行政职责并具有相应法律意义的行为；（4）行政执法保障的强制性，这里的强制性是指行政执法机关以国家名义实施行政执法行为，受国家强制力的保障；（5）行政执法活动的程序性，执法的程序性要求行政执法不仅要实现实体的合法性，也要注重执法程序的合法性[②]。

行政诉讼案件与行政执法本质上属于两个领域。行政诉讼案件属于司法领域，即运用司法权解决行政争议。行政执法则属于行政领域，即享有行政执法权的行政主体依法行使权力实现对社会关系和秩序的管理与维持。

行政诉讼案件与行政执法存在本质上的区别，使得二者在诸多领域存在着差异。比如：（1）适用的依据不同。行政案件适用的是行政诉讼法律以及其他行政法规，行政执法适用的是行政法规。（2）参与主体不同。行政案件参与主体有司法机关、行政机关和受行政机关行政行为侵犯的公民、法人及其他组织，行政执法参与主体主要是行政执法主体和行政执法相对人。（3）解决的事项不同。行政诉讼案件主要目的在于解决行政争议，行政执法主要目的在于实现国家对社会的管理。

但行政诉讼案件与行政执法又存在着密切的联系。比如：（1）行政案件的发生是以行政执法为前提，只有当不合法或不正当的行政执法存在时，行政相对人因其受损害才能向人民法院起诉，人民法院立案后方能形成行政案件；（2）行政案件的处置与行政执法在法律适用上存在着重叠，行政案件的处置结果必然是以具体行政执法行为是否符合规定为依据的；（3）行政案件存在

---

① 姜明安．行政执法的功能与作用［J］．湖南社会科学，2004（01）。

② 戴小明．行政执法的内涵及特点探析［J］．中南民族大学学报，2003（07）。

的目的是为了实现对不合法、不正当行政执法的救济；（4）行政案件的处置客体表现为行政执法行为。

1.1.3 行政违法与刑事犯罪的概念

1.1.3.1 “行政不法”[①] 概念的理论分析

从我国司法理论领域来看，不管是行政法学界，还是刑法学界，都曾经出现过对使用“行政不法”与“刑事不法”的概念的讨论。虽然从行政法学界来看，几乎很少有人直接提出“行政不法”这样的概念，但在涉及如何论述违法行政行为的构成要件这一情况时，学者们往往认为违法行政行为的构成要件不仅包括客观上违反行政法规范，而且还包括行为人在主观上必须具有过错，通常会借鉴《中华人民共和国民事侵权法》（以下简称《民事侵权法》）、《刑法》上的违法（不法）学说，认为行政违法行为“必须是造成社会危害”“行为人有主观方面过错”等行为才可以构成犯罪要件。这种学术观点具有浓厚的《民事侵权法》中“行为不法”提法所体现出的特征，即“违法性（不法性）”判断除了需要满足违反法律义务、侵害权益这一个条件外，还必须要以行为人的过失为必要前提。

在刑法学界也存在类似的情况。不少刑法学学者深受刑法学中的“刑事不

---

① “行政不法”与“刑事不法”都是对规范的违反，但由于其违反的具体规范不同，从而产生了性质截然不同的不法行为。行政刑法属于行政法与刑法的交叉领域，而行政犯罪又集中体现在行政不法与刑事不法的交叉点上。因此，行政不法与刑事不法对于行政刑法，尤其是对于行政犯罪的成立与认定是非常重要的，行政不法就是行政违法，而刑事不法就是刑事违法。长期以来，中外法学界在对“行政不法”性质的定位上差异甚大。作为欧洲大陆国家行政刑法主要代表人物的德国学者郭特希密特认为，行政的目的在于促进国家与社会的福利，其促进手段是行政作为，在此行政作为中需要有强制力的法规，用以确保行政作为之畅行无阻，此乃行政刑法。且进一步指出，违反行政法的行为则为行政不法，系一种“行政违法”。这种行政违法只具有形式上的要素，它只是违反行政意思（即行政规章所揭示的意思）而应加处罚的行为。由此可见，德国学者是将“行政不法”定位于一种“违反行政刑法的行为”。他们认为，经济犯罪行为与经济违法行为均属行政不法行为，其理应规定于同一行政刑法典中。这与我国学者对“行政不法”的理解差异的确很大。我国学者认为，“应受行政处罚的违法行为具有独立性”。“应受行政处罚的违法行为其前提是尚未构成犯罪的违法行为。就我国目前的法律制度而言，行政违法行为与犯罪行为之间既存在联系又有一定的区别，但行政违法行为具有独立的意义是无疑的。”也就是说，我国学者理解的“行政不法”不属于行政犯罪行为，而只是一般的行政违法行为。日本学者认为，行政刑法就是规定行政犯罪及其刑罚的刑法规范，这些刑法规范一般附属规定于行政法律之中。持有这种观点的还有我国台湾地区的一些学者。

法”或者行政刑法理论中的“行政不法”概念的影响，在著作、论文或者发言稿中，非常广泛地使用“不法”这个概念。例如：（1）违反《刑法》中的行政处罚规定的，属于“行政不法”；（2）违反《刑法》中的刑罚规定的，属于“刑事不法”；（3）违反行政法规范的，属于“行政不法”；（4）违反刑法规范的，属于“刑事不法”。这种观点也具有其普遍性和合理性，在特定的语言环境下或者特定的案件中，也不乏存在的价值。

经过考察，笔者认为：“不法”一词来自日本，而在日语中“不法”一词的含义其实也就是“违法”。在这种情况下，如果将作为日语中汉字的“不法”一词照搬含义使用在中国汉语的语境时，“不法”一词不仅应该具有“不法”“违法”的含义，而且应该具有“非法”的含义。“非法”，是指具有违反法律的违法行为以及违背道德但尚不构成违法的行为。特别需要强调的是，就我国行政机关的行政违法行为来看，该行为与《刑法》或侵权法学中的“不法”的概念范畴存在着非常明显的差异，完全不能从字面上去判断两者是同义词或者近义词。“刑事不法”或“民事不法”概念，实际上是指作为犯罪构成或侵权责任构成要件的“不法”概念，与通常所说的“违法”概念是完全不同的两个概念。因此，为防止在概念使用上的混乱，清晰研究脉络，本书不采用“不法”的概念，而统一采用“违法”这一概念。

1.1.3.2 行政违法与刑事犯罪概念界定

1.1.3.2.1 行政违法

在我国行政法学界，对行政违法的基本含义目前还没有达成共识。关于行政违法研究的理论的分歧与争议的焦点，主要集中反映在对违法主体的界定。

通过总结前人研究成果，本书提炼出有关行政违法的几种存在一定共性的观点：第一种观点认为，行政违法包括行政主体的违法和行政相对人违反法律规范、侵害受法律保护的行政关系而尚未构成犯罪的行为；第二种观点认为，行政违法是指行政主体违反行政法律规范的行为；第三种观点认为，行政违法是指行政相对人故意或者过失实施的违反行政法规范，侵犯国家、社会或者个人、组织的合法权益，但尚不构成犯罪的行为。第三种观点将行政违法的主体限定在公民、法人或者其他组织上，至于行政主体实施的违反行政法律规范的行为则不属于“行政违法行为”，而属于“违法行政行为”。

从上述观点来看，第一种观点中所谓的“行政违法”，实际上指的是《行政处罚法》上的违法行为；第二种观点中所谓的“行政违法”，实际上指的是行政机关的违法行为中的违法，或者行政机关作出的行政行为的违法性；而第三种观点中所谓的“行政违法”并不是行政机关本身的违法或行政机关处理相对人违法行为之违法行为，而是行政管理相对人的违反行政法规范的行为之违法。因此，以上三种关于行政违法的观点中所提到的“行政违法”，它们之间存在着本质上的区别。

从《行政处罚法》层面上看，行政法意义上的违法或者违法行为主要包括以下三个方面：一是行政相对人违反行政法规范的违法行为。二是行政主体对行政相对人作出的具体行政行为是否符合法律规范规定的违法行为。例如，行政机关对行政相对人与他人打架造成轻微伤害后果的违反《中华人民共和国治安管理处罚法》（以下简称《治安管理处罚法》）规定的违法行为，本应对其作出警告处罚或者根据轻重情况处以一定数额罚款的处罚，却作出拘留15日处罚的情况，除行政相对人的行为是否属于违法行为的问题之外，还存在着行政机关作出的具体行政行为是否存在违反《治安管理处罚法》的相关规定、是否属于可撤销或者可变更的行政行为的违法性审查问题等等疑惑之处。三是行政主体作为行政管理相对人的违法行为。例如，税务部门在执法检查过程中如果在路边违法停车，被交通管理部门依法执行处罚的情况。

在上述情形中，行政相对人即作为被管理者的行政主体的违法行为可称之为行政法上的相对人的违法行为，而对行政主体处理行政争议所作出的违法的行政行为可称为行政行为的违法或行政违法。显然，前者的违法行为属于违反行政处罚法规范的违法行为，后者的违法行为是指2017年6月27日第十二届全国人民代表大会第二十八次会议通过的《行政诉讼法》[①] 规定的：“对……等行政处罚不服的”“对……行政强制措施和行政强制执行不服的”“申请……不予答复的”“对……使用权的决定不服的”“对……补偿决定不服的”“……滥用行政权力的”“违法集资、摊派费用……的”“侵犯经营自主权的”“没有依法支付抚恤金、社会保险待遇的”“侵犯人身权、财产权的”。笔者认为，既然行政主体作出的行政行为的违法与作为行政相对人的行政主体及行政相对人违反行政法规范的行为的违法性存在着明显的区别，那么就应该在理论上将两者对“违法”概念的界定严格地区分开来，条件允许的情况下应采用不同的概念进行说明。从广义上看，行政法上的违法不仅应该包括行政主体作出的行政行为违法，也应该包括行政相对人违反行政法规范的违法行为，但鉴于撰写的方便，本书统一采用“行政违法”概念说明，仅指行政相对人违反行政法规范的行为之违法。

---

① 根据2017年6月27日第十二届全国人民代表大会常务委员会第二十八次会议《关于修改〈中华人民共和国行政诉讼法〉的决定》修正。

1.1.3.2.2　刑事犯罪

刑事犯罪，也可以称之为犯罪。关于犯罪，我国《刑法》① 第13条明确规定："一切危害国家主权、领土完整和安全，分裂国家、颠覆人民民主专政的政权和推翻社会主义制度，破坏社会秩序和经济秩序，侵犯国有财产或者劳动群众集体所有的财产，侵犯公民私人所有的财产，侵犯公民人身权利、民主权利和其他权利，以及其他危害社会行为，依照法律应当受到刑罚处罚的，都是犯罪。但是情节显著轻微危害不大的，不认为是犯罪。"这是我国《刑法》从具体侵害法益的角度通过具体列举的方式对犯罪概念所下的定义。根据我国《刑法》的规定，概括地讲，犯罪是危害社会的、依法应当受到刑罚处罚的行为。刑事犯罪是对各种具体犯罪的高度概括。

以日本为比较对象，在日本，"刑事违法"一词是与行政违法相对应的概念，但是在日本的刑法中却并没有犯罪的概念，只有"违法"的提法，日本法律中刑事违法的概念接近或者类似我国法律意义上所讲的刑事犯罪。而在我国，刑事违法②与刑事犯罪是两个截然不同的概念。我国刑法学中的刑事违法所指的行为就是指我国《刑法》第13条中提到的"但情节显著轻微危害不大的，不认为是犯罪"的行为。我国刑法学意义上的刑事违法行为，从质上并未达到《刑法》规定的犯罪的程度，即使有一定的危害后果也不认为是犯罪，不属于受到刑罚处罚的行为。而刑事犯罪则是具有社会危害性、产生危害后果、应当受到刑罚处罚的行为。因此，"行政违法"与"刑事违法"并不是相互对应的概念，而是差异性很大的概念。本书在行文中为了避免概念使用上的混乱，统一采用"刑事犯罪"的概念，而不用"刑事违法"的说法。

1.1.4　行刑交叉案件的界定和处理

"行刑交叉案件是指行政相对人对行政机关的行政行为提起行政诉讼时，出现交叉、牵连或与之相互影响的刑事案件。"③ 目前，我国对于行政和刑事交叉案件处理的主要的直接法律依据只有《最高人民法院关于执行（中华人

---

① 根据2011年2月25日第十一届全国人民代表大会常务委员会第十九次会议通过的《中华人民共和国刑法修正案（八）》修订。

② 刑事违法性是犯罪的法律特征，是刑法对具有社会危害性的犯罪行为的否定的法律评价。在刑法实行了罪刑法定原则后，刑事违法性就成为一切犯罪必不可少的基本特征。从罪刑法定的意义上说，没有刑事违法性也就没有犯罪。行为的社会危害性是刑事违法性的基础；刑事违法性是社会危害性在刑法上的表现。只有当行为不仅具有社会危害性，而且违反了刑法，具有刑事违法性的时候，才能被认定为犯罪。

③ 印波．论行刑交叉案件的处理［J］．长沙铁道学院学报，2009（07）。

民共和国行政诉讼法）若干问题的解释》。根据该司法解释，人民法院在认定追究刑事责任与行政责任互不干扰时，可独立审理刑事案件与行政案件，若出现相互牵连的情况则可依情况中止刑事或行政审理程序。行刑交叉案件的特征主要有以下几点：（1）行政责任和刑事责任出现竞合；（2）多发生在行政犯罪案件中；（3）处理方法为刑事责任优于行政责任。

行政诉讼与刑事诉讼的交叉是指由于一个案件涉及不同的问题而引发的行政诉讼和刑事诉讼的交叉进行。但是，这种交叉并不意味着一定存在行政诉讼和刑事诉讼的本质上的冲突。也就是说，在行政诉讼过程中或审结后，由于在案件事实中发现有刑事犯罪问题，需要连接刑事诉讼对案件另行加以处理解决，但其处理结果可能与行政诉讼及结果并不发生冲突的情形。这种非冲突性连接的特点在于：第一，刑事犯罪问题是在行政诉讼进行的过程中被发现的，由此产生了案件后期需要刑事诉讼介入加以处理解决问题的前提条件；第二，行政诉讼与刑事诉讼接连进行，表现为两种诉讼处理同一案件事实中发现的是不同性质的问题；第三，两种诉讼无论在程序上还是在实体处理结果上都不会发生冲突，即刑事诉讼对行政诉讼的进行并不能产生正负面影响。

因此，根据在行政诉讼过程中产生的理由不同，可以将行政诉讼和刑事诉讼的交叉分为以下三种主要类型：

第一种类型，在行政诉讼进行中，发现行政机关的工作人员有犯罪行为的。这种情况，实际上一开始只是一个行政案件，在办理过程中引发了另一个性质不同的案件，因为这两个案件的诉讼内容并不相同，因此两者的诉讼结果也就自然不会发生冲突。例如，在某一个行政相对人申请企业营业执照的行为中，行政机关的工作人员因向行政相对人索贿不成而拒绝给予办理或者拖延办理，于是无奈之下行政相对人针对行政机关工作人员的不作为行为而提起行政诉讼。在行政诉讼过程中，人民法院发现涉案行政机关工作人员有索贿行为或者受贿行为而将有关材料移送给有关机关按照刑事诉讼程序处理。在这种情况下，该行政相对人起诉的行政机关不作为与行政机关工作人员受贿或索贿行为分别属于两种性质不同的案件。虽然结果是使最初的单一行政诉讼案件发生了行政诉讼与刑事诉讼的交叉，但是两者之间并不发生冲突，也不会影响诉讼结果。

第二种类型，在行政诉讼进行中，行政诉讼参与人或者其他人有妨碍诉讼的行为，情节严重已经构成犯罪的。在这种情况下，为了维护行政诉讼的正常进行，司法机关可以依刑事诉讼程序追究其犯罪行为。这其实属于诉讼过程中发生的妨碍诉讼急需而采取刑事强制措施以保障行政诉讼正常进行的行为。参照过去的研究成果和实务工作经验，我国在行政诉讼领域和民事诉讼领域中都会发生类似的情况，可以比对参考。妨碍行政诉讼的刑事违法行为与正在进行的行政诉讼无必然的联系，即使该刑事诉讼行为同行政诉讼行为并行进行，两者之间也并不互相影响，更不会发生冲突。

第三种类型，在审查行政机关不作为的案件中同时又出现刑事诉讼的。这种情形主要包括以下几种表现方式：第一，在行政不作为案件的诉讼过程中，公安机关对侵害人（主要是行政诉讼第三人）进行立案侦查，从而启动刑事诉讼程序；第二，行政不作为案件诉讼过程中的原告，在诉讼过程中既要求人民法院追究行政主体不履行其法定职责的法律责任，同时又提起刑事诉讼要求人民法院追究侵害人的刑事责任；第三，在行政不作为案件的诉讼过程中，检察机关认为侵害人的行为已经构成犯罪，需要对侵害人按照刑事诉讼程序提起公诉以追究侵害人的刑事责任。通过这三种情况可以发现一个共同之处，那就是行政诉讼与刑事诉讼两者之间仅仅存在形式上的交叉，在结果上不会产生实质的冲突。

近年来，在我国的司法实践中遇到处理行刑交叉案件的时候，一般遵循“人民法院具有程序决定权，依据‘先刑后行’的原则”进行处理。“行刑交叉案件中对违法行为人，既实施行政制裁又实施刑事制裁的依据是刑事责任和行政责任的竞合。这种竞合关系主要又指刑事责任优先的刑事、行政双重责任。”① 以上这种情况就属于行政犯罪范畴。

行政犯罪主要是指“违反行政法中有关刑事责任规定的法律规范而应承担刑罚责任的严重违法行为”②。一般情况下，行政犯罪在性质上具有双重违法性，一方面行政犯罪表现为违反《刑法》条款的犯罪行为，另一方面又表现为违反行政法规的违法行为。行政犯罪的双重违法性就导致了行政犯罪的法律责任也同样具有法律责任的双重性。虽然刑事责任和行政责任同为公法责任，都属于我国国家权力运行的集中体现，但两者之间又存在着诸多的差异。刑事责任和行政责任的差异体现在以下两点：第一，刑事责任是刑事司法机关依照刑事诉讼程序追究犯罪分子的责任，体现为司法权的运行；第二，行政责任则是由国家行政机关对尚未构成犯罪的一般行政违法行为的行政责任的追究，体现为行政权的运行。

在行刑交叉案件中，责任应该具有主次之分，首先应表现为对犯罪行为的否定性评价，其次才是表现为对违反行政法规的否定性评价。因此，一般情况

---

① 童敏．从刑行交叉视角看待行政犯罪及其惩罚［J］．安徽农业大学学报，2010（03）。

② 张明楷．行政刑法辨析［J］．中国社会科学，1995（03）。

下处理这种竞合关系，刑事责任的实现要优先于行政责任的实现。此外，在我国司法实务工作中，行政执法机关如果以追究行政责任的方式来替代刑事刑罚，就会造成放纵犯罪的严重后果，这种做法是要从根本上杜绝的。

1.1.5　刑事司法与行政执法的关系

刑事司法主要是指刑事司法机关追究犯罪嫌疑人、被告人刑事责任的一系列行为的过程。行政执法是行政执法主体依法利用行政执法权实现对我国社会管理的过程。

刑事司法与行政执法二者存在较大差异，具体表现在以下几点：（1）刑事司法首先表现为对司法权的行使，其次才表现为运行的领域集中在刑事犯罪领域。与之不同的是，行政执法首先表现为对行政权的行使，其次才表现为运行的领域集中在行政活动领域。（2）刑事司法的法律依据是《刑法》《刑事诉讼法》以及其他与刑事相关联的法律。行政执法的法律依据是行政法律法规、规章以及其他规范性法律文件。（3）刑事司法的位阶的制裁强度要远远高于行政执法。这是因为，刑事司法的依据必须是国家层面的，刑事司法可以限制甚至剥夺犯罪嫌疑人财产、人身自由乃至生命；而行政执法的依据可以是地方性法规、规章以及其他规范性法律文件，行政执法对违法行为者的制裁仅仅限于资格罚、少量金钱罚以及短暂的人身自由罚。（4）刑事司法惩罚的基本都是严重危害社会法益的行为，而行政执法的主要目的一方面在于管理和维护正常的社会秩序，另一方面是针对处罚一般性的危害社会法益的行为。

虽然存在以上几点差异，但是，刑事司法和行政执法在诸多方面也存在着一致性。比如：（1）二者都是公权力实施的体现，都是以国家强制力为后盾。刑事司法表现为一种司法权，司法权是国家公权力的一种。行政执法表现为行政权，行政权同样也是国家公权力的一种。因此，二者同为国家公权力，故都受到国家强制力的保障。（2）二者保护的法益具有一致性。虽然刑事司法在保护法益的程度上有别于行政执法，但二者在法益的性质上得到统一。刑事司法的目的是维护社会秩序，保障私人和公共法益。而行政执法的目的亦是管理和维护正常的社会秩序及处罚一般性的危害社会法益的行为。（3）二者在实现过程方面具有相似性。刑事司法的实现过程运用了三段论推理①，司法机关

---

①　三段论，也称直言三段论，是传统逻辑中的一类主要推理。古希腊哲学家、逻辑学家亚里士多德首先提出了关于三段论的系统理论。三段论在传统逻辑中，是在其中一个命题（结论）必然地从另外两个命题（前提）中得出的一种推论。简言之，三段论就是由大前提、小前提、结论构成逻辑的三要素。

基于证据和法律给犯罪嫌疑人定罪量刑；行政执法的实践过程中同样具有类似的逻辑关系，对行政管理相对人的处罚也要依据证据和法律体系。此外，刑事司法在证据收集活动中的某些规则同样适用于行政执法环节。（4）二者同样注重尊重和保障人权的价值观。我国《刑事诉讼法》明确规定在刑事司法活动中尊重和保障人权。在新修订的《刑事诉讼法》中将尊重和保障人权写入总则，规定的这几个字具有重大的意义，这是有《宪法》以来，我国部门法首次有了人权的规定，意味着在惩罚犯罪的同时要保障人权。行政法律法规在行政执法过程中赋予了行政相对人诸多权利，同时也设计了多重权利救济制度，体现了对公民人权的尊重和保障，如规定听证制度、复议制度、行政赔偿制度等。

1.1.6 行政违法与刑事犯罪的关系

1.1.6.1 行政违法与刑事犯罪的联系

行政违法与刑事犯罪所涉及的都是对社会有危害的行为，这些危害社会的行为都侵害到社会中受保护的法律关系。

行政违法和刑事犯罪二者之间的共同点包括以下几点：第一，二者都是违法行为，都违反了国家的法律、法规，在本质上相同，只是危害社会的程度不同而已。第二，二者都具有社会危害性，都在不同程度上损害了国家和人民的利益，所以从这点上看二者本质上也是一致的。第三，在一定条件下，行政违法可以转化为刑事犯罪，即如果行政违法情节严重，社会危害程度大，就会构成犯罪。例如，行政机关工作人员的失职行为通常属于行政违法，但是，在该工作人员的失职行为造成严重社会后果的情况下，这一行为则构成犯罪，应该依法追究其刑事责任。第四，行政违法行为有时可以免除刑罚处罚。例如，在逃税罪中，虽然行为人的行为属于逃避缴纳税款的行为，但在其补交应缴税款、缴纳滞纳金之后，既然已经受到了行政处罚，后续也就不再追究其刑事责任了。

1.1.6.2 行政违法与刑事犯罪的区别

可以说，行政违法与刑事犯罪是《行政处罚法》与《刑法》法律关联问题中最主要的问题之一。二者都是违反法律法规而应受到处罚的行为，但是二者之间又具有本质上的区别。

1.1.6.2.1　主观要件要求不同①

刑事犯罪的构成条件只能有两个，故意或者过失犯罪。例如，徇私舞弊罪、刑讯逼供罪等都是由故意构成的，玩忽职守罪是由过失构成的。无论犯罪主体的主观心态是故意还是过失，总之其要有主观过错。行政违法在这方面则完全不同，只要求违法行为人的行为是受其主观意识的支配即可，并不像《刑法》那样要求对犯罪行为人的主观过错作出非常严格的界定和区分。

在我国司法实务工作中，一般情况下，行政违法要求违法行为人在主观上有过错，但这并不是绝对的，在有些特殊情况下，只要违法行为人实施了违反行政法律规范的行为，就能构成行政违法，而不需要考虑违法行为人的主观心态，即行为人主观上的故意或者过失并不影响行政违法的存在与否、成立与否。

例如，在结伙斗殴的行为中，只要存在结伙斗殴行为，无论是主观上的故意还是过失，公安机关都可以依照《治安管理处罚法》第26条规定，对犯罪行为人处以5日以上10日以下拘留，同时还可以并处500元以下罚款；对情节较重的，可以处以10日以上15日以下拘留，同时还可以并处1000元以下罚款。而刑事犯罪在这方面就截然不同，《刑法》中聚众斗殴罪的构成，就必须要求犯罪嫌疑人具有主观故意，希望或者放任危害结果发生。由此可见，刑事犯罪和行政违法各自成立的主观要件存在着不同的要求。

1.1.6.2.2　客观危害程度不同

行政违法行为只是一般的违法，虽然在其性质上已经构成违法，但是行政违法的社会危害性较小，不具备犯罪的构成要件。犯罪是最严重的违法行为，刑罚也是法律责任中最严厉的处罚，因此刑罚只惩罚具有严重社会危害性的行为。例如，犯罪嫌疑人的行为危害程度如果已经达到了《刑法》对犯罪行为的社会危害性所规定的标准，并且危害性严重，那么就可以认定为刑事犯罪，并依据《刑法》处以刑罚。

有很多法律条文这样规定，“违反本法尚未构成犯罪的，移送行政机关给予行政处罚。构成犯罪的，依法追究刑事责任”。例如，《治安管理处罚法》中所列举的七十多项违法行为中，有三十多项是与犯罪行为直接联系的。也就是说，行政违法的危害程度比较小，但是当行政违法行为的危害性超过一定限

---

①　从一般归责原则说，除严格责任外，一般责任的构成要件中都有主观要件，也就是说行为人应有主观上的过错，才追究行为人的责任。行政法律责任中是否也有主观要件呢，一般认为，在行政违法行为责任规定中，法条虽然未直接表述当事人发生的违法行为应有主观上的过错，但都是推定当事人有主观过错的。

度时，在其他犯罪构成要件同时存在的情况下，行政违法也可以转变为刑事犯罪。由此可见，二者在行为的情节和所造成的后果方面存在着很大的差别。

1.1.6.2.3 法律规范和执法主体不同

一般来讲，行政违法行为主要受行政法规范，即判断行政违法行为主要是依据行政法规、规章和具有法律效力的其他规范性文件。行政违法行为的执法主体主要是行政机关，具体包括享有国家行政权、能以自己的名义行使行政权，并能独立地承担由此而产生的法律责任的组织。除了行政机关外，行政违法行为的执法主体还包括法律、法规规定的组织和行政机关委托的组织。

刑事犯罪行为受《刑法》的调整，刑事犯罪行为的执法主体不仅包括狭义上的司法机关（依法成立的行使相关国家职权的司法组织，如人民法院、人民检察院及有关功能部门），而且还包括广义上的司法机关，如公安机关（在行使行政职能时则不属于司法机关）、审判机关、监狱侦查部门、军队保卫部门和国家安全机关等。

1.1.6.2.4 产生责任与处罚标准不同

在产生的责任方面，行政违法的法律后果是承担相应的行政法律责任，而刑事犯罪的法律后果则是承担相应的刑事责任。可见，前者对应的是行政处罚等责任，后者对应的是刑罚。针对某一个特定的实体法益侵害程度较强的行为，司法机关就应当以更严厉的刑罚手段来对其进行制裁，而对于实体法益侵害损害较轻的特定行为，则可以有选择地认定为行政违法，并处以相应的行政法律处罚。但是，当某一行为对于行政秩序的维持具有重要性时，即在一般行政秩序的维持上，对于违反行政秩序的行为仅施以行政制裁，即行政处罚。由此可见，行政违法与刑事犯罪的主要责任区别就在于：由于二者所涉及行为的危害性不同，可能会造成不同的后果，进而导致两种不同的性质定性。

在处罚标准方面，刑事犯罪中的刑罚是法律责任中最严厉的处罚，因而它的处罚后果要比行政处罚更加严重，其处罚的要求标准也会更高，只有具有严重危害性的行为才能依《刑法》给予刑事处罚，否则只能给予行政处罚。行政处罚又可以分为精神罚、财产罚、行为罚和人身罚。而我国《刑法》对刑罚处罚的种类作了具体规定，主要分为主刑与附加刑，也可分为生命刑、自由刑、财产刑和资格刑。由此可见，行政处罚与刑罚在表现形式和处罚力度上存在着很明显的差别。

1.1.7 行政违法与刑事犯罪的区分

1.1.7.1 行政违法与刑事犯罪的区分学说

关于行政违法与刑事犯罪的区分，学术理论界和研究界存在几种具有代表性的理论，如“质的区别说”“量的区别说”和“综合说”。

(1)“质的区别说”

“质的区别说”认为，行政违法与刑事犯罪的区别集中体现在“质”的方面，也就是本质上存在的不同。这种不同是“此物与彼物”的关系、“是”或“不是”的问题，因此，两者根本就没有产生交叉的可能。依据观察的角度不同，“质的区别说”又可分为“自体恶与禁止恶区别说”“行政刑法说”“文化规范说”“法律保护客体区别说”“社会伦理的价值判断说”和“法益破坏的种类与方式说”等几种学说。

我国法学界也有类似的观点，有一种观点认为，虽然“行政违法”与“刑事犯罪”都是对规范的违反，但是不同的法律规范应该具有不同的性质，违反行政法律规范的按照性质就应该属于“行政违法”范畴，违反刑法规范的按照性质就应该属于“刑事犯罪”范畴，两者之间的区别显而易见，无须赘述。另一种观点认为，由于很多国家在一部法律中会同时对行政处罚和刑事处罚作出规定，因此，应该结合违法行为应当受到的法定处罚措施来界定到底是属于行政处罚还是刑事处罚，即应根据法律所规定的处罚类型来划分是“行政违法”还是“刑事违法”。还有观点认为，“行政违法”是指对行政秩序和行政利益的破坏。行政违法所造成的结果并非是造成对个人的损害或者对文化的损害，而是对特定的社会利益的损害；而“刑事违法”则是对普遍的社会利益的侵害，具有社会伦理上的非难性①。

从上述学说来看，学者们几乎都一致承认了行政违法侵害的是行政秩序和行政利益，而非普遍性的社会利益，而刑事犯罪是针对普遍的社会利益造成的侵害，具有社会伦理上的可非难性。然而，“质的区别说”也存在如下缺陷：第一，“质的区别说”都是从“法的目的”来考虑的。“质的区别说”旨在从整体作抽象的考察，并从中抽取质物而予以对立，此种方法乃法律常用以形成概念之法。然而，此种方法却存在着概念区分不显著、概念区别之用语本身亦为一个概念、见解因立场而异的缺陷等。第二，针对“自体恶与禁止恶区别说”，公众对伦理的价值判断经常因时代的变迁而发生变化，一些违法行为虽通过因实定法的规定而成禁止恶，但是经过一段时间后，它们还是会逐渐衍生和增强其伦理的非难性而转化为自体恶，并为社会所接受。在这种情况下，禁止恶与自体恶就很难划分出明确界限了，无法做到泾渭分明。第三，法律文化本身就是文化的产物，法律规范禁止的内容也同样是文化规范所禁止的内容。因此，基于文化规范理论，我国司法实务界实际上也很难区分行政违法与刑事

① 非难是指对某人的行为的一种评价，是从违法责任区分角度进行的判断。

犯罪，或者说很难保证每次都能够明确判断。第四，对于二者所针对的客体，有的学者认为刑事犯罪不仅在形式上违反了法律，更是在实质上使法益受到了侵害，而行政违法仅指对国家法律的不服从，并没有从本质和形式上违反了法律。笔者认为，这种观点是值得商榷的。例如，在罪刑法定原则的指导下，一个行为只要违反了法律，实际上就已经造成了对法益的侵害，不可能存在只违反法律而同时不侵害法益的情况。只有这种现象可能存在，一个行为侵害了法益，而并没有违反法律。因此，这种观点是不全面的。第五，行政违法行为同样也可能侵犯到个人权益和文化，如卖淫、嫖娼、与淫秽物品有关的行政违法行为，违背了公序良俗，因此受伦理和社会的非难就是必然的。第六，区分特定行为是否是伦理行为本身具有重大困难，或者几乎不可能。因为伦理行为本身具有历史性的特点，社会的道德非难性也会随之而变化。例如，同姓不婚，在我国历史上的很多时期都具有强烈的伦理性，而现代社会同姓不婚早已失去了其在古代的伦理意义。因此，从“质”的方面来区分行政违法和刑事犯罪几乎不可能。

（2）“量的区别说”

主张支持“量的区别说”的学者们认为，试图从“质”上区别刑事犯罪和行政违法，并没有什么意义，因为在行为方式上，刑事犯罪和行政违法并没有“质”的差异，而只是在行为造成社会影响的轻重程度上具有“量”的差异。“量的区别说”观点认为，行政违法与刑事犯罪之间不存在“质”的区别，而只存在“量”的区别。行政违法和刑事犯罪都是可罚的行为，就它们构成要件之该当性、违法性、有责性而言，二者之间没有本质的区别，仅有量和程度上的区别。

我国2006年施行的《治安管理处罚法》第2条规定，扰乱公共秩序，妨害公共安全，侵犯人身权利、财产权利，妨害社会管理，具有社会危害性，依照《刑法》的规定构成犯罪的，依法追究刑事责任；尚不构成刑事处罚的，由公安机关依照本法给予治安管理处罚。德国学者罗克辛教授①认为，行政违法只是一种比犯罪行为具有较轻的损害性与危险性的行为，或者在行为方式上

---

① 克劳斯·罗克辛，1931年5月15日出生于德国汉堡，1950年进入汉堡大学学习，1957年3月获得博士学位（Promotion），1962年7月通过教授论文（Habilitation），同年在汉堡大学担任私讲师（Privatdozent）。1963年至1971年在哥廷根大学担任刑法、刑事诉讼法和一般法原理的教授教席（Ordinarius），1971年以后在慕尼黑大学担任刑法、刑事诉讼法和一般法原理的教授教席，1974年以来担任全体刑法研究所学术所长，1999年9月30日退休。截至2003年，罗克辛独立出版专著17部，发表150篇以上的学术论文，学术成果涵盖了刑法、刑事诉讼法和刑事政策的所有领域。

欠缺如犯罪行为的高度可责性的违法行为。行政违法在事实上是一种轻微的损害性与危险性的违法行为，它的危险程度要明显小于刑事犯罪行为的危险程度。行政违法行为只是一种比刑事犯罪行为具有更轻的损害性和危险性的违法行为，或是在行为方式上欠缺如刑事犯罪行为的高度可责性的不法行为。行政违法与刑事犯罪的主要差别在于是否受到道德上的谴责。在现代福利国家，不论是行政违法还是刑事犯罪行为所侵害的法益都是法律需要保护的对象，因而二者并不存在质的差别，仅在侵害法益的程度上有区别。

我国也有学者支持这种观点，认为行政违法与刑事犯罪的根本区别在于二者的法益侵害、行为危险和伦理可责难性的程度不同所决定的可罚性的差别。然而，“量的区别说”存在如下缺陷：第一，量的区别理论仅仅指向行为本身，而忽视了法的目的。国家制定不同的部门法，而且法律之间必须存在着分级区别，是有其理论正当性的。这种正当性表现为违法行为之间的本质区别。“量的区别说”否认了这种本质区别，这种观点认为国家只要制定一部“秩序违反法”，那么按照行为危害程度的不同设定不同的罚则就可以得出结论，这显然是荒唐的。第二，量变引起质变，质变是量变的必然结果。从表面上看，行政违法与刑事犯罪的区别在于违法程度以及法益侵害程度、伦理道德非难性的程度上，但实际上质变已经在量变的过程中发生了，只不过这种质变发生得比较隐蔽，但是这不能成为我们否认质变的理由。第三，如果承认这种“量的区别说”，认可行政违法与刑事犯罪的区别只在于一种侵害程度的“量”的差异，那么该行为的损害性和危险性达到什么程度才算是刑事犯罪呢？在我国司法实践中，笔者认为很难准确地找到这个区分点，甚至可以说这个“量”变的界限在现实中很可能并不存在。

（3）“综合说”

“综合说”也称“质量的区别说”或“折中说”，面临“质的区别说”和“量的区别说”都无法回答和解释的一些问题，有的学者提出了这样一种比较折中的理论。“综合说”观点认为，刑事犯罪与行政违法不仅在行为的“量”上，而且在行为的“质”上均存在区别。该理论基本上主张“量变之极质变”的观点，但对量变的“质的要素”各有不同的见解：或者认为虽然价值关系上是量变，但是法益和行政法益却不可能互变，亦即法益价值再低也还是法益，行政利益价值再高仍然是行政利益；或者认为行政利益亦为真正的法益，行政法和刑法就此点而言仅仅是变量，就“社会伦理非价之本质”，亦即，从行为的违法内涵以为行为人的可责难程度而言，二者仍是质别。也就是说，刑事犯罪和行政违法行为，二者在“质”和“量”上都有不同，这种不同表现在：刑事犯罪在“质”的方面具有更强的侵犯性和非难性，在“量”上具有较强的社会危险性和损害性；而行政违法行为在“质”的方面具有较弱的可责性，或者说行政违法行为不具有非难性，在“量”上也只有较低的社会危险性和损害性。

德国的罗克辛教授认为，犯罪行为和秩序违反行为之间并不存在界限清楚的质量性区别……在违反秩序行为与犯罪行为的比较中，这种道德上的无价值判断就像其社会危害性一样，仅仅在程度上比较轻微罢了。我国台湾学者林山田认为，对于一个违法行为的评价，当然应该质与量兼顾，否则可能顾此失彼，无法明确而恰当地区分刑事犯罪与行政违法行为。在“质”与“量”兼顾的情形下，司法部门应根据下述四个标准来区分行政违法与刑事犯罪行为：(1) 违法行为在伦理道德上是否具有非难性；(2) 违法行为所破坏与危及之法益的价值与程度到底有多高；(3) 违法行为的社会危险性到底有多大；(4) 刑罚之无可避免性是否存在。

总之，行政违法行为在“质”上具有较低的伦理可责性，或者说行政违法行为并不具有社会伦理的非价内容，而且在“量”上并不具有重大的损害性与社会危险性。相对而言，刑事犯罪行为在“质”上显然具有较为深度的伦理非价内容与社会伦理的非难性，而且在“量”上具有较强的损害性与社会危害性。

1.1.7.2 本书的观点

总体来讲，“质的区别说”“量的区别说”和“综合说”，呈现出刑事犯罪和行政违法行为之间思辨发展演变的趋势。“综合说”最为恰当地表达了行政违法与刑事犯罪的关系，很好地适应了立法和司法实务的发展，该观点承认法益侵害不仅存在于行政犯罪领域，也同样存在于行政违法行为领域。因此，无论从法律改革的现实背景来看，还是从法益概念的理论发展趋势来看，“综合说”对本书的研究，都具有更大的借鉴意义。

无论单独采用“质的区别说”还是“量的区别说”中的哪一种理论，我们都无法解释我国目前对犯罪范围的界定。因为从行政法律、法规与《刑法》的关系来看，违反行政法律、法规的行为可以将其视为行政违法行为，把《刑法》规定的行为视为刑事犯罪行为，但是有些行为则只能属于刑事犯罪，而不可能构成行政违法，如故意杀人、放火、抢劫、盗窃等行为，就是由行为的“质”所决定的。同样，如卖淫、嫖娼、吸毒等行为，只能构成违反治安管理的行为而不能构成刑事犯罪，无论在行为情节、数量、次数等“量”的要素上有多么严重，都不会构成刑事犯罪。而有些行为则是根据数额、数量、次数、后果等各种“量”的因素的不同，分别构成违反《治安管理处罚法》的行为和违反《刑法》的刑事犯罪行为。因此，很难用单一的“质”或者

“量”的标准区分我国法律体系中的行政违法与刑事犯罪，必须兼顾质与量两方面的因素。

根据第十四届国际刑事法学大会精神，对一个具体行政行为究竟是依刑法还是依行政法进行制裁，无法盖棺定论。因此，通常情况下，必须通过立法决定制裁的方式。前提是，立法者应考虑各种制裁标准，尤其是要特别考虑受侵害法益的重要性、法益侵害或受危害的程度以及行为人罪责的种类和轻重。第十四届国际刑事法学大会上的表述，巧妙地回避了“质”别与“量”别之争，明显含有折中的味道。由此可见，“综合说”既指出了行政违法与刑事犯罪在本质上的区别，又指出了二者在侵害程度、社会危险性等方面的“量”的区别，是目前能掌握的关于行政违法与刑事犯罪相区别的较为完善的理论学说。笔者认为，“综合说”虽然趋于完美，但该学说仍然存在如下缺陷：

第一，“综合说”并没有解决判断权的归属问题。行政违法与刑事犯罪之间存在着一个巨大的“灰色地带”，不同的法律规范对居于这个“灰色地带”中的行为的评价标准也难免存在着差异，这一区域内行为的归属必须由立法者根据某种目的予以判断。或许人们担心将判断权交给立法者可能会产生对公民权利的僭越，但在一个法治文明的国家里，立法者的权力同样应该受到有效的监督和控制。例如，有些国家设立宪法法院监督立法行为，以避免出现立法权力被滥用。第二，对“质”和“量”的区别孰轻孰重的问题，“综合说”并未进行深入的讨论。由于“量”的区别往往流于表面，因此我们会陷入特征判断的误区，仅仅根据行为表现出来的危险性来区分行政违法与刑事犯罪。在某一行为显著违背伦理道德时，可能行之有效，但大多数情况下则会因为各人的视角和价值观念的不同而得出不同的结论。因此，“质”的评价标准和“量”的评价标准在总体上要综合运用、平分秋色，但在具体的运用过程中可以根据实际情况有所偏重和调整。

上述关于区分行政违法与刑事犯罪二者之间界限的三种学说，都有其存在的合理性，都有一定的可取之处，但究竟采取哪种观点更为合理，就要看哪种观点更加符合我国的当前国情，因为要想把握好行政违法与刑事犯罪的界限，是绝对不能脱离我国的实际情况而妄加判断的，那就成了无本之木、无源之水。

从我国的法律体系来看，我国《刑法》对犯罪的界定采取了定性因素与定量因素相结合的范式，因而在区分行政违法与刑事犯罪的界限问题上，笔者认为，“质”指的主要是某一事物与其他事物相区别的根本属性，“量”则是表示某事物数量的多少或限度。在评价某一违法行为时，应当尽量兼顾“质”和“量”，否则可能造成顾此失彼，不能清晰地区分行政违法与刑事犯罪的界限。

因此，笔者认为，在具体操作层面上，应当坚持以行为的危害程度作为区分的基础、以行为类型作为必要补充的原则。第一，我国《刑法》的理论通说认为，行政违法与刑事犯罪的主要界限在于社会危害程度的不同，严重的行政违法可以构成刑事犯罪。因此，行政违法与刑事犯罪的区别主要体现在社会危害程度的大小上。这种思想在我国立法中也体现得极为明显，在《治安管理处罚法》和《刑法》中有很多条文对于具体的违法或者犯罪行为的表述都基本一致，判断这些行为就往往仅以危害程度的表述作为区别。鉴于我国理论界研究及立法工作的现状，我国关于行政违法与刑事犯罪的区别应仍然以行为的危害程度为基础，通过危害程度的轻重来区分二者，事实上，此为更多偏重“量”的区别之体现。第二，行政违法与刑事犯罪存在“质”的不同，主要由于行政违法与刑事犯罪的行为类型之间存在差异。在日本刑法中，刑法中的行为与其他法律法规中的行为一般都不具有重合性，刑法中的行为无论多么轻微，也是刑事违法行为，而不是行政违法行为。而那些不值得用刑事处罚的、用司法程序将其排除在刑事处罚的范围之外的行为，不会再用其他的方式或者措施来处理该类案件，即使是在特别刑法中也是如此。比如，在日本《有限公司法》的罚则中，有犯罪和只科以罚款的行政罚，其适用范围的划分，不是根据行为的程度而是根据行为的类别，只要某类行为被规定为刑事犯罪，即使极其轻微，也不能因其轻微而被排除在刑法之外；反之，规定科以行政罚的行为也绝不会因为行为严重而构成刑事犯罪。

这种规定不同于我国的立法原则。李洁教授①认为，这两种类型的规定各有利弊，但是权衡起来，日本以行为类型作为划分标准，更注重刑法的明确性和安定性，有利于罪刑法定原则②的贯彻，值得效仿。虽然在我国目前的理论研究和立法现状的框架下，不可能一蹴而就地将行政违法与刑事犯罪的区别问题完全解决，但是国外的学说及日本的现行做法都给予了我们一些启示，可以借鉴。例如，我国《刑法》第 412 条中的商检徇私舞弊罪、第 413 条的动植物检疫徇私舞弊罪，就是仅在《刑法》中规定的犯罪，在《治安管理处罚法》等其他法律法规中并未有相关行为的类似规定。这其实就是以行为类型作为划

---

① 国家重点学科吉林大学刑法学科带头人，博士生导师组组长，吉林大学比较法研究所所长。

② 法无明文规定不为罪，法无明文规定不处罚。即犯罪行为的界定、种类、构成条件和刑罚处罚的种类、幅度，均事先由法律加以规定，对于刑法分则没有明文规定为犯罪的行为，不得定罪处罚。

分标准的一种体现。

因此，在我国原有的立法框架下，仍应以行为的危害程度作为区分的原则，但是对于有些行为，可以考虑应用行为类型标准作为补充，以弥补单独适用危害程度标准的不足，尽量做到划分标准的“软着陆”。

1.1.8 行政与刑事案件之间的转化

这里所说的刑事案件与行政案件之间的转化主要是指两种转化：一是行政案件转化为刑事案件处理，二是刑事案件转化为行政案件处理。这两种转化表现出其内涵的一致性、方向的相反性。

1.2 行政与刑事案件转化的产生

1.2.1 行政与刑事案件转化的产生条件

1.2.1.1 公权力行使的同质性

要实现刑事司法活动向行政执法活动的转化，在制度上就应该存在二者之间的共性条件，这样在条件发生和环境成熟时，才能在制度上支撑刑事案件向行政案件的转化机制。刑事司法制度强调罪刑法定原则、罪责刑相一致①原则。

罪刑法定原则，强调法无明文规定不为罪，法无明文规定不处罚。罪刑法定原则要求任何一种违法行为若经过刑事司法活动被最终认定为犯罪行为，其行为特征必须符合《刑法》的明文规定。

而在司法实务中，刑事司法活动是一个复杂的过程，对行为的界定并非一蹴而就，对行为的定性要经过一系列严格的逻辑推理过程。一个存在明显违法特征的行为由一开始初步经刑事审查认定为刑事违法行为，但随着侦查活动的深入，被排除刑事违法领域，在这种情况下，罪刑法定原则严格限制了继续用刑事司法机制处置此行为。这样，就产生了如何处置此违法行为的问题。

罪责刑相一致原则强调，追究犯罪嫌疑人的刑事责任的程度必须把预期所实施的违法行为的情节轻重、引起违法后果的影响力以及法益受侵害的程度直接联系在一起。同时，刑罚制度作为最严厉的处罚犯罪的手段，其本身带有谦

---

① 罪责刑相一致原则也被称为“罪责刑相适应原则”“罪刑均衡”“罪刑相应”“罪刑相称”，我国《刑法》第5条规定，刑罚的轻重，应当与犯罪分子所犯罪行和承担的刑事责任相适应。

抑性，刑事的谦抑性强调若存在其他性质的手段可以对此违法行为作出合理、合法的处置，则尽量避免运用刑事手段对违法犯罪人进行处罚。因此，当某类行为虽然触犯了刑事法律，但行为人具有可从轻、减轻或者其他可免除刑事处罚的情节时，就需要存在一种机制或者制度将刑事处罚手段转化为其他的处罚手段。

行政执法制度与刑事司法制度在保护法益、权利性质方面存在着共性，这就决定了行政执法制度可以作为刑事司法制度转化的对象。行政执法制度所保护的法益是一种公共利益，这就与刑事司法制度所保护的法益在性质上保持了一致性。行政执法制度运行中的行政权力是一种公权力，这一点也和刑事司法制度中的司法权的本质特征相一致。这就给权力间的转化创造了制度基础。有了制度的保证，才能使行政执法和刑事司法产生可以交叉的可能性和转化的基础平台。

1.2.1.2 诉讼认识活动的局限性

刑事司法活动依据时间阶段可分为立案程序、侦查程序、审查起诉程序、审判程序、执行程序等。立案程序是每个刑事案件的起点，只有符合立案要求的违法事实才能进入立案程序，随着程序的推进，对案件材料的要求也越来越苛刻。例如，立案程序只要求存在违法事实，需要受到刑事处罚即可进入立案阶段，而审判阶段则要求犯罪事实清楚、证据确实充分、定罪量刑的证据经依法质证、排除合理怀疑。

立案后的刑事案件只有符合严格的刑事诉讼程序的要求才能经侦查、审查起诉、审判最终走到执行阶段，立案后的刑事案件若不符合后续程序的要求，就必须在当前程序上作出对应的处理，要么转化为无罪处理，要么进入其他性质的案件程序继续处理。

1.2.1.3 刑事与行政法律责任的竞合

刑事责任与行政责任的竞合，即一个行为既违反了刑事法律的规定又违反了行政法律的规定的性质。此时，对违法行为人的处置既可以按照刑事责任处罚又可以按照行政责任处罚，即违法行为人承担了双重责任。

依据现代执法一事不再罚[①]的原则，实务中实行的处罚原则是“先刑后行”。“是否违反刑法”具有优先性，因此当“违反刑法行为”产生时，优先

---

① 《行政处罚法》第 24 条规定，对当事人的同一个违法行为，不得给予两次以上罚款的行政处罚。是否违反一事不再罚原则，关键就是要看两个行政机关是对同一违法行为还是不同的违法行为予以处罚。而下文说到的“先刑后行”，可以保证不违反该原则。

进入刑事司法程序处置，而一旦发现行为不再符合刑事司法处置的要求，就有必要将其转化为行政案件处置。

1.2.1.4 客观上存在可以转化的案件

司法实践中存在两类常见的案件可能发生转化的问题。

第一类是行政犯罪案件。行政犯罪是指危害正常行政管理活动，情节严重，行为的危害性达到了应当追究刑事责任的程度，因而构成了行政犯罪。行政犯罪与行政违法在违法主体、违法性质和危害程度、客观表现和主观要求、所违反的法律规范等方面存在很大的模糊空间，实务中对二者很难作出准确界定。这就决定了行政犯罪案件成为刑事案件向行政案件转化的案件中最为典型的案件类型。

第二类是治安违法案件。治安违法案件与某些类别的刑事犯罪案件具有很大的牵连性，存在很大的转化可能性。具体表现有：侦办主体的一致性、侵害法益的一致性、处罚手段的类似性。

1.2.2 行政与刑事案件转化的制度演进

行政与刑事案件转化是我国法律实务中的一大难点。早在20世纪90年代初期，这一问题就引起了刑法学界和行政法学界的关注。2000年，国务院首次提出行政与刑事案件转化问题。2001年，国务院和最高人民法院、最高人民检察院及有关部委单独或联合相继出台了一系列有关行政与刑事案件的行政法规、规章及规范性法律文件①。

2004年—2006年，最高人民检察院、全国整规办、公安部等又出台了相应规定②，随着相关规范性文件的制定和颁布，我国行政与刑事案件的工作机制基本形成。

2011年2月，中共中央办公厅、国务院办公厅转发了《关于加强行政执

---

① 2001年4月国务院颁布了《关于整顿和规范市场经济秩序的决定》，要求行政机关、公安机关、检察机关建立信息共享、沟通便捷、防范有力、查处及时的打击经济犯罪的协作机制。2001年9月，最高人民检察院制发《人民检察院办理行政执法机关移送涉嫌犯罪案件的规定》，明确了有关刑事与行政案件的操作规程，首次将行政执法活动纳入检察监督的范畴。

② 2004年3月，最高人民检察院、全国整规办、公安部三机关联合制发《关于加强行政执法机关与公安机关、人民检察院工作联系的意见》。2006年1月，最高人民检察院、全国整规办、公安部、监察部又联合发布《关于在行政执法中及时移送涉嫌犯罪案件的意见》。2006年10月，全国整规办、最高人民检察院、公安部召开了“全国行政执法与刑事司法转化工作座谈会”，总结刑事与行政案件工作的状况，并对后续工作进行部署。

法与刑事司法衔接工作的意见》，进一步明确了参与刑事案件与行政案件工作的行政执法机关、刑事司法机关以及监察机关应该履行的职责及程序，并为刑事案件与行政案件工作设计了完善监督制约机制。近几年，全国部分地区对行政案件与刑事案件工作开展了探索，取得了一定成效①。

1.2.3 行政与刑事案件转化的现实情况

1.2.3.1 刑事案件转化为行政案件数量呈现逐年上升的趋势

刑事案件转化为行政案件的数量，在2001—2011年的十年里呈现增长趋势。特别是在后面四年增速较快②。同时，案件数量增长趋势与我国在这十年内采用的刑事政策有很大的关联度。在这十年内，我国刑事政策趋于非犯罪化趋势③，同时这也是国际趋势，我国司法理论和实务工作都与时俱进地学习了国际先进经验。

非犯罪化趋势要求如果违法行为能够在非刑事领域实现其责罚一致，则不再采取刑事处罚而用其他的方式处罚。此外，刑事案件转为行政处理的案件总体数量与我国近十年法治建设的卓有成效存在高度关联性。在这十年里，我国法律制度不断完善、法治队伍建设取得了较大成效、刑事和行政基础设施建设投入高、高精尖科技侦查手段的使用力度也明显加大。没有我国社会法治化的扎实积累和坚实基础，司法部门就不可能在刑事案件与行政案件转化中做到游刃有余、不断提高。

这些方面的改善使得司法部门的案件处理变得更加公正、对案件证据取得和保存更加完善和及时、对案情的解释更加趋近真实。同时，司法部门对违法行为的整体管控能力也得到了很大的提升，以上因素使得我国在刑事案件转化为行政处理的案件总体数量上呈现出了明显的增长趋势。

---

① 广东、江苏、云南、上海等地在全省或者地级市范围内，建立了“信息共享平台”，借助“信息共享平台”完善案件移送机制，对涉嫌犯罪案件实行网上移送，实行网上备案行政处罚决定，强化跟踪与监控案件的流程，促进执法的公开、透明等，提升监督的便利性和有效性。

② 来自中国裁判文书网的统计分析[EB/OL].(2001-01-01)[2011-12-31]. http://www.court.gov.cn/zgcpwsw/。

③ 杜国强. 我国现行刑事政策反思及完善——以维护社会稳定为切入点 [J]. 法学论坛，2003 (04)。

1.2.3.2 刑事案件转化为行政案件多为公安机关管辖的案件

刑事案件转化为行政案件的案件种类，主要有以下几种类型：(1) 公安机关刑事案件转化为治安行政处罚；(2) 公安机关刑事案件转化为其他公安行政处罚；(3) 公安机关刑事案件转化为其他公安行政强制措施；(4) 公安机关刑事案件移交给其他行政机关。

若把前三种案件视为公安机关内部转化的案件，那么这类公安机关内部转化的案件就成为刑事案件转化为行政处理案件的最重要的案件种类。上述第四种公安机关刑事案件移交其他行政机关案件中所指的“其他行政机关”，主要涵盖了具有法定行政处罚权的行政机关。此类机关主要包含工商机关、环保机关、质检机关、卫生安全机关、农业机关等。其中，公安机关刑事案件移交给工商、质检、环境、卫生是其中的主要案件种类。

从侵害法益的角度分析我们可以发现，在刑事案件转化为行政处理案件中，侵害公民人身权、健康权、财产权的案件占主要部分，此类案件的共同特点在于：违法行为人通过积极赔偿来弥补受害人的损失，并且最终得到了受害人谅解，情节轻微且对社会危害不大，因此通常情况下可以将其认定为违法行为人具有悔罪心理。那么，这种情况下可以不需要通过刑事处罚就能使得法益得到保护，也就没有必要作为刑事案件处理了。

而针对扰乱公共秩序、危害公共安全、破坏公有财产的案件，一方面它们涉及社会公共权益，另一方面案情情节通常比侵害私权益严重许多，该类案件造成的损害亦较难挽回。中国是一个有着几千年历史文化积淀的国家，《管子·牧民》中曾说：“国有四维，一维绝则倾，二维绝则危，三维绝则覆，四维绝则灭。倾可正也，危可安也，覆可起也，灭不可复错也。何谓四维，一曰礼，二曰义，三曰廉，四曰耻。”从中可以看到，规规矩矩、遵守国家的纪律是古代治国必备的森严制度，由此可见，我国的公有文化气息非常浓重。在这样的社会背景下，以上的案件一般就比较难被采取从轻处罚，所以侵害公有法益的案件数量要比侵害私有法益的案件数量少得多，文化和法律根源就在于此。

1.2.3.3 刑事案件转化为行政案件的处理主要涉及公安机关

刑事案件转化为行政案件处理的案件主体，这里指参与案件的所有角色，包含案件的处理主体、案件被处理主体。

第一，案件的处理主体主要是参与案件处置的公权力机关。分析此类主体，一方面可以明晰案件在公权力机关之间转化的关系；另一方面可以明晰公权力机关与被处置人之间的关系。处置机关间存在以下两类关系：(1) 刑事司法机关与公安机关的关系；（2）刑事司法机关与其他行政机关的关系。第一类关系主要包含人民检察院与公安机关的关系、人民法院与公安机关的关系以及公安机关内部的关系；第二类主要指公检法机关与其他行政机关的关系。可见，相较于第二类关系，第一类转化过程简单，而且转化阻力也较小。

第二，案件的被处置主体主要是指案件中的违法行为人。分析此类人群有助于对案件性质的分析，从而判断在刑事案件转化为行政处理案件过程中主要的案源、法益保护力度等相关因素。

1.3 行政与刑事案件转化的成因

行政诉讼和刑事诉讼具有不同的性质和功能，行政诉讼的主要功能是审判行政机关的具体行政行为是否合法，并不是审判行政案件中的行政相对人是否犯罪。而刑事诉讼的主要功能是审判行为人是否构成犯罪，以及如何惩治的问题。因此，原则上，二者不应该发生冲突。但是，由于案件的不同性质以及刑事诉讼和行政诉讼二者各自的特点，它们之间就会不可避免地产生交叉和冲突。

1.3.1 刑法和行政法调整边界交叉存在互转情况

《刑法》与《行政处罚法》调整界限的混合不明，使得二者存在朝彼此发展的可能性，把行政法律最典型的代表《治安管理处罚法》与刑事法律最典型的代表《刑法》作对比，可以发现二者之间存在着较多条文间的冲突。

第一种情形，《刑法》和《行政处罚法》对同种行为分别定性为违反行政法行为和犯罪行为。以“引诱、容留、介绍他人卖淫”行为为例，《治安管理处罚法》第67条①和《刑法》第359条②对其的描述完全相同，没有明确的本质上的区分，但处罚相差就很大。以“教唆、引诱、欺骗他人吸食、注射毒

---

① 《治安管理处罚法》第67条规定，引诱、容留、介绍他人卖淫的，处十日以上十五日以下拘留，可以并处五千元以下罚款；情节较轻的，处五日以下拘留或者五百元以下罚款。

② 《刑法》第359条规定，引诱、容留、介绍他人卖淫的，处五年以下有期徒刑、拘役或者管制，并处罚金；情节严重的，处五年以上有期徒刑，并处罚金。

品”行为为例，《治安管理处罚法》第 73 条[①]和《刑法》第 353 条[②]对其描述仅“教唆”和“引诱”两词的顺序不同，但二者分别按违法和犯罪处罚。以“组织播放淫秽、音像”行为为例，《治安管理处罚法》第 69 条第 1 款[③]和《刑法》第 364 条第 2 款[④]对其描述实质相同而处罚各异。

此外，如《刑法》第 280 条[⑤]将“伪造、变造、买卖或者盗窃、抢夺、毁灭国家机关的公文、证件、印章”的行为定性为犯罪，由此可见《刑法》中该类行为被定性为犯罪，并且分别规定了两个罪名，即“伪造、变造、买卖国家机关公文、证件、印章罪”和“盗窃、抢夺、毁灭国家机关公文、证件、印章罪”。而《治安管理处罚法》第 52 条[⑥]却把此行为定性为治安违法行为。《治安管理处罚法》第 52 条规定该类行为的处罚标准为：处十日以上十五日

---

① 《治安管理处罚法》第 73 条规定，教唆、引诱、欺骗他人吸食、注射毒品的，处十日以上十五日以下拘留，并处五百元以上二千元以下罚款。

② 《刑法》第 353 条规定，引诱、教唆、欺骗他人吸食、注射毒品的，处三年以下有期徒刑、拘役或者管制，并处罚金；情节严重的，处三年以上七年以下有期徒刑，并处罚金。强迫他人吸食、注射毒品的，处三年以上十年以下有期徒刑，并处罚金。引诱、教唆、欺骗或者强迫未成年人吸食、注射毒品的，从重处罚。

③ 《治安管理处罚法》第 69 条规定，有下列行为之一的，处十日以上十五日以下拘留，并处五百元以上一千元以下罚款：（1）组织播放淫秽音像的；（2）组织或者进行淫秽表演的；（3）参与聚众淫乱活动的。明知他人从事前款活动，为其提供条件的，依照前款的规定处罚。

④ 《刑法》第 364 条第 2 款规定，组织播放淫秽的电影、录像等音像制品的，处三年以下有期徒刑、拘役或者管制，并处罚金；情节严重的，处三年以上十年以下有期徒刑，并处罚金。制作、复制淫秽的电影、录像等音像制品组织播放的，依照第 2 款的规定从重处罚。向不满十八周岁的未成年人传播淫秽物品的，从重处罚。

⑤ 《刑法》第 280 条第 1 款规定，伪造、变造、买卖或者盗窃、抢夺、毁灭国家机关的公文、证件、印章的，处三年以下有期徒刑、拘役、管制或者剥夺政治权利并处罚金；情节严重的，处三年以上十年以下有期徒刑。该法条第 1 款规定的是选择罪名，分别规定了两个罪名：“伪造、变造、买卖国家机关公文、证件、印章罪”和“盗窃、抢夺、毁灭国家机关公文、证件、印章罪”。

⑥ 《治安管理处罚法》第 52 条规定，有下列行为之一的，处十日以上十五日以下拘留，可以并处一千元以下罚款；情节较轻的，处五日以上十日以下拘留，可以并处五百元以下罚款：（1）伪造、变造或者买卖国家机关、人民团体、企业、事业单位或者其他组织的公文、证件、证明文件、印章的；（2）买卖或者使用伪造、变造的国家机关、人民团体、企业、事业单位或者其他组织的公文、证件、证明文件的；（3）伪造、变造、倒卖车票、船票、航空客票、文艺演出票、体育比赛入场券或者其他有价票证、凭证的；（4）伪造、变造船舶户牌，买卖或者使用伪造、变造的船舶户牌，或者涂改船舶发动机号码的。

以下拘留，可以并处一千元以下罚款；情节较轻的，处五日以上十日以下拘留，可以并处五百元以下罚款。诸如此类，两法还有不少条文存在互相矛盾之处。

第二种情形，两法对相关行为的规定模糊、不明确。例如，“冒充国家机关工作人员或者以其他虚假身份招摇撞骗”的行为，《治安管理处罚法》第51条规定应以治安处罚，而《刑法》第279条对其中“冒充国家机关工作人员招摇撞骗”的行为规定以刑罚处罚，两法没有对“情节较轻”或“情节严重”作具体规定。

笔者认为：(1) 在这种情况下，司法机关如何判断这个准则的方法，就是：造成严重后果的，属于《刑法》的调整范围；情节较轻的，属于《治安管理处罚法》的调整范围。情节轻重的区别在于有没有造成严重后果，如数量、情节（使用假证造成严重后果)。虽然法律是相同的，但是各地公安机关的立案标准还是有差别的。由此可见，只要行为人冒充国家机关工作人员实行招摇撞骗行为的情节不属于显著轻微、危害不大的情况，就应该认定为犯罪。情节属于显著轻微、危害不大的，一般就不认定为犯罪。但实务工作中目前还没有具体标准的规定，所以在司法实践中这里还是有漏洞可钻的。在判断时，往往要考虑骗取财物金额、作案次数等相关因素。例如，冒充警察属于招摇撞骗罪的结果加重犯，说明冒充警察的社会危害性更大，也就更容易被判断为犯罪。(2) 当诈骗罪和以骗取财物为目的的招摇撞骗罪出现交叉竞合时，如何适用重法条优于轻法条的原则，可具体分析如下：第一，骗取财物数额较大的。此时，招摇撞骗罪有两档法定刑：情节一般的，法定刑为三年以下有期徒刑、拘役、管制或者剥夺政治权利；情节严重的，法定刑为三年以上十年以下有期徒刑。而诈骗罪的法定刑为三年以下有期徒刑、拘役或者管制，并处或者单处罚金，重于情节一般的招摇撞骗罪的法定刑，又轻于情节严重的招摇撞骗罪的法定刑。由此，根据具体案情，如判定属于严重的招摇撞骗行为应以招摇撞骗罪论处，反之，则以诈骗罪论处。通常而言，招摇撞骗罪同时又是一种破坏国家机关威信的行为，当行为人冒充国家机关工作人员在招摇撞骗的同时又骗取数额较大的财物时，从责任评价上理应重于不是冒充国家机关工作人员的方法骗取同等数额财物的诈骗罪。因而，在这种情况下，可视为招摇撞骗罪情节严重，适用招摇撞骗罪的第二档法定刑定罪量刑。第二，骗取财物数额巨大的。此时，诈骗罪的法定刑为三年以上十年以下有期徒刑，并处罚金，而招摇撞骗罪没有罚金的规定。因而，诈骗罪是重法条，应以诈骗罪论。同理，骗取财物数额特别巨大的，更是应以诈骗罪来论处。当然，如果行为人招摇撞骗行为骗取的数额没有达到数额较大的程度，自然也就没有交叉竞合和诈骗罪适用的余地，如需要定罪处罚的话，直接以招摇撞骗罪论处即可。

再如，“非法携带枪支”与“非法持有枪支”用语相近，《治安管理处罚法》第32条[①]对此行为规定为违法，而《刑法》第128条[②]对此行为规定为犯罪，两法对二者的区分不够明确。笔者认为，这里所说的“公务用枪”，主要是指各种军用枪支，如手枪、冲锋枪、机枪等。“非法出租”，主要是指以牟利为目的，将配备给自己的枪支租给他人的行为；“非法出借”，主要是指擅自将配备给自己的枪支借给他人的行为。若军用枪支持有人明知他人意图使用枪支进行犯罪活动仍有出租、出借行为的，则应该认定为共犯，必须定罪处刑。但同时，我们需要考虑的是，依法配置枪支的人员，非法出租、出借枪支必须是造成严重社会后果的非法出租、出借行为，如出现了使用人利用非法出租、非法出借得来的枪支打伤、打死人等情况。反之，也就是说，如果非法出租、出借民用枪支的行为没有造成严重社会危害后果的，则可以认定不构成犯罪，可以按《治安管理处罚法》第32条处罚。有关这一问题还有其他相关联的法规，如《最高人民检察院关于将公务用枪用作借债质押的行为如何适用法律问题的批复》和《最高人民法院关于审理非法制造、买卖、运输枪支、弹药、爆炸物等刑事案件具体应用法律若干问题的解释》第5条等，在以后的司法实务中，有关机关可以进行比较研究。

因为界限的模糊，使得在特定环境下为了维护社会秩序的需要对既违反刑法又违反行政法的行为给予刑事处罚，这就要求在特定时期应用行政程序处理此类行为时，要将其转为刑事程序进行处罚才能实现最大的社会效益。而在另一种特定环境下，为了实现对人权最大程度的保障和尊重，对违法行为人轻微违反刑事法律的行为，不需要给予刑事处罚即可达到最优的社会评价。因此，在实现运用刑事手段处理此类行为时，就有必要将其转入行政程序处理。

在司法解释中相关条款和概念的规定不明确。现行行政法律法规与《刑

---

① 《治安管理处罚法》第32条规定，非法携带枪支、弹药或者弩、匕首等国家规定的管制器具的，处五日以下拘留，可以并处五百元以下罚款；情节较轻的，处警告或者二百元以下罚款。非法携带枪支、弹药或者弩、匕首等国家规定的管制器具进入公共场所或者公共交通工具的，处五日以上十日以下拘留，可以并处五百元以下罚款。

② 《刑法》第128条规定，违反枪支管理规定，非法持有、私藏枪支、弹药的，处三年以下有期徒刑、拘役或者管制；情节严重的，处三年以上七年以下有期徒刑。(1) 依法配备公务用枪的人员，非法出租、出借枪支的，依照前款的规定处罚。(2) 依法配置枪支的人员，非法出租、出借枪支，造成严重后果的，依照第1款的规定处罚。(3) 单位犯第2款、第3款罪的，对单位判处罚金，并对其直接负责的主管人员和其他直接责任人员，依照第1款的规定处罚。

法》、刑事司法解释中相关条款的概念和界定不明确，导致认识和理解上的分歧，直接影响了案件的定性处理。立法者在立法时，由于立法技巧以及保持法律的相对稳定性等原因，不可能规定得极其具体，但是我国有些行政法律、法规过于抽象和概括，甚至有的就是一个兜底性叙述，如“情节严重”“影响恶劣”等，仅用这些抽象性的语言从表面上区分行政相对人的违法行为是一般的行政违法还是刑事犯罪，有时候还定量不准，容易导致罪与非罪的界限模糊。在司法解释中，虽然司法解释的目的是为了保障法律本身更好地实施和适用，但是此解释看起来具体，但是实施起来却很难，尤其体现在数量方面，如“非法经营数额”“直接经济损失”，在司法实践中很难无误地完全准确予以认定，因而在实践中，有些法律概念在立法上的不明确导致行政诉讼组织与刑事诉讼组织理解各异，或者难以认定，于是造成案件的冲突和拖延。

例如，《治安管理处罚法》第 71 条规定，非法买卖、运输、携带、持有少量未经灭活的罂粟等毒品原植物种子或者幼苗的，处 10 日以上 15 日以下拘留，可以并处 3000 元以下罚款；情节较轻的，处 5 日以下拘留或者 500 元以下罚款。而《刑法》第 347 条规定，走私、贩卖、运输、制造毒品，无论数量多少，都应当追究刑事责任，予以刑事处罚。这两个条文都是关于毒品的规定，因而存在交叉和冲突。如果按照《治安管理处罚法》的规定，买卖、运输、持有少量的罂粟等毒品可以给予行政处罚，但是如果按照《刑法》的规定，无论数量多少都要给予刑事处罚，因而对于买卖、运输、持有少量罂粟的行为到底如何处理会产生《治安管理处罚法》与《刑法》上的冲突。例如，2005 年 11 月以来，朱某伙同他人购进大量罂粟壳在北京市海淀区某批发市场内销售，后于 2006 年 1 月 9 日被公安机关查获，并缴获已经贩卖的罂粟壳两个，经鉴定，缴获的罂粟壳净重 11.07 克。如果按照《刑法》的规定，朱某显然已经构成犯罪，按照《刑法》第 347 条第 4 款规定应该给予朱某三年以下有期徒刑、拘役或者管制，并处罚金。而按照《治安管理处罚法》的规定，只能给予拘留或者并处罚款。这种冲突的条款让办案人左右为难，判断难度较大。

1.3.2 行政不法与刑事不法间界限动态摇摆不定

不法是刑罚与行政处罚理论分界的逻辑起点。适用刑罚或行政处罚首要表现在刑事不法和行政不法上，刑事不法则适用刑罚，行政不法则适用行政处罚。不法的内涵包括一般的违法与严重的刑事违法。行政不法与刑事不法之间的界限一直是理论界争议的话题，之所以成为理论争议的话题，是因为无法用文字准确表达二者之间的界限，在实务中亦难准确把握。其根本原因在于行政不法与刑事不法的界限不是呈现一种静态的关系，而是一种动态的变化，随时间、地域的不同，对其界限的理解也在发生变化。

在行政活动中，许多行政法保护的社会关系也是刑法要保护的社会关系。许多严重违反行政法律规范的行为也被刑法确立为触犯刑法的行为。因此，无论从理论上还是在实践中，都不能排除同一行为既是违反行政法规范的行为，又是触犯刑法的行为的可能性。

在行政诉讼的过程中或审结后，对于违反行政法规范的行为，又被有关机关认为触犯了刑法的规定，就会引起刑事诉讼的发生。两种诉讼对性质有争议的同一案件事实进行审理，就会发生交叉冲突。

在我国，对行政不法和刑事不法的界限研究起步较晚，但仍有很多学者从理论上对二者进行界定，普遍性观点主要有以下几点：第一，从行政法的角度界定；第二，从刑法的角度界定；第三，从刑法和行政法综合的角度界定。

此外，有学者提出要以处罚类型来界定是行政不法还是刑事不法，即受到行政处罚的被视为行政不法，受到刑事处罚的被视为刑事不法。这样的界定方式是以结果推原因的思路，在法律实务中显然是没有意义的。而其他三种界定观点虽从理论上对行政不法和刑事不法的界定做了充分的论证，但将其放入司法实践中，可以发现其显然缺乏可操作性。

行政不法和刑事不法界限的动态性，在司法实践中可以表现为对行为解释的不同，如斗殴行为与故意伤害行为；对违法程度变化，如构成刑事犯罪金额发生了变化，原来的金额在达不到刑事犯罪金额时，不能一味处以未遂犯，而应转入对应的行政案件处理；对行为性质在观念上发生变化，如某一类行为在过去可能被理解为严重违法的行为应当受到刑事处罚，因此属于刑事不法行为，而随着人们观念发生转变，此类行为有可能被认定为轻微的违法行为，只需要受到行政处罚即可救济受损害的法益。

1.3.3 行政诉讼与刑事诉讼可以互为审判之前提

由于行政诉讼的起步较晚，有些制度尚未建立或者尚不健全，由于行政法调整范围的广泛性，故行政诉讼的涉案范围也涉及生活的各个领域，随着行政诉讼的不断深入和发展，与刑事诉讼之间发生的冲突也越来越多。而我国目前的诉讼法发展仍不完善，《行政诉讼法》与《刑事诉讼法》以及相关的司法解释，对于行政诉讼与刑事诉讼发生冲突时应当如何解决基本上没有涉及，有的即使涉及了也只是浅尝辄止，并没有完整、细致地进行明确规定，如何能够从根本上解决这一问题是化解矛盾的关键。

行政审判组织是依法对行政案件进行受理、审理并作出裁判的组织。在我国，根据《行政诉讼法》《刑事诉讼法》和《人民法院组织法》的有关规定，行政审判组织是人民法院的行政审判庭，刑事审判组织是人民法院的刑事审判庭。行政诉讼是审查行政机关公权力行为之适法性以保护人民权利；刑事诉讼是直接由人民法院判断应否对犯罪嫌疑人行使刑罚权。二者在制度功能上有所不同。人民法院行政审判组织只能对行政机关的具体行政行为是否合法作出评价，刑事司法部门的权限也只是涉及刑事案件。所以，行政审判部门在对行政机关的行政行为进行司法审查的时候，如果涉及刑事问题，其无权作出处理和认定，只能将刑事问题移送刑事司法部门进行刑事诉讼程序，而刑事司法部门除了可以将生效的具体行政行为作为证据采用或者不予采用外，对于涉及行政行为的合法性问题，其也无法作出评价，只能由行政审判组织作出行政行为违法与否的认定。由此可见，由于人民法院行政审判组织与刑事审判组织的职权差异，导致了行政诉讼与刑事诉讼的关联。虽然行政审判组织和刑事审判组织都是人民法院的组成部门，从整体来看，二者无论谁作出裁判都是代表人民法院的整体形象，但是由于不同职权的差异，二者作出相互矛盾的判决是对人民法院整体形象的否定。

行政诉讼与刑事诉讼可以互为审判前提，是指行政诉讼过程中产生案卷材料以及裁判文书可以成为刑事诉讼审判的依据，同理，刑事诉讼过程中产生的案卷材料以及裁判文书可以成为行政诉讼审判的依据。

行政诉讼与刑事诉讼互为审判前提的模式有两种。第一种是当法律责任竞合时，即违法行为人只有一个行为却同时违反了行政法律法规和刑事法律法规。但违法行为人前期进入行政诉讼程序中，人民法院依据司法程序对其行为性质、违法后果、情节、主客观方面进行审查质证，认为应当追究违法行为人刑事责任而非行政责任，此时案件应由行政案件转为刑事案件并向有关人民法院移送，行政诉讼过程中产生的案卷材料应当随案移送并作为刑事诉讼的审判依据。第二种是附带性诉讼，即在刑事诉讼过程中附带行政诉讼，由于刑事诉讼过程中对犯罪嫌疑人进行定罪量刑的情节、证据等情况有赖于行政诉讼过程的界定，因此，在司法实践中通常做法是中止刑事诉讼，等待行政诉讼审理结束后再恢复刑事诉讼，这就为行政诉讼产生的材料成为刑事诉讼审判前提创造了条件。

之所以行政诉讼和刑事诉讼可以互为审判的前提，是因为：第一，二者同属于司法活动，在证据收集、审判模式、权力行使等方面具有相似性；第二，二者的行为间存在高度关联性，如前文所述行为间要么发生重合，即产生责任竞合状态，要么违法行为与犯罪行为存在某种牵连关系；第三，具有明确的法律依据，我国《行政诉讼法》和《刑事诉讼法》都对附带诉讼作了明确的规定。此外，法律还对裁判文书的效力作出了规定，依据相关法律规定裁判文书可直接作为定案的依据。

1.3.4 行政处罚权主动性和刑罚权被动性之互补

行政处罚权，是指行政机关依法享有对违反行政法律义务行为的人给予一定行政制裁的权力。行政处罚权的主动性源于行政的主动性原则。行政主动性原则，是指行政机关必须用自己的行为来保障法律的实施，行政机关不仅负有消极的守法义务，还必须积极采取行政措施，保障法律规范得以实施。行政主动性原则是行政机关职能的反映。贯彻行政主动性原则有助于打破“消极行政”的僵局。

行政处罚权的主动性首先表现为行政机关积极履行行政职权。行政机关对案件的发现主要有以下几种途径：(1) 从行政检查过程中发现；(2) 公民举报；(3) 其他社会监督。行政处罚主动性要求行政机关在发现违反行政法规的行为时应当积极去调查、审查，并对确实的违法行为给予行政处罚，而不能采取不告不理的态度。行政处罚权的主动性也表现在行政机关集调查权、处置权于一体。

刑罚权的被动性源于刑事司法权的被动性。刑事司法权的被动性并非指在没有人控告的情况下，公安机关拒绝立案、检察机关拒绝案件的移送审查。此处的司法权的被动性主要是指人民法院审判权的被动性。人民法院作为审判机关，在整个刑事司法活动中处于中立状态，人民法院审判的目的在于发现案件事实和真相，准确地对犯罪嫌疑人作出定罪和量刑。

因此，为了实现人民法院在司法活动中的中立和公正的立场，在司法活动中，人民法院通常采取不告不理的态度。即在公诉案件中，只有人民检察院向人民法院提起公诉，人民法院才受理案件，在自诉案件中，只有自诉人主动向人民法院提起自诉，人民法院才受理案件。根据罪刑法定原则，只有人民法院才享有定罪量刑的权力，对被告人作出何种刑事处罚，只有人民法院依据刑事诉讼和刑事法律的规定通过审判的方式作出。行政处罚权的主动性在刑事案件向行政案件转化过程中，行政机关对案件的接受应当归属于积极履行义务的过程。刑罚权的被动性体现在刑事案件向行政案件转化过程中司法机关的公正性。

1.3.5 公安机关承担刑事和行政执法的双重性

公安机关兼有治安行政机关和刑事侦查机关的双重身份，所以同时享有行政执法和刑事侦查的双重职权，可以在两种身份之间来回转换，这就出现了有的时候行为人并不知道公安机关以何种身份行使何种职权的情况。根据最高人民法院《关于执行〈中华人民共和国行政诉讼法〉若干问题的解释》第 1 条第 2 款第 2 项规定，公安、国家安全等机关依照刑事诉讼法的明确授权实施的行为，不属于人民法院行政诉讼的受案范围。但由于刑事侦查措施与行政强制措施在外部表现形式上具有相似性，两者都可以限制人身自由权和财产权，都具有强制性，因此，无论在理论上还是实践中，都很难清晰地区别两者。

在我国司法实践中，当当事人对公安机关实施的行为提起行政诉讼时，有的公安机关往往会以其在实施刑事侦查行为、行使刑事侦查权为借口规避法律。例如，公安机关在治安行政管理和刑事侦查过程中，均可以采取查封和扣押两种强制措施。被废除的收容审查制度更是兼有行政强制措施和刑事诉讼强制措施两种性质，一旦公民、法人或者其他组织提起行政诉讼，起诉公安机关采取的拘留、查封、扣押、没收财产等处罚不符合程序或畸重时，有的公安机关往往立刻将案件转为刑事案件立案侦查，并且通知人民法院行政审判组织不予受理、驳回起诉，理由就是本案已经立案侦查，公安机关所采取的行为是刑事诉讼行为，不在行政诉讼的受案范围之内，人民法院行政审判组织没有权利干涉公安机关的侦查工作。这就导致其可能有规避行政诉讼的可能性。

2 行政与刑事案件转化的基本理论

2.1 行政与刑事案件转化的理论依据

2.1.1 权力制衡[①]

社会契约下产生了国家，国家出现以后，自然就形成了权力的集中，即国家集权。“分权学说”[②] 就是在这种情况下出现的，也可以说它出现的背景是有关国家权力的制衡理论。在国家内部实施议事机能、行政机能和审判机能三权力分工，根据不同的职能进行分工和管理。各个权力之间互不干扰，却又相互制衡，在这种“分权学说”的理论指导下，国家管理实现了稳定运行。然

① 权力制衡，是指在公共政治权力内部或者外部，存在着与权力主体相抗衡的力量，这些力量表现为一定的社会主体，包括个人、群体、机构和组织等。他们在权力主体行使权力过程中，对权力施以监督和制约，确保权力在运行中的正常、廉洁、有序、高效等，并且使国家各部分权力在运行中保持总体平衡。这些制衡有利于保证社会公正合理的发展方向，以及社会整体目标的实现。

② “分权学说”是资产阶级政治学说的重要组成部分，是西方国家政治制度借以建立的理论指导。亚里士多德在他的《政治学》一书中论述了政体的“三要素”，即议事机能、行政机能和审判机能，可以说是分权学说的萌芽。分权理论可以追溯到柏拉图在《理想国》中提出的混合政体学说。柏拉图认为混合政体综合了君主政体的智慧和德性、民主政体的自由，是最好最稳定的政体。“分权学说”的代表人物有亚里士多德、波里比阿、西塞罗。

而，分开的各个权力之间并不是完全与彼此隔绝而无任何联系的，在管理国家的过程中，如果有需要，就要创造一切条件让国家各权力之间互相配合，从而使国家运转正常。可以说，“分权学说”本身就意味着权力之间要彼此联系、彼此协作，这也正是国家权力得以稳定运行的保证和条件。“分权学说”是当前西方国家政治制度借以建立的理论指导。议事机能、行政机能和审判机能是一个国家内部管理的根本，只有三权力之间互相独立又互相联系，彼此配合而又彼此制约，才能保证政治制度的牢固和国家管理的稳定。对此，法国思想家孟德斯鸠早有一针见血的评价①。

事实上，权力制衡理论正是源于西方近代思想家洛克和孟德斯鸠。洛克在其《政府论》一书中阐述了权力的制衡理论。洛克将权力分为立法权、执行权和对外权。洛克认为，立法权处于权力的最高位。立法权的目的在于保障人民的生命、自由和财产。执行权和对外权辅助并隶属于立法权。三者之间的关系相互分立，又相互制约。权力制衡原则是现代法治的重要原则之一，是有效规范权力运行的根本保障。权力制衡理论认为防止和避免绝对权力的存在和滥用，就必须形成权力制衡关系，以权力制约权力。

行政执法与刑事司法的衔接制度一方面体现了分权思想，即行政执法权与刑事司法权由不同机关行使，相互独立；另一方面也体现了制衡思想，即两者之间相互衔接，不留法律真空区，同时，两者之间都有责任对对方的衔接工作进行监督，以保障行政法律和刑事法律的正确实施。

在行政与刑事案件转化的过程中表现出以下几种权力的制衡：

一是立法权对司法权的制衡。刑事法律的一个基本原则是罪刑法定原则，即法无明文规定不为罪，法无明文规定不处罚。在刑事案件处理过程中，如果立法机构将此案件中的行为不再评价为犯罪行为，那么，刑事司法程序必须终止，不得继续按照刑事司法程序进行。

二是检察权对侦查权的制衡。行刑案件转化过程表现为检察机关的检察权对侦办机关侦查权的监督制衡。行刑案件转化意味着对案件的认识可能发生偏差或者错误，对案件把握的主轴线可能有误，检察机关作为法定的监督机关有权运用监督权介入侦办机关的侦查过程中，这在法律实践中表现为一种监督关

---

① 法国思想家孟德斯鸠在《论法的精神》中曾提到过，政治自由只在宽和的政府里存在，但是，它并非经常存在于政治宽和的国家里，它只在那样的国家的权力不被滥用的时候才存在。但是，一切有权力的人都容易滥用权力，这是万古不变的一条经验。有权力的人们使用权力一直到遇有界限的地方才休止……从事物的性质来说，要防止权力滥用，就必须以权力约束权力。

系，在权力运行中表现为一种权力间的制衡。

三是司法权与行政权的相互制约。行政与刑事案件的转化，体现为司法权与行政权的一系列协调过程，也表现为二者间相互制衡的一个过程。刑事司法机关在转化过程中发现行政机关不接收或不移送案件，有权向其上级机关申诉，同样行政机关在向司法机关移送案件过程中发现司法机关不接收或不移送案件，也有权向上一级人民法院提起诉讼。

2.1.2 行政法治

行政法治是行政组织结构法治、行政职权法治和行政行为法治的总称。法治的基本意思是依法办事、依法治国、依法管理国家。法治要求政府在法律范围内活动，依法办事，依法行政；政府和政府工作人员如果违反法律、超越法律应承担法律责任。法治的实质是人民高于政府，政府服从人民。对于行政法治原则的分析，不仅是一种理论上的阐释，而是关系到怎样正确理解依法行政、如何真正做到依法行政，对于树立科学的法律意识、正确的指导法治实践有重要的意义。行政法治作为一个国家的法治思想，是在不断变化发展壮大的。不是任何经过程序制定的法律就是合乎法治条件的法律。法治之下的法律必须合乎“法治之后的原则”，那是保障人的尊严（“人是目的不是任何人的手段”）与生命及财产的信条。最早的法治思想来自于西方的老牌资本主义国家英国的“法律支配”和德国的“法治国家”两种模式。

早期的英国法治理念代表学者戴雪①认为，法治的首要条件就是排除政府（主要指行政权）的独断权力；英国不存在公法与私法的划分，且否定行政自由裁量权的价值与意义。同时，戴雪也强调，法治理论中应当坚持以保障人权为出发点，发挥法院的司法审查功能以及对行政滥权行为加强控制的思想。英

① 戴雪，英国法学家，就职于牛津大学。1863年获专门律师资格。1882—1909年在牛津大学兼任英国法教授。认为行政诉讼应由普通法院管辖，这是英国宪法的一项基本原则，并对英国宪法学中另外两项原则即议会主权和法治作了系统阐述。主要著作有《宪法研究导论》《十九世纪法律与舆论在英国的关系演讲集》。戴雪之所以至今仍活在世人的记忆之中，主要因为他的四部著作：《英宪精义》（1885）、《论冲突法》（1896）、《19世纪英国的法律和舆论关系的演讲》（1905）、《英国反对爱尔兰自治法的理由》。

国法治理念的后期代表学者韦德[①]在其权威著作《行政法》一书中辩证地探讨了戴雪的理论。他在发展戴雪法治理论的基础上肯定了行政裁量权合理存在的价值，并明确提出行政法的精髓就在于对行政裁量权的控制。韦德从另一个角度提出构成英国宪政基础的法治有五个方面的含义，即合法性原则、裁量限制原则、平等原则、特权禁止原则和罪刑法定原则。韦德的法治概念较之戴雪的法治概念更具全面性，这五个方面除了“罪刑法定原则”[②] 以外，其余原则都涉及“公共行政”问题，特别是韦德明确称法治是行政法的“主源”，把法治与行政法联系起来很有积极意义，故韦德的法治观被称为典型的“行政法治观”[③]。

在德国，行政法的研究和法治国思想的确认与发展同样不可分割，德国法治观念也建立在权力分立原则基础上，并且同样出于对行政权的不信任，强调行政法主要是用以防止行政权可能被滥用的控制器。德国行政法体系的奠基人奥托·麦耶[④]代表了大陆法系法学家对行政法治理论的思考。奥托·麦耶认为，宪法与行政法两种法律关系已经存在于行政机关和人民之间，两种法律关系密不可分。行政权的行使必须依据宪法和法律，并在此基础上提出了“法

---

① 威廉·韦德爵士是英国行政法的开山祖师。他首次对英国行政法进行了系统、深入的挖掘、整理和研究，从而建立了英国行政法学的体系与基础，彻底清除了戴雪等人给英国行政法发展留下的障碍（戴雪认为行政法与宪法完全不一致，他极力反对在英国实行法国式的行政法和行政法院，认为英国的法治迥异于法国模式的“行政法”，行政法只不过是保护官吏特权的法国制度，与英国宪政传统、法治国情即法律平等主义或普通法统治不相容），改变了英国法学落后于其他西方国家法学研究的状态。英国女王为表彰他的学术贡献，特授予他爵士称号。

② 罪刑法定原则的基本含义是法无明文规定不为罪、法无明文规定不处罚。

③ 行政法治是法治在行政领域的具体化，是法治的重要组成部分。行政法治的含义包括三个要点：（1）行政权力的取得必须有法律的设定；（2）行政权力的行使必须要依法；（3）违法行政必须要承担法律责任。将行政权严格置于法律的约束之下，正是依法行政的本质。

④ 奥托·麦耶（1846—1924 年）人们经常将奥托·麦耶视为“现代德国行政法方法的真正创始人和经典作家”。麦耶关于行政法的思想主要反映在他的经典著作《德国行政法》中。奥托·麦耶对德国乃至世界范围内的行政法学影响在于：（1）首次运用法学的概念逻辑和方法进行研究，这为行政法学科的形成和发展奠定了基础，指明了方向。（2）将行政法作为整个行政法学的核心概念，从而确定了传统行政法学的基本架构。一方面，围绕行政行为的概念形成了行政行为的类型理论、效力理论、裁量理论、瑕疵理论等较为体系化的行政行为理论；另一方面，以行政行为理论为核心构建了以行政任务法、行政组织法、行政作用法、行政救济法为主要内容的行政法学体系。

律优先"[①] 和"法律保留"[②] 等重要原则。不过，奥托·麦耶同时代法学家们所提出的行政法治观总体上还是偏重于形式主义，即其法治理念强调把法律看作管理国家及使人民服从义务的"工具"，至于法律本身的"品质"是否符合宪法所追求的保障正义及人权的理念，当时并不重点加以关注。后期德国波恩大学公法教授卡尔史密特则明确提出，法治国不能只强调国家有客观的法律秩序，而应该凸显对人民权利的保障和维护。他的法治观的重要突破在于认为法治国完美的理想是体现国家生活普遍的司法性，使国家所有行为的争议（包括政治案件和行政行为等）都可以由类似司法的途径来解决，他的观点使德国法治国观念开始步入实质法治国的阶段。第二次世界大战结束后，联邦德国基本法强调宪法秩序必须符合联邦基本法所规定的共和、民主及社会法治国原则，所有国家权力必须全力尊重和维护人类尊严，行政权与司法权都要受到法律的拘束。在德国，形式主义法治国的概念终被融入实质意义法治国概念之中，形成了"包容性的法治国"概念。

行政法治思想在我国外化依法行政。作为当代行政的核心原则，依法行政内涵丰富，在两法衔接制度下则具体表现在以下两个方面：

一是加强对行政权的控制。各部门行使职权必须在其职能范围内，权力行使必须由法律进行规范和制约，这是现代法治精神的内在要求。行政权作为保障公共利益和管理社会公共事务的强大国家权力，如果缺乏法律控制，那么就极易造成行政权力被滥用，危害公民权益。相对于公民权利的法无禁止即自由来说，行政机关不仅在法律禁止的情形下不得为之，在一定的范围内，在法律没有授权的情形下也不得作为，否则就是超越职权。因此，行政执法机关的职权应当是针对行政违法行为进行行政处罚的权力，不能"以罚代刑"越权替

① 法律优先，又称法律优越或法律优位，是指行政权应当受现行法律的约束，不得采取任何违反法律的措施。因为法律优先只要求行政行为不抵触法律即可，并不要求所有的行政行为必须有法律依据，所以是消极意义的依法行政原则。法律优先原则表明，除宪法外，法律在效力上高于任何其他法律规范，法律的位阶居于其他任何法律规范之上。法律优先原则无限制和无条件地适用于一切行政领域，不论是干预行政还是给付行政，也无论是行政合同还是行政指导。

② 法律优先和法律保留是依法行政的两项核心原则。但如前所述，法律优先只具有消极意义，行政行为只要不抵触法律即可，在法律没有规定的情况下，法律优先就失去了作用。而法律保留原则却不同，是积极意义的依法行政原则，它要求行政机关只有在取得法律授权的情况下才能实施相应的行为。也就是说，行政行为必须具有法律依据。就立法来说，重要的事项应由法律规定，未经法律授权，行政机关不得以行政立法代为规定。法律保留的要求显然比法律优先严格。

代司法机关；这就需要一种方式来甄别处断案件进入何种程序，据此衔接制度的产生势在必行。行政权力的取得和存在必须有法律依据，没有法律依据的行政权从根本上说是一种非法的权力；行政主体必须在法律规定的权限范围内行使其行政职权，必须依据法定的程序；法定职权之外的事务由私人通过自治方式解决。

二是保障行政权的行使。对行政权的行使提供法律上的保障，这是依法行政的基础和前提。通过法律明确规定诸如行政机关的设置、机构组成、人员定编、权限划分、责任确定、权力行使等有关制度，使行政权的行使具备法律保障，以保证行政的权威性和拘束力，实现管理国家事务的职能。当行政机关在行政执法过程中遇到难题、两法衔接制度中规范缺失致使难以对接等情况发生时，行政效率与司法公正的实现都将受到影响。

2.1.3 程序正义

程序正义[①]是法律精神或者法律理念的体现，它要求每项法律决定必须经过正当的程序。程序正义论可以从拆词的角度分析。首先，分析程序的内涵。司法程序具有三个特征：规范性、强制性、时效性。规范性是指司法程序是以国家法律形式加以确定的。强制性是指依靠国家强制力的保障。时效性是指司法程序的运行有着严格的时间限定，其关系到程序运行的效率和效力。其次，分析正义的内涵。与司法最为密切的正义概念即为公平正义。司法的正义有两个方面的体现：一个是实体正义，另一个即为程序正义。

程序正义的本质要求是指在刑事司法活动中的各类行为应当严格依照刑事司法的法律程序规定，不得为了其他因素跨越正当的法律程序规定，否则其行为应视为无效并承担相应的法律责任。行政与刑事案件的程序转化既体现为一种性质不同案件的转化，也体现了在实践操作过程中对程序的正当要求。行政与刑事案件程序转化的过程本质上是一种司法活动，司法活动要求必须严格依照程序进行。

在行刑转化的过程中，程序正义有以下几种表现：（1）程序正义要求在刑事案件处理过程中发现不再符合刑事司法要求的案件不得继续进入刑事程序；（2）程序正义要求刑事案件向行政案件转化必须符合法定的程序，如对

---

① 程序正义被视为“看得见的正义”，其实是英美人的一种法律传统。这源于一句人所共知的法律格言：正义不仅应得到实现，而且要以人们看得见的方式加以实现（Justice must not only be done, but must be seen to be done）。所谓“看得见的正义”，实质上就是指裁判过程（相对于裁判结果而言）的公平、法律程序（相对于实体结论而言）的正义。

违法行为人采取的刑事强制措施在案件转化过程中必须予以解除；（3）程序正义要求案件接受方必须严格依照法定程序接受案件的后续处理，依法对在案人员采取必要的强制措施，不得以任何理由拒绝移送或拒绝接受移送。

2.1.4 诉讼效益

无论是针对刑事诉讼还是行政诉讼，诉讼效益原则都始终贯穿在整个诉讼活动中。诉讼效益对于诉讼目的的实现及诉讼职能的发挥具有至关重要的作用，关系诉讼的成败，体现诉讼的生命力。如同名言所说，迟来的正义不是正义。

为了保证刑事诉讼活动公平公正，需要投入大量的人、财、物等资源。刑事案件转为行政案件其首先应属于一种轻微的违法案件。对于此类案件没有必要投入大量的司法资源。此外，通过行政程序即可有效快捷地对案件作出正确处理，因此，将刑事案件转为行政案件可以节约刑事诉讼资源。

2.2 行政与刑事案件转化的适用原则

2.2.1 刑法谦抑性原则

刑法谦抑[1]一词源自日本[2]，其内涵包括刑法的补充性、刑法的不完整性和刑法的宽容性。刑法谦抑性是指刑法应根据一定规则控制处罚范围与处罚程度，凡适用其他法律足以抑制某种违法行为和保护合法权益时，就不将其规定

---

① 刑法谦抑，是指立法者应当力求以最小的支出——少用甚至不用刑罚（而用其他刑罚替代措施），获取最大的社会效益——有效地预防和控制犯罪。因此，刑法谦抑性具有限制机能，在现代法治社会，这是刑法应有的价值意蕴。基于这种对刑法功能二重性的科学认识，谦抑性就成为了现代刑法追求的价值目标。

② 我国古代早有“谦抑”一词的用法，如欧阳修在《新五代史·南唐世家第二卷·六十二》中提到“徐氏诸子请（李）昪（bian）复姓，昪谦抑不敢忘徐氏恩，下其议百官，百官皆请，然后复姓李氏，改名曰昪”等多处使用该词，其意思是，谦卑退让。日文是从汉文演变而来的，看日文中的“谦抑”二字，仍与汉字别无二致。与其说“谦抑”一词是对日文的照搬，倒不如说是汉语中的“谦抑”一词被日本学者用到刑法中。另外，刑法谦抑内涵在我国历史上虽没有明确提出来，但具有刑法谦抑内涵意蕴的“慎刑”“恤刑”思想，却一直在中国法制史的长河中起着重要作用。“慎刑”即慎重运用刑罚，能不用尽量不用。“恤刑”中的“恤”就是顾虑、怜悯、救济的意思，即刑罚具有残酷性，要谨慎使用，适用时尽量宽和。如秋冬行刑，本身就是“恤刑”的体现，也是中国传统刑法的一大特点。

为犯罪；凡适用较轻制裁方式足以抑制某种犯罪行为和保护合法权益时，就不规定较重制裁手段。刑法谦抑性[①]强调在运用刑法调整社会关系时应该尽量谨慎与克制，而非广泛适用于社会关系调整[②]。刑法谦抑性具有三层内涵：补充性、不完整性、宽容性。刑法谦抑性要求刑法有所为有所不为，其具体体现了刑法在社会关系调节中的介入程度。在两法衔接过程中，刑法谦抑性原则主要体现为行政权与司法权的关系及界限划定。就两法衔接实践运用角度而言，为打击和制裁行政执法过程中发现的涉嫌犯罪行为，需要动用刑罚处罚，这直接关系到犯罪圈的划定问题，一旦犯罪圈过于扩大，将导致刑罚扩张的危险，从而违背刑法谦抑性原则。一个国家文明程度往往与刑罚轻重有着一定的内在联系，可以说，刑法谦抑性原则已成为现代法治文明的内在要求。因此，在行政执法与刑事司法及其衔接过程中，应特别强调刑法谦抑性原则，合理界定司法权和行政权的调整范围，使司法权和行政权形成良性衔接，防止一出现严重违法行为即纳入刑法规制，从而导致行政违法前置性规范过滤功能的废弃，以及行政执法权在某一领域的萎缩。

在法治环境下遵守刑法谦抑性原则，使得在具有其他社会调节手段时刑法应当保持消极状态，只有当其他手段无法调节时刑法才能发挥作用。在刑事案件与行政案件处理程序的转化中体现刑法谦抑性最为主要的是刑事案件向行政案件转化的情形。刑事案件向行政案件转化意味着可以借用行政手段使受损害的法益得到补偿。那么，依据刑法或刑法谦抑性的要求，此刻已经进入刑事程序的案件应当转为行政案件处理，这就给行刑转化机制提供了现实的需求。

行政案件向刑事案件转化同样也反映着刑法谦抑性的特征。行政案件向刑事案件转化意味着除了运用刑事手段已经无法调和社会关系，无法对已经受损害的法益提供弥补的条件。此刻，刑法有必要也有能力介入进行社会关系的调和，这正是刑法谦抑性另一个方面的反映。同时，刑法谦抑性有利于在行刑转化案件处理过程中对被告人合法权利的保障，维护司法公平正义。

---

① 现代刑法意义上的谦抑内涵，是由日本学者首先提出的，又称必要性原则，也是“目的刑主义刑法思想”与“报应刑刑法思想”论战的产物。平野龙一从刑法的调整对象、保护手段和自由尊重性方面阐述其含义，认为刑法的谦抑性包含刑法的补充性、宽容性和不完整性。

② 林素芳．论刑法谦抑性与能动司法之关系［J］．法学研究，2013（11）。

2.2.2 刑事一体化原则

刑事一体化[①]是指从系统性的角度对刑事法律及相关的规范、制度、政策在系统优化的过程中加以整合，以寻求互动协调的高效功能[②]。刑事一体化表现为一个系统、一个结构、一个过程。

刑事一体化具有以下内涵：（1）从系统性上透视刑法规范、制度、政策之间的制衡关系，规制刑事体系，从实体上整体把握刑法的设计、运作、程序、制度、政策；（2）细察、深究刑事整体结构的一些关节点；（3）在一体化内，讲究程序与实体、政策、制度之间相互包容性和整合性；（4）强调系统的开放。在法律实践中，刑事一体化既表现为一种观念，也表现为一种方法论。

行刑案件的转化是刑事一体化观念的拓展和贯彻。首先，立法者、司法者、执法者在处理行刑案件转化过程中，从系统性的角度出发，将行政系统与刑事系统统一看待，即在认可二者间差别的基础上寻求共同点。其次，立法者、司法者、执法者从整个社会最优化的角度而非仅限于案件处理的角度出发，寻求得到一个合理的处置结果，从而实现最优的社会效益。

2.2.3 一事不再罚原则[③]

笔者认为，刑事处罚和行政处罚是两种不同性质的制裁手段，具有不同的功能和目的。刑事处罚与行政处罚在功能与目的上应该是互补关系，而非包含关系。所以，在两法衔接中并不会产生两者择一的问题，更不存在违反一事不再罚原则的情况。当然，在两法衔接制度中，若遇到明确的法律条文可以依据的情况，同质的处罚可以折抵或吸收，不同质的处罚可以合并适用，以符合罪刑相适应的刑法原则。

行刑案件转化的一大类别是行政犯罪，行政犯罪兼具行政违法和刑事违法

---

① 刑事一体化的内涵是刑法和刑法运行内外协调，即刑法内部结构合理与刑法运行前后制约。内部关系主要指罪刑关系以及刑法与刑事诉讼的关系。外部关系：一是指前后关系，即刑法之前的犯罪状况、刑法之后的刑罚执行情况；二是上下关系，即刑法之上的社会意识形态、政治体制、法文化、精神文明等，刑法之下主要指经济体制、生产力水平、物质文明等。

② 佟蕴，满树军．也论刑事一体化［J］．国家检察官学院学报．2000（08）。

③ 一事不再罚原则普遍适用于刑事与民事的案件审判，是重要的司法原则之一。同时，广义的一事不再罚原则也应涵盖行政法中的一事不再罚原则。由于两法衔接的调整对象主要是具有行政违法和刑事违法双重属性的违法行为，这也决定了行为人应承担责任的双重性和接受处罚的双重性。

的双重属性，理论上行为人应承担双重的责任和接受双重的处罚，但问题在于承担双重责任与双重处罚是否有违一事不再罚原则。

一事不再罚原则是现代司法制度的重要原则，其直接体现了司法制度对人权的尊重和保障。一事不再罚原则是指同一违法行为不得给予两次处罚。刑事司法领域中的一事不再罚原则，是指被告人在承受某一犯罪事实判处刑罚后，不得以此为根据对被告人再次判处刑事处罚。

对于同一行为违反数个行政法规范，发生行政处罚间的竞合，多数国家的做法是从一重处罚，如德国《违法秩序罚法》[①] 规定不得并罚。可见，一事不再罚原则也适用于行政案件领域。但是，针对行政与刑事责任竞合的违法行为，对违法者适用刑事处罚和行政处罚时，是否应当遵守一事不再罚原则？从性质上区分，行政处罚和刑事处罚属于性质完全不同的制裁手段，对违法行为人同时适用两种处罚并不违反一事不再罚原则，对于此观点笔者是认同的。

然而，行政处罚和刑事处罚在制裁的手段上有许多相似之处，如两法同时存在对违法行为人处罚限制自由的措施，两法同时存在限制、剥夺违法行为人财产的处罚。依据罪责刑相一致的原则，如果在刑事处罚的基础上再次给违法行为人相类似的处罚，显然不能在法律上做到罪责刑相一致。

同时，这也违背了一事不再罚的根本精神。行刑案件的转化机制的建立在于合理地评价违法行为人的法律后果，在制裁违法行为人过程中既要做到维护社会法益，又要充分保障违法行为人的合法权益。

2.2.4 尊重和保障人权原则

尊重和保障人权原则[②]是我国宪法和行政法的一个主要的基本原则，我国

---

① 1987年2月19日公布文本，1992年7月15日最后一次修改。

② 尊重和保障人权是民主政治的基本价值观及其制度安排。人权，是指在一定的社会历史条件下每个人按其本质和尊严享有或应该享有的基本权利，本质特征和要求是自由和平等，实质内容和目标是人的生存和发展。尊重和保障人权是民主政治的基本要求，是社会政治文明的基本标志。中国共产党在领导民主革命时期颁布的《中华苏维埃共和国宪法大纲》《陕甘宁边区施政纲领》《陕甘宁边区宪法原则》等宪法性文件，都规定了保障人民权利的内容，特别是在抗日战争时期，各根据地人民政府普遍制定了包含保障“人权、政权、财权”内容的施政纲领，普遍颁布和实施了专门的保障人权的条例。2004年3月14日，第十届全国人民代表大会第二次会议通过宪法修正案，首次将“人权”概念引入宪法，明确规定“国家尊重和保障人权”。尊重和保障人权由中国共产党和中国政府文件的政策性规定上升为国家根本大法的一项原则。2006年6月，中国政府在联合国人权理事会首届会议上提出五项主张。

刑法的任务和目的之一，也是尊重和保障人权，这符合立法的根本。中国法治化建设目前已经取得了丰硕的成果，积累了很多宝贵的经验，也越来越重视对人权的尊重和保护。尊重和保障人权原则，就要求司法机关必须把切实维护相对人合法权益、使之不受侵犯等放到首要位置，在任何情况下都不能以自己的行为去侵犯公民的人权，造成对相对人合法权益的损害。

在行政执法与刑事司法衔接制度中，尊重和保障人权原则就是要求司法机关全面保护公民的自由与财产。不同于刑事司法的被动性，在行政执法与刑事司法的衔接制度中的行政执法职能依然具有积极主动性，而其不合法、不合理、不合情的执法结果却可能使得相对人遭受到比刑事制裁更为严重的法律后果。所以，在执法过程中必须强调对相对人人权的尊重和保障，这在司法实务中是十分有必要的。

2.3 行政与刑事案件转化的必要性

2.3.1 有利于打击行政执法领域的刑事犯罪行为

我国的行政法规规定的违法行为比较多，对行政违法行为进行的处罚也以行政处罚为主，对于严重违反行政法规构成犯罪的行为如果依据行政法对其进行处罚，会造成以罚代刑、降格处理的情况，使犯罪行为人逍遥法外，没有达到立法应有的目的。

严重违反行政法规构成犯罪的行为其实就是犯罪行为，根据罪刑法定①原则，应将案件移交给公安机关处理，依据刑法的相关规定追究犯罪嫌疑人的刑事责任，以期达到罪责刑相统一。这有利于打击犯罪，即使这一犯罪行为始于违反行政法律法规。

因此，将行政犯罪案件转化为刑事案件有利于对犯罪行为进行有效制约，有利于全面打击行政执法领域发生的一切刑事犯罪行为。

---

① 罪刑法定原则是在反对封建社会的罪刑擅断的斗争中提出来的刑法原则，是刑事法治的应有之义。“法无明文规定不为罪，法无明文规定不处罚”（nullum crimensine lege, nulla poena sine lege），这是对罪刑法定原则含义的经典表述。我国《刑法》第 3 条将其概括为：法律明文规定为犯罪行为的，依照法律定罪处刑；法律没有明文规定为犯罪行为的，不得定罪处刑。本条从正反两个方面阐明了罪刑法定原则的双重价值蕴涵：一是强调犯罪及其刑罚的法定性，体现法律的权威和国家对危害社会行为的定罪处罚权；二是强调非罪行为的自由性，即对国家刑罚权的限制，保障公民的权利和自由。

2.3.2 有利于保证市场经济健康有序繁荣发展

对于一般的行政违法行为适用行政处罚，而行政犯罪行为已经构成犯罪，原则上要适用刑罚。如果不将行政犯罪案件移送给公安机关作为犯罪案件处理而继续依照行政处罚法，对犯罪行为和一般的违法行为进行一样的处罚，那么势必对一般的违法者不公，违背了法律面前人人平等的原则。不仅如此，行政犯罪行为也具有社会危害性，应当受到刑事处罚。若仅仅对其进行行政处罚，那么对于其他同样具有社会危害性而受到刑事处罚的犯罪人也是不公平的。

市场经济健康有序繁荣发展离不开社会的安定有序。如果公权力对违法行为的处罚不公平，势必造成人民的不满，不利于社会的安定有序。因此，将行政犯罪案件转化为刑事案件，确保犯罪分子得到应有的刑事处罚，是保障人人平等基本原则的要求，也是保障市场经济健康有序繁荣发展的必要因素。

2.3.3 有利于促进行政执法领域的犯罪预防工作

目前，我国行政与刑事案件转化机制不够完善，执法人员在移送案件时享有很大的自由裁量权。刑事处罚一般情况下要比行政处罚更为严厉，因此对于犯罪嫌疑人及其亲属来讲，尽量将案件维持在行政处罚的范围内为最好，那么找关系送礼成了必经之路。对于行政执法人员来讲，依据法律的规定既可以移送也可以不移送，也就是说即使不移送也不需要承担什么后果，就容易收受贿赂、给人好处，对犯罪嫌疑人进行行政处罚，而自己的行为则构成贪污贿赂犯罪等职务型犯罪。

如果完善行政与刑事案件转化机制，使符合移送条件的案件能够得到及时移送，使行政执法人员无机可乘，使其不能也不敢肆意将该移送的案件不移送而降格处理，就可以很大程度上避免上述情况的出现，减少行政执法人员在执法过程中违法犯罪行为发生的可能。

2.3.4 有利于贯彻罪责刑相一致原则

当公民的权益受到不法侵害时，存在要求惩处加害人以及所惩处的方法与加害人侵害行为所造成的后果成正比的希望，任何侵害行为都不例外。公众希望对触犯行政法的行为进行相应的行政处罚，对触犯刑法的犯罪行为进行刑事处罚，即达到罪责刑相一致。

如果刑事犯罪行为没有被移送给公安机关，而是由行政机关对其进行行政处罚，既不符合立法的要求，也不符合公众的期望，不利于社会秩序的稳定。因此，将符合刑事立案条件的行政案件移送给公安机关作为刑事案件处理，有利于满足公众依法惩处侵害其合法权益的犯罪行为的要求，以维护社会秩序的稳定。

2.3.5 有利于提高诉讼效率和节约诉讼司法资源

刑事案件转为行政案件可以提高行政案件办案效率，节约诉讼资源。主要体现在：一是避免行政案件重复取证。相对行政案件来说，刑事案件的调查取证程序更加严格，调查取证专业性更加强，调查取证效率也高。刑事司法机关基于司法权威取得的证据比行政机关更具有说服力和严谨性。此外，对于行政机关利用证据作出行政处罚，行政法并未严格限定证据搜集主体，这为刑事证据转为行政证据提供了可行性。因此，运用在刑事活动中取得的证据通过一定程序转化为行政案件的证据可以避免行政机关对于证据的重复收集，同时可以保证搜集证据的质量。

二是减少行政案件的审查环节。刑事案件转为行政案件，其必然是经过了严格的刑事司法审查。其中的前因后果已经通过刑事活动查清，事实材料也已准备妥当。行政机关在接受案件后，可依据刑事司法机关移送的案卷资料，结合自身专业特点，依据行政法相关规定对违法行为人作出处罚。而不必再经过繁琐的调查取证、听证、审查等一系列程序。

三是节约刑事诉讼资源。刑事诉讼活动是一项非常严肃的工作，其直接关乎诉讼参与人的基本权利。因此，刑事诉讼活动从立案、侦查、审查起诉到审判、执行有着一套严苛的程序规定。为了保证刑事诉讼活动公平公正，需要投入大量的人、财、物等资源。刑事案件转为行政案件，其首先应属于一种轻微的违法案件，对于此类案件没有必要投入大量的司法资源。此外，通过行政程序即可有效快捷地对案件作出正确的处理。因此，将刑事案件转为行政案件可以节约诉讼资源。

2.3.6 有利于实现打击犯罪与保护人权之间的平衡

首先，公安机关具有两种职责，即打击犯罪与预防犯罪，通过有效行使行政和刑事执法权力，一方面强化了治安行政管理，有利于提前发现犯罪前迹，及时采取防控措施，将犯罪活动扼制在萌芽阶段，从而有力地支撑了刑事执法。另一方面，违法犯罪行为往往具有规律性，公安机关可以通过以往的刑事执法活动，掌握各类违法犯罪案件的特点和规律，对行政管理、行政执法中存在的问题和薄弱环节进行探索补充，有目的地改进治安行政管理工作。这样做的目的主要就是力求做到未雨绸缪、防患于未然，在减少发案、预防犯罪的基础上，同时又有利于提高公安机关整体行政执法水平和办案效率。

其次，公安机关行政执法与刑事司法的根本目的在于维护与保障人权。如果公安机关的行政执法与刑事司法活动不能进行有效的转化，就可能导致行政执法与刑事司法手段措施的违法使用、行政或刑事强制措施的滥用等恶劣问题的出现，这必将严重危害我国公民的合法权益。

规范与强化公安机关行政执法与刑事司法活动的转化，并从制度设计层面和执行过程监督等环节加以完善，将有助于在保证公安机关行政执法与刑事司法效能的前提下，有效地避免侵犯人权案件的发生，树立公安机关服务民生、执法为民、保障人权的良好形象。

2.3.7 有利于维护社会公共秩序及树立执法权威

维护公共利益是行政执法行为和刑事司法行为共同的目的。行政执法以公共事务管理为内容，以公共利益为价值取向。行政公共性的最一般含义是指公共权力主体对公共事务的管理活动，应该执行公共意志，代表公共利益，行政权力的存在和活动是为了实现社会公共目的①。

我国《刑法》第1条规定："为了惩罚犯罪，保护人民，根据宪法，结合我国同犯罪作斗争的具体经验及实际情况，制定本法。"因此，我国刑法的目的在于保护法益，维护公共秩序和公共利益。刑事司法活动和行政执法活动在保护公共利益上具有一致性。完善的刑事案件与行政案件转化机制可以更加有效地维护社会公共利益。

刑事案件与行政案件转化机制的构建，可以让任何一种违法行为人得到其应有的法律制裁。一方面，通过救济因违法行为造成的损害和不良影响直接维护公共利益；另一方面，违法行为人得到警示和应有的惩处以防止其再犯，间接维护了公共利益。

行政案件与刑事案件的转化要体现执法权威：（1）权力约束主义。公安机关行使职权必须在其职能范围内，不得僭越法定权力，要求公安机关依法行使职权，严格遵守"刑事优先"的原则。在涉及刑事案件向行政案件转化过程中的司法机关的职权，应用于对违法犯罪活动进行处罚，而不是针对行政违法行为。因此，在刑事司法活动中发现的属于单纯行政案件时，公安机关不得利用刑事司法手段处理，而需要借由必要的行政案件程序进行特别处断。行政与刑事案件转化制度的构建有利于维护法制的公平正义。（2）准则主义。行政与刑事案件转化机制为尚未达到刑事犯罪标准，而又涉及违反行政法律法规规定的案件移送提供依据和准则。公安机关在刑事司法活动中发现涉嫌单纯违

---

① 杨海坤．现代行政公共性理论初探［J］．法学论坛，2001（03）。

反行政法律法规的案件，需转为行政案件处理的直接依据是行政法律法规，但现行行政法律法规中只有部分法条作了相关规定。

行政与刑事案件转化机制的构建和完善，要求公安机关做到以下两个方面：第一，当公安机关在执法办案过程中遇到所在单位没有办法解决的案件情况时，必须坚持以基本的法治的视角进行处理和接纳的原则。第二，在司法实务中，公安机关必须积极利用移送程序移交案件、利用信息平台和联席会议等工具合理配送案件，目的就是要使犯罪行为得到惩治，从而充分维护法律的尊严。

2.3.8　有利于保证违法行为人受到公正合理裁决

行政与刑事案件的转化本身蕴含着刑罚扩张的危险，构建有效转化机制，强调刑法谦抑原则，避免刑罚被滥用。在行政与刑事案件的转化过程中，刑罚应是最后的惩罚犯罪、威慑犯罪的手段，而非一般手段。所以，在行政与刑事案件的转化过程中，要强调刑法对于违法行为人的保护。实践中，行政与刑事案件的转化工作，因提升刑罚处罚范围和刑事司法处断范围引发了刑罚滥用的可能性。为此，构建完善的行政与刑事案件转化机制，一方面可维护法律的公正，避免以罚代刑的出现；另一方面明确排除了行政处罚手段调控的可能，进而适用刑法进行调控。

行政处罚与刑事处罚在处罚目的和意义上具有类似的属性。刑法与行政法的竞合即行为同时符合刑事法律和行政法律的规定，代表了刑事司法与行政执法工作的关联性。区分两法竞合的处罚方式是行政与刑事案件转化中难以回避的问题，也是保证行为得到公正处理的前提。实践中采用合并适用或先刑后罚的处理方式。近年来，这种情况的频繁出现表明行政违法与刑事犯罪的转化性和关联性在不断提升，亟待从宏观角度设定和考量行政与刑事案件的转化机制运行，保证在两法竞合情况下违法行为人得到公正对待。

此外，宽严相济①是我国基本的刑事司法政策，对于公安机关履行法律职能，遏制、预防和减少犯罪，构建法治中国提供有力的司法保障具有重要意义。由于行政执法与刑事司法转化针对的是轻微的刑事犯罪，构建完善行政与刑事案件转化机制，有助于宽严相济刑事司法政策得到贯彻落实。

---

①　该严则严，当宽则宽；严中有宽，宽中有严；宽严有度，宽严审时。

2.4 行政与刑事案件转化的可行性

2.4.1 行政与刑事案件转化的法律渊源

我国早在20世纪90年代就已注意到刑事司法与行政执法工作转化的重要性，并出台了一系列相关的法律法规，力求建立一套行之有效的转化机制。这些已经出台的法律法规标志着我国行政与刑事案件转化立法的启动，也是研究刑事司法与行政执法工作的基础。

2.4.1.1 法律

在中国，《宪法》具有最高法律效力，是至高无上的基本大法。行政执法与刑事司法的衔接也是源于《宪法》的相关规定。根据《宪法》第127条、134条、136条、140条的规定，检察机关是国家的法律监督机关，检察机关具有监督行政执法的法定职责。因此，《宪法》为行政执法权与刑事司法权的合理衔接提供了基本的法律依据。

关于刑事司法与行政执法工作转化的规定，最早见于我国1996年颁布的《行政处罚法》。该法第7条第2款①、第22条②、第28条③、第38条④均是针对行政执法与刑事司法转化的规定。根据这些法律规定，司法机关明确了违法行为构成犯罪的，行政机关必须将案件移送司法机关，不得"以罚代刑"，以及犯罪嫌疑人已经接受的行政处罚在定罪量刑时予以折抵等转化上的要求。

《行政处罚法》第7条第2款规定："违法行为构成犯罪，应当依法追究刑事责任，不得以行政处罚代替刑事处罚。"同时，《行政处罚法》第22条另有规定："违法行为构成犯罪的，行政机关必须将案件移送司法机关，依法追究刑事责任。"这一规定为处理同一案件中行政处罚与刑事处罚竞合的情况提供了法律依据。

---

① 《行政处罚法》第7条第2款规定，违法行为构成犯罪，应当依法追究刑事责任，不得以行政处罚代替刑事处罚。

② 《行政处罚法》第22条规定，违法行为构成犯罪的，行政机关必须将案件移送司法机关，依法追究刑事责任。

③ 《行政处罚法》第28条规定，违法行为构成犯罪，人民法院判处拘役或者有期徒刑时，行政机关已经给予当事人行政拘留的，应当依法折抵相应刑期。违法行为构成犯罪，人民法院判处罚金时，行政机关已经给予当事人罚款的，应当折抵相应罚金。

④ 《行政处罚法》第38条规定，违法行为已构成犯罪的，移送司法机关。对情节复杂或者重大违法行为给予较重的行政处罚，行政机关的负责人应当集体讨论决定。

《刑法》第13条规定："一切危害国家主权、领土完整和安全，分裂国家、颠覆人民民主专政的政权和推翻社会主义制度、破坏社会秩序和经济秩序，侵犯国有财产或者劳动群众集体所有的财产，侵犯公民私人所有的财产，侵犯公民的人身权利、民主权利和其他权利，以及其他危害社会的行为，依照法律应当受刑罚处罚的，都是犯罪，但是情节显著轻微危害不大的，不认为是犯罪。"同时，《刑法》第37条另有规定："对于犯罪情节轻微不需要判处刑罚的，可以免予刑事处罚，但是可以根据案件的不同情况，予以训诫或者责令具结悔过、赔礼道歉、赔偿损失，或者由主管部门予以行政处罚或者行政处分。"

根据《刑法》的规定，行政执法与刑事司法具有关联性与界分性，行政执法在惩治违法方面与刑事司法共同构筑法制平台，互为补充和依赖，但行政执法与刑事司法的规范对象存在本质的区别，必然需要明确界分，此类规定也是"两法衔接"机制实体法的基础。《刑事诉讼法》第108条规定，"任何单位和个人"，当然包括行政执法机关，发现有犯罪事实，有义务向公检法机关报案或者举报。

此外，2012年修订的《刑事诉讼法》第52条第2款①明确规定了行政执法与刑事司法相转化过程中的证据转换规则，解决了理论界一直争论的关于证据转化的问题，即行政机关在其执法及办案过程中所收集的证据，在刑事诉讼中是否可以作为证据继续使用的问题。

2.4.1.2 行政法规

在我国的行政法规中，大量的行政法规明确规定，"违法行为构成犯罪的，应当依法追究刑事责任"。这种规定从本质上体现并明确了行政执法与刑事司法衔接的必要性与现实可能性。我们从规范性文件的角度分析，在此层面上对行政执法与刑事司法进行规范的，主要有以下两个方面的规定：

第一，2001年7月国务院颁布了《行政执法机关移送涉嫌犯罪案件的规定》。该规定明确了人民检察院以及相关监督部门在"两法衔接"工作中的监督职能，并将行政执法机关、公安机关等参与衔接程序的国家机关均纳入监督机关的监督权实施范围。虽然该规定对具体工作细则梳理尚不明确，但为"两法衔接"提供了基本工作思路和框架，是对该领域法律制度变革的开启。该规定强调：行政执法机关移送涉嫌犯罪案件，应当接受人民检察院和监察机关依法实施的监督；公安机关应当接受人民检察院依法进行的立案监督。

---

① 《刑事诉讼法》第52条第2款规定，行政机关在行政执法和查办案件过程中收集的物证、书证、视听资料、电子数据等证据材料，在刑事诉讼中可以作为证据使用。

第二，2011年2月，中共中央办公厅、国务院办公厅转发国务院法制办等部门《关于加强行政执法与刑事司法衔接工作的意见》（中办发〔2011〕8号，开启了行政执法与刑事司法衔接工作的新局面）。这是目前衔接工作中最具权威的、规格最高的一份文件，引起了各级党委、政府的高度重视。

2.4.1.3　司法解释

2001年12月，最高人民检察院出台了《人民检察院办理行政执法机关移送涉嫌犯罪案件的规定》。该规定为行政执法机关移送涉嫌犯罪案件，以及检察机关如何办理此类案件提供了具体的操作规范，明确了行政执法机关、公安机关和检察机关对涉嫌犯罪案件的移送、立案和立案监督的责任。同时，该规定对行政机关执法时向公安机关移送的犯罪线索和向检察机关移送的涉嫌职务犯罪线索分别作了具体的审查程序和反馈的相关规定。

2004年3月，最高人民检察院与全国整顿和规范市场经济秩序领导小组办公室、公安部联合下发了《关于加强行政执法机关与公安机关、人民检察院工作联系的意见》。该意见主要针对市场经济发展中出现的“两法衔接”不利等问题进行规范，提出了通过行政执法与刑事司法的衔接，保护市场经济的发展和运行，加大对市场经济犯罪的打击力度以及加大对知识产权领域的法律保护。

2006年1月，最高人民检察院、全国整顿和规范市场经济秩序领导小组办公室、公安部、监察部联合下发了《关于在行政执法中及时移送涉嫌犯罪案件的意见》。该意见明确了针对行政执法过程中发现的涉嫌犯罪案件移送程序问题，要求必须制作《涉嫌犯罪案件移送书》，通过书面方式进行行政机关与刑事司法机关的对接，通过合理的程序将案件移送公安机关和人民检察院。

2008年11月，中央政法委下发了《关于深化司法体制和工作机制改革若干问题的意见》。该意见提出，“两法衔接”机制的构建被纳入司法体制改革和工作机制改革的内容中，应该得到重视。

2009年10月，最高人民检察院作出《关于加强渎职侵权检察工作促进依法行政和公正司法情况的报告》，全国人大常委会对其中的“两法衔接”工作的落实提出了更高的要求。

2010年6月，最高人民检察院会同公安部发布了《关于印发〈最高人民检察院、公安部关于刑事立案监督有关问题的规定（试行）〉的通知》，明确要求公安机关与刑事司法机关必须相互配合建立刑事案件信息通报制度，定期相互通报刑事发案、报案、立案、破案和刑事立案监督、侦查活动监督、批捕、起诉等情况，重大案件随时通报。有条件的地方，应当建立刑事案件信息共享平台。

2.4.1.4 规章

除了以上法律、法规和司法解释之外，很多国家机关针对特定领域的行政执法与刑事司法衔接问题也都作了暂行性规定。比如，公安部和国家版权局共同发布了《关于在打击侵犯著作权违法犯罪工作中加强衔接配合的暂行规定》；公安部和海关总署共同发布了《关于加强知识产权执法协作的暂行规定》；公安部和国家工商总局共同发布了《关于在打击侵犯商标专用权违法犯罪工作中加强衔接配合的暂行规定》等。

2007 年 5 月，农业部、公安部联合下发了《关于在农资打假中做好涉嫌犯罪案件移送工作的意见》，规范了农资打假工作中行政机关针对涉嫌犯罪案件的移送程序，使这类案件的刑事司法救济途径得到完善。可见，我国对于诸如农业等领域的重视程度也在某种程度上提升了“两法衔接”机制的构建在该领域的质量。

2008 年 5 月，中国保险监督管理委员印发了《中国保监会关于在行政执法中及时移送涉嫌犯罪案件的规定》，明确了保监会及其派出机构对于保险类行政执法中发现的涉嫌犯罪的行政违法行为应依法移送刑事司法机关，追究行政相对人的刑事责任。

上述法律、法规、司法解释和规范性文件，共同构建了我国现阶段“两法衔接”机制所依据的法规框架，为“两法衔接”夯实了基础，为检察机关加强与行政执法机关的联系以及“两法衔接”机制其他各要素之间联系的构建提供了法律依据。

2.4.2 行政与刑事案件转化规范的分析

2.4.2.1 2001 年行政执法与刑事司法正式对接

行政执法与刑事司法进行合理衔接来源于执法实践的需要。2000 年 10 月，国务院在全国范围内开展了一场声势浩大的严厉打击制售假冒伪劣商品违法犯罪活动的联合行动。截至 2001 年 4 月底，全国共出动行政执法人员 492 万人次，捣毁制假售假窝点 4.3 万个，查获假冒伪劣商品货值 65 亿元，依法惩处违法犯罪分子 5100 人。但是，在整顿市场的过程中，一个重要的法律问题开始浮出水面：行政执法机关对查获的涉嫌犯罪的案件如何向司法机关移送，对此缺乏明确的法律规定。2001 年 4 月，党中央、国务院在全国范围内开展整顿和规范市场经济秩序的活动。2001 年 5 月，国务院发布了《关于整顿和规范市场经济秩序的决定》，首次明确提出：“行政执法部门在查处违法行为中发现的犯罪线索，必须及时通报并依法移送公安部门及其他有关部门，坚决制止一些地方和部门存在的瞒案不报、以罚代管、以罚代刑现象，造成严重后果的要严肃追究责任。……加强行政执法与刑事司法的衔接，建立信息共享、沟通便捷、防范有力、查处及时的打击经济犯罪的协作机制，对破坏市场经济秩序构成犯罪行为的，及时移送司法机关处理。”

鉴于当时比较突出的对破坏社会主义市场经济秩序的犯罪活动执法不严、有罪不究、打击不力的现象，重点解决以下两个基本问题：一是防止出现行政机关“以罚代刑”、打击不力的问题；二是防止刑事司法机关有案不立、压案不查的问题。2001 年 7 月，国务院印发了《行政执法机关移送涉嫌犯罪案件的规定》(国务院令第 310 号)。虽然规定只涉及行政执法中行政违法与公安机关的刑事追究之间的对接问题，但明确了行政执法活动与刑事司法活动有效衔接的方向，具体表现在以下几个方面：

首先，明确了行政执法机关的职责。规定明确了行政执法机关应当履行的职责和义务，并且对相应的法律责任作出了明确的规定。

其次，明确了案件的接受机关。在衔接的过程中，刑事司法活动的受案机关主要是公安机关和人民检察院。对公安机关在“两法衔接”程序中所负有的职责和权力作了重点规范，同时明确了公安机关与人民检察院在衔接机制运行的刑事司法过程中职权的分配。

再次，规定了行政机关不履行移送义务的责任。关于这部分责任，主要包含两方面的规定：一是对移送时间逾期的行政机关予以承担法律责任的规定，其内容包括“上级行政执法机关应当责令限期移送，并对其正职负责人或者主持工作的负责人根据情节轻重，给予记过以上的行政处分；构成犯罪的，依法追究刑事责任”。二是对于明知应该移送而不移送，以罚代刑处理的法律责任的规定，包括“本级或者上级人民政府，或者实行垂直管理的上级行政执法机关应当责令改正，给予通报；拒不改正的，对其正职负责人或者主持工作的负责人给予记过以上的行政处分；构成犯罪的，依法追究刑事责任”。此外，还强调了主管负责人员的责任也可比照该规定给予相应的处罚。

最后，对于接受案件的刑事司法机关的责任也作了规定。公安机关在以下两种情况下需要承担相应责任：一是不接受行政机关移送的涉嫌犯罪案件；二是接受移送但在一定期限内不立案或者消极立案的。发生上述两种情形，除由人民检察院依法实施立案监督外，其本级或者上级人民政府应当责令其改正，对其正职负责人根据情节轻重给予记过以上的行政处分；构成犯罪的，依法追究刑事责任。对其直接负责的主管负责人员和其他直接责任人员，比照上述规定给予行政处分；构成犯罪的，依法追究刑事责任。2001 年 9 月，公安部、卫生部、国家工商行政管理总局、国家质量监督检疫总局、国家药品监督管理局、国家烟草专卖局联合下发了《关于做好涉嫌犯罪案件移送工作加大打击生产销售伪劣商品违法犯罪活动力度的通知》。为做好案件移送工作，进一步严厉打击生产、销售伪劣商品违法犯罪活动，该通知要求各相关机关统一思想、认真学习领会《规定》精神，正确处理好行政处罚与移送追究刑事责任的关系。2001 年 12 月，最高人民检察院颁布了《人民检察院办理行政执法机关移送涉嫌犯罪案件的规定》，细化了检察机关在衔接工作中的一些具体制度。

客观而言，2001 年是行政执法与刑事司法衔接的“全面对接年”。国务院相关文件的出台，为我国衔接机制建立的初始阶段提供了直接的法定依据。随后，各地、各部门纷纷制定出台适用于相关领域及本地区的衔接机制文件，建立健全了相关的衔接机制。这些做法，在规范执法行为、查处经济违法犯罪案件等方面发挥了重要的作用。

2.4.2.2 2011 年行政执法与刑事司法全面规范

2001 年，国务院颁布的《行政执法机关移送涉嫌犯罪案件的规定》对行政执法机关向公安机关移送涉嫌犯罪案件的相关规则和程序作了专门规定，逐步建立了行政执法与刑事司法相转化的法律机制。

随后，我国又陆续出台了相关法律规范①，这些法规规章明确了案件移送、涉案物品的处理、涉嫌犯罪案件线索的移送的相关问题。

---

① 这些法律规范主要有：2001 年最高人民检察院颁布的《人民检察院办理行政执法机关移送涉嫌犯罪案件的规定》；2004 年最高人民检察院、公安部等颁布的《关于加强行政执法机关与公安机关、人民检察院工作联系的意见》；2006 年最高人民检察院、监察部等颁布的《关于在行政执法中及时移送涉嫌犯罪案件的意见》；2006 年公安部、国家工商总局等颁布的《关于在打击侵犯商标专用权违法犯罪工作中加强衔接配合的暂行规定》；2006 年公安部、海关总署颁布的《关于加强知识产权执法协作的暂行规定》；2006 年公安部、国家版权局颁布的《关于在打击侵犯著作权违法犯罪工作中加强衔接配合的暂行规定》；2008 年公安部颁布的《公安机关办理经济犯罪案件的若干规定》；2011 年国务院法制办颁布的《关于加强行政执法与刑事司法衔接工作的意见》；2011 年国务院颁布的《关于进一步做好打击侵犯知识产权和制售假冒伪劣商品工作的意见》；2011 年最高人民法院等颁布的《关于办理侵犯知识产权刑事案件适用法律若干问题的意见》；2011 年农业部颁布的《关于加强农业行政执法与刑事司法衔接工作的实施意见》；2011 年质监总局颁布的《关于在打击制售假冒伪劣商品违法犯罪中加强行政执法与刑事司法衔接工作的通知》；2011 年质监总局颁布的《关于加强质检行政执法与刑事司法衔接工作的指导意见》；2012 年国家药监局颁布的《关于做好打击制售假劣药品违法犯罪行政执法与刑事司法衔接工作的通知》；2012 年国家工商总局、公安部、最高人民检察院颁布的《关于加强工商行政执法与刑事司法衔接配合工作若干问题的意见》等。

2011年2月，中共中央办公厅、国务院办公厅转发国务院法制办等部门《关于加强行政执法与刑事司法衔接工作的意见》（中办发〔2011〕8号），开创了行政执法与刑事司法衔接工作的新局面。这是目前衔接工作中最具权威的、规格最高的一份文件，引起了各级党委、政府的高度重视。《关于加强行政执法与刑事司法衔接工作的意见》的下发，进一步明确了行政执法机关、公安机关、监察机关和人民检察院在行政执法与刑事司法工作中的职责和工作程序，对完善衔接工作机制、加强组织领导和监督制约等提出了具体要求。该意见在以下几个方面作出了进一步明确与规范：

首先，要求严格履行法定职责。行政执法机关和公安机关要严格依法履行职责，对涉嫌犯罪的案件，切实做到该移送的移送、该受理的受理、该立案的立案。进一步明确了“两法衔接”机制中各参与部门的分工，同时细化了相关的规则程序，对“两法衔接”机制的完善意义重大。

其次，完善衔接工作机制。各地区各有关部门要针对行政执法与刑事司法衔接工作的薄弱环节，建立健全衔接工作机制，促进各有关单位之间的协调配合，形成工作合力。因地制宜，着眼各地区特色，发挥各地区优势和弥补不足，针对短板进行补足和循序渐进，由地方至全国的发展思路值得肯定。

最后，加强了对衔接工作的监督。县级以上地方人民政府、人民检察院和监察机关要依法履行监督职责，严格责任追究，确保行政执法与刑事司法衔接工作的有关制度落到实处。明确检察机关等监督部门的监督权力，进一步落实了“两法衔接”机制中监督权的划归问题，肯定了检察机关在“两法衔接”机制运行中的导航者地位。

但是，该意见对于衔接工作中的协调问题尚未明确。行政执法与刑事司法衔接工作，涉及行政执法机关、公安机关、检察机关、监察机关等众多部门，关系复杂，如果不设立或明确一个权威的协调机构，很难统一协调。该意见虽对各地、各部门进一步加强衔接工作提出了新的要求，但并未明确这项工作的牵头部门，容易形成各部门坐等观望的局面，从某种程度上影响了这项工作的落实。因此，从理想的状态分析，应当由国务院成立行政执法与刑事司法衔接工作领导小组，明确一个中央部门作为牵头单位（承担领导小组办公室的日常职责），着力推进这项工作的落实。

因此，从现有的状况看，亟须制定《行政执法与刑事司法衔接法》，以期对行政执法与刑事司法的有效衔接提供法律上的依据。

2.4.3 政策支持行政与刑事案件的转化

我国当前刑事政策①的一大特点就是宽严相济②。宽严相济刑事政策在我国应更加注重以宽济严。同时，宽严相济的目的在于使行为人的违法行为与其承担的责任相一致，从而实现《刑事诉讼法》中规定的尊重和保障人权。此外，宽严相济在强调“宽”的同时，也同时强调责罚一致原则，“宽”不意味着违法行为人可以逃脱法律的制裁。行政与刑事案件转化机制正是对宽严相济刑事政策的呼应。对于违法行为人违法程度较低、尚未达到或者已经达到刑事犯罪程度但初犯或有其他原因的，刑事机关可免予对此类行为人采取刑事处罚。

然而，为了维护公共利益和法治的权威，对于违法行为人有必要采取其他较为轻微的处罚手段。行政与刑事案件转化机制的构建，将有效地对此类案件作出反应，保证违法行为人责罚一致，防止其再犯。行政与刑事案件转化机制的构建不但保障了违法行为人的权益，同时也起到了警示和预防犯罪的目的，这正是我国刑事政策目的所在。

2.4.4 监督是行政与刑事案件转化的保障

行政与刑事案件转化上的监督，表现为检察监督和行政监督。检察监督主要是指检察机关的监督。在我国，检察机关是法定监督机关，其有权力对刑事案件侦办机关的刑事司法活动进行监督。一般认为，检察机关的监督职能从立案程序一直到执行程序，贯穿刑事诉讼整个过程。检察机关在对刑事诉讼监督过程中可以向侦办机关提出检察建议，批准或者不批准侦办机关提出的逮捕请求；同时，对侦办机关的错误行为可以及时提出纠正意见，对侦办人员严重的违法行为可直接立案调查。

---

① 马克昌．中国刑事政策学［M］．武汉：武汉大学出版社，1992。我国的刑事政策指中国共产党和人民民主政权，为了预防犯罪，减少犯罪，以至消灭犯罪，以马列主义、毛泽东思想为指导，根据我国的国情和一定时期的形势，而制定的与犯罪进行有效斗争的指导方针和对策。

② 向泽选，李勇．2007年检察理论研究综述［J］．人民检察，2008. 宽严相济刑事政策包括三层含义：该严则严，当宽则宽，严格遵守刑法的规定；严中有宽，宽中有严，根据案件的具体情况合理区分当事人的刑事责任；宽严并用，宽严有度，保持刑罚适用的均衡性。应当从刑法的明文规定、罪种、情节以及犯罪后表现等四个方面来区分该宽还是当严，在严格依法的前提下贯彻宽严相济刑事司法政策，做到公正执法，并且在疑案的处理上准确把握宽严相济的精神。

检察机关的监督是一种可操作性强、制约力高、动态化的监督，是对行政与刑事案件合法合规运行的有效保障。行政监督表现为行政机关上下级的监督。在我国，针对行政机关不合法不合理的行为，受害人可以向其上级机关提出申诉、复议、复核。

行政监督是一种高效而有力的监督方式。上级行政机关在监督过程中可以直接管辖下级行政机关的案件，可以责令下级机关改正错误决定，可以交由其他行政机关管辖。

此外，上级行政机关还有权力针对下级行政机关的不法行为给予内部行政处分。因此，行政监督的存在是对刑事案件和行政案件转化的有力保障。

2.4.5 行政与刑事案件转化的现实基础

"行政权是行政的核心，是行政法的起始与归宿，是行政法的理论基础与中心范畴。行政权具体可以理解为政府为实现既定的行政目的，运用法定的强制权、报偿权、说服权，让管理对象的行为服从自己意志。"[①] 行政权有以下几个特点：（1）行政权属性上表现为一种公权力；（2）行政权具有强制力；（3）行政权存在的目的在于将公共利益公平地分配给社会成员。

我国当前行政权的运行现状主要有以下几个方面的特征：（1）行政权运行涉及领域广泛，即行政权的运行在社会各种事务中都能体现；（2）行政权运行具有高效性，我国行政权实行的是首长负责制，决策效率高，同样执行效率也高；（3）行政权运行具有主动性，行政权运行的主动性是行政主动性的表现，其有别于司法权的被动性，决定了行政权调节社会关系的效率更高、范围更广、案件更多；（4）行政权运行手段的多样性，以行政处罚为例，行政处罚手段有警告、罚款、没收违法所得、吊销营业执照、暂扣营业执照、行政拘留等，手段多样性意味着行政权调整自由度大；（5）行政权运行较司法权运行成本低，对社会消极影响小。

在刑事向行政转化的案件中，行政违法与刑事违法界限模糊的案件是主要形式，运用行政手段解决此类案件相比用刑事手段解决具有以下几点优势：（1）成本低，效率高；（2）更有利于保障人权；（3）对社会消极影响小。因此，我国行政权运行的现状成为行刑案件转化的必要条件。

---

① 付耀华．我国行政权运行过程中的失范及控制探究［J］．行政与法，2013（10）

3 行政与刑事案件转化现状分析

3.1　行政与刑事案件转化的抽样实例

3.1.1　2007—2014 年工商行政机关向公安机关移送案件统计

概况统计表

类型／年份	全国工商行政机关查处的商标侵权案件（件）	向公安机关移送起诉（起）
2007	3 万	700
2008	3.2 万	790
2011	3.9 万	1190
2012	3.4 万	1716
2013	4 万	2000
2014	3.8 万	2200

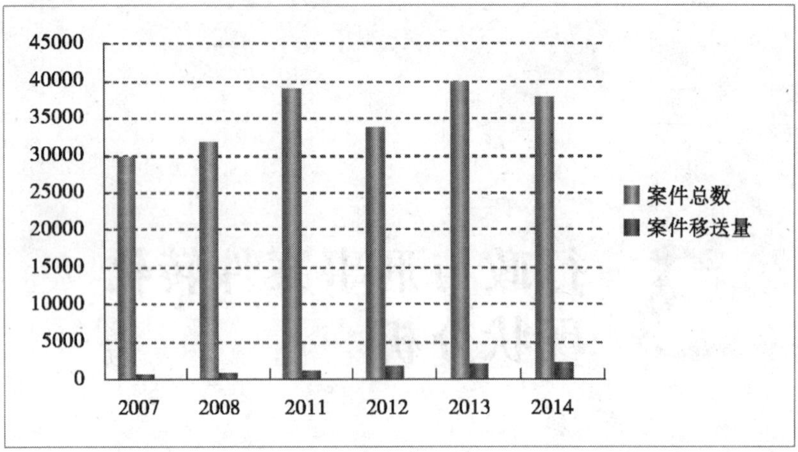

历年对比图

由上述图表可知，2007年、2008年全国工商行政机关查处的商标侵权案件都在3万件左右，但是起诉的案件每年不到800起。2007年全国工商行政机关查处的商标侵权案件为3万件，向公安机关移送的仅有700余起；2008年全国工商管理机关查处商标侵权案件3.2万多件，向公安机关移送的仅有790起。可以直观地看到2007—2008年行政案件向刑事案件移送的比率之低，更不用说公安机关接收案件之后立案侦查的案件所占的比率，只能比移送案件所占的比率更低。但2007年和2008年相比较，2008年查处的商标侵权案件与2007年相当，但案件移送刑事侦查机关的量较2007年多，也就是说，2008年案件移送率比2007年高。但总体来说，2007年、2008年工商行政机关案件移送呈现一个案件总量多、移送案件极少的特点。

2011—2014年全国工商行政机关查处的商标侵权案件维持在3.4万件到4万件之间，相关案件移送刑事侦查机关的比率较2007年、2008年有明显上升的趋势，但是整体上的比率不高，呈现恒定的运行趋势。

2011年全国工商行政机关查处的商标侵权案件为3.9万件左右，但是移送起诉的案件不到1200起；2012年全国工商行政机关查处的商标侵权案件为3.4万件左右，向公安机关移送的仅有1700余件。可以直观地看到2011—2012年行政案件向刑事案件移送的整体比率之低，更不用说公安机关接收案件之后立案侦查的案件所占的比率，只能比移送案件所占的比率更低。但2011年和2012年相比较，2012年查处的商标侵权案件比2011年少，但案件移送刑事侦查机关的量较2012年多，也就是说2012年案件移送率比2011年高。

2013 年、2014 年全国工商行政机关查处的商标侵权案件都在 4 万件左右，但是移送起诉的案件都在 2000 起左右。2013 年全国工商行政机关查处的商标侵权案件为 4 万件，向公安机关移送的仅有 2000 余起；2014 年全国工商行政机关查处商标侵权案件 3.8 万多件，向公安机关移送的仅有 2200 起。可以直观地看出 2013—2014 年行政案件向刑事案件移送的比率之低，更不用说公安机关接收案件之后立案侦查的案件所占的比率，只能比移送案件所占的比率更低。但 2013 年和 2014 年相比较，2013 年查处的商标侵权案件比 2014 年多，但案件移送刑事侦查机关的量较 2014 年少，也就是说 2013 年案件移送率比 2014 年低。

3.1.2　2012—2014 年 G 省公安机关接收工商行政机关移送案件情况

（一）2012—2014 年 G 省工商行政机关移送案件情况

年　份	2012	2013	2014
案件移送率（%）	38	40	44.2

（二）2012—2014 年 G 省公安机关接收工商行政机关移送案件情况

类型 年份	立案率（%）	移送率（%）	破案率（%）
2012	92	2	41
2013	86	5	60
2014	83	8	23

（三）2012—2014 年 F 市工商行政机关移送公安机关案件情况

类型 年份	立案率（%）	移送率（%）	破案率（%）
2012	91	0	60
2013	92	2	58
2014	38	1	25

2012 年 G 省工商行政机关案件移送数量占全省行政案件移送数量的 38%，2013 年 G 省工商行政机关移送案件数量占全省行政案件移送数量的 40%，较

2012年有所增长，2014年全省工商行政机关移送案件的数量占全省行政案件移送数量的44.2%，较2012年又有所增长。G省连续三年工商行政机关案件移送率一直处于上升状态。这和当时的客观环境密不可分。

经调查，案件移送率增长的原因有以下几个方面：第一，与市场经济发展相关。这三年我国处于新的经济转型时期，市场经济主体以及环境的变化等原因可能会对案件数量有一定的影响。第二，2011年以来出台了一系列的法规规章或规范性文件①。第三，G省是我国最早注重案件转化机制的省份。2004年6月，G省人民检察院与行政机关第一次联席会议召开。2004年底，F市人民检察院、市公安局、市整规办与行政机关第一次联席会议召开。召开联席会议有利于各机关研究相互协作、确立行政执法机关查处经济违法行为以及移送刑事犯罪案件、检察机关立案监督等案件移送过程中的具体程序问题，因此在2012—2014年间，G省行政案件向刑事案件移送过程中相关执法机关协商协调机制较完善，转化类案件的审理也取得了较大的进展。

由上表可知，2012年G省在工商行政机关移送公安机关案件中，案件立案率为92%，2013年立案率为86%，2014年立案率为83%，三年来行政案件移送受理的立案率总体来说较高。经调查发现原因有以下两点：第一，如上文所述，一系列规范性文件的颁布实施为案件转化制度提供了赖以依据的法律基础；第二，针对如何解决行政与刑事案件转化问题，G省采取了检察机关和行政机关召开联席会议等一系列措施，共同制定了一系列相关手续的标准样式，为案件转化工作的顺利进行提供了保障。

由上表可知，2012年F市工商行政机关移送公安机关案件立案率为91%，2013年立案率为92%，这两年的立案率较高，说明案件转化机制的建立收到了良好的效果；但2014年移送案件立案率仅为38%，远远低于前两年的立案率。经调查发现，原因在于移送案件种类复杂，在认定上存在一些法律空白，影响了移送案件的立案率。2012年、2013年、2014年三年移送案件破案率分别为60%、58%、25%，即使是在2012年、2013年高立案率的情况下破案率依旧不高。

究其原因，工商行政机关在执法过程中对取证的标准要求不高，没有达到刑事案件证据认定标准，加之案件移送程序上的不规范，这些都是案件移送过程中难以克服的缺陷。工商行政机关向公安机关移送案件的办案质量还有待提高。

---

① 2011年2月9日中共中央办公厅、国务院办公厅转发国务院法制办等部门制定的《关于加强行政执法与刑事司法衔接工作的意见》。

3.2 行政与刑事案件转化的实例特点

3.2.1 行政机关移送公安机关案件总量上升

行政执法是指具有行政执法权的机关或者被授权组织依据法律对违法行为进行处理的执法活动，而刑事执法是公安司法机关依照法律对行为人触犯刑法、构成犯罪的行为予以严厉打击和制裁的活动①。行政执法与刑事司法的对象和范围是一致的，不同之处在于对象违法行为的程度不同而已②。

如果行政执法对象的违法行为涉及数额较大、社会危害性大、达到一定程度，即可以适用刑法对其进行惩罚，那么案件的性质就有了质的转变，即由行政案件转变为刑事案件。

国家质监总局、公安部曾发布10起行政与刑事案件转化典型案例③。这十起案件的涉案原因是制假售假，既属于行政执法机关的执法范围，也属于公安司法机关刑事执法的范围，但基于刑法的谦抑性，行政执法较刑事执法更容易被启动，所以先进行行政执法。在行政执法过程中发现其涉案金额巨大、范围广，社会危害性大，超出了行政执法的范围，达到了刑法所规定的定罪标准，于是行政执法机关将案件移交给刑事执法机关进行侦查处理，此时案件就完全转变为刑事案件。

据统计，2012年全国质监系统共向公安机关移送案件1716起，同比增长44.2%。通过上文对2012—2014年全国行政执法机关案件移送情况的分析可知，行政执法机关移送案件的总体数量呈现平缓上升趋势，但是公安机关接收的立案率则呈现下降趋势。此外，破案率可能会因法律出现空白这一全国性原因或者个别案件中由于出现了无法破案的因素，如移送程序出现错误，而影响了案件的破案率。

---

① 潘惠敏，袁永超．工商行政执法与刑事司法衔接的实证研究——以广东公安经侦为视角［J］．广州市公安管理干部学院学报，2010（03）。

② 例如，工商行政执法是工商行政管理机关或被授权组织依照法律对市场主体的经济活动进行管理，而对应的刑事执法活动是公安司法机关依照法律对市场主体在经济活动中触犯刑法、构成犯罪的行为予以制裁的一种更为严厉的措施。

③ 全国质监系统两年来共查处质量违法案件28万起［DB/OL］．质量在线南方网. http：//quality. south. 2015-4-1. 甘肃兰州廖某等人制售“黑心棉”棉被案，湖南益阳市泰富翻新轮胎厂和裕民翻新轮胎厂生产销售劣质翻新轮胎案，广西南宁苏某等人制售假冒润滑油案，江苏南京市八百度数码公司制售假冒硬盘案，河南双赢机电设备有限公司销售假冒三相异步电机案等。

3.2.2 行政案件转化刑事案件存在诸多问题

行政案件的执法主体是有行政权或者经授权的组织、机关或团体。例如，在某市A公司生产不合格产品冒充合格产品案中，A公司生产的彩钢产品不符合产品明示的产品标准，市质量监督局根据《产品质量法》的规定对A公司进行了行政处罚。如果A公司的违法行为更为严重达到构成犯罪的程度，那么行政执法机关就要依法将案件移交给公安机关进入刑事司法程序，那么执法主体也就由行政机关转变为公安机关。

行政案件中执法对象是作出违法行为的主体。例如，在某县毛某非法销售非法制造注册商标案中，毛某就是案件中的执法对象。毛某在事发后托关系找案件承办人员吕某说情、送礼，吕某徇私舞弊，没有依法将案件移交司法机关追究刑事责任，构成徇私舞弊罪。在这个案件中，原案件承办人员吕某构成徇私舞弊罪，由执法人员转换为执法对象。

在司法实践中，行政案件中涉嫌犯罪移送刑事侦查机关存在的问题分为两种：一种是行为人所为的行政违法活动情节较严重，已经达到刑法规定犯罪构成可以进行刑罚处罚的标准，行政执法机关把案件移交公安机关作为刑事案件对违法行为人进行刑事处罚，即行政执法机关要依法向公安机关移送涉嫌犯罪的案件。另一种是在行政执法活动中，对于按照法律法规的明确规定本该移送给公安机关作为刑事案件处理，但行政执法机关执法人员或者出于和被处罚人有不可告人的钱权交易、或出于责任心不强草草了事的心态不将案件依法移交给公安机关处理，“或者公安机关在侦查中、监察机关在行政检查中、政府法制机构在行政执法监督中对于发现的涉嫌职务犯罪案件线索要依法向检察机关移送”①，因而执法人员的行为构成贪污或者渎职犯罪，由执法人员转变为违法人员。

3.2.3 行政与刑事案件转化操作规定位阶低

几千年的封建文化使中国形成了一种人情大于法②的局面，在中国法治进程中，“人治”大于“法治”的特点始终是一个被西方国家对中国“法治国家”诟病的污点。而党的十八大将依法治国定为治国方略，表明我国朝着法治的道路又迈进了一步。在行政和刑事领域中，就是行政权和司法权应该划清

① 于阳，张惠临．创新检察机关“两法衔接”工作机制研究——基于当前工商体制改革的思考［J］．南方论丛，2015（06）。

② 古语讲，法理莫大于人情。再完善的法律，也是由人情世事上升和生成的结果。

界限，各自守好自己的一亩三分地，行使好属于自己的权力，而不是行政、刑事混为一谈。

公安机关行政执法与刑事司法转化本身蕴含着刑罚扩张的危险，应构建有效的转化机制，强调刑法谦抑原则，避免刑罚被滥用。在行政与刑事案件转化过程中，刑罚应是最后的惩罚犯罪、威慑犯罪的手段，而非一般手段。所以，在刑事司法与行政执法转化过程中要强调刑法对于违法行为人的保护。

我国较早的关于行政案件和刑事案件相互转化的规定是 2001 年 12 月由最高人民检察院制定的《人民检察院办理行政执法机关移送涉嫌犯罪案件的规定》。这一规定明确了行政执法机关、公安机关和检察机关各自对涉嫌犯罪案件移送的责任，相对比其更早实施的由国务院颁布的《行政执法机关移送涉嫌犯罪案件的规定》内容更为具体。但由于是检察机关内部的规范性文件，不是严格意义上的司法解释，法律位阶比较低。

随着市场经济越来越活跃，人们进行经济活动或者社会活动时出现的问题也越来越复杂，单一地适用一部法律或者由一个部门解决不了现实的问题。行政案件情节严重时就会向刑事案件转化，而刑事案件也可能会向行政案件转化，如情节较轻时。在司法实践中，行政与刑事案件转化工作因提升刑罚处罚范围和刑事司法处断范围也有引发刑罚被滥用的可能性。为此，构建完善的行政与刑事案件转化机制，有利于维护法律公正、节约社会资源，不仅可以避免以罚代刑的司法退化，而且也可通过刑法进行调控，避免行政处罚手段失控。

3.2.4　结论

基于司法实践中存在大量需要转化的案件，尤其是行政案件需要向刑事案件转化的现实，同时，法律又缺乏具体的操作程序和必要的救济手段，使大量的行政犯罪案件往往以行政处罚来处理，这就导致了国家刑罚权被虚化，大量行政犯罪行为得不到处理，对社会秩序的稳定和经济的发展构成了潜在的威胁。因此，非常有必要构建和完善行政与刑事案件转化机制，使行政与刑事案件转化工作走向法治化轨道。

4 行政与刑事案件转化问题及原因

4.1 行政与刑事案件转化的实践问题

4.1.1 以罚代刑、降格处理情况普遍

由于我国目前行政执法向刑事司法转化的立法尚不完善，以及部分行政执法主体不负责任等主客观原因，导致一些行政执法机关对于执法过程中发现的违法犯罪活动，没有或者不能移送给刑事执法机关，从而存在较为普遍的“以罚代刑”“以处分代刑”现象。

目前，行政执法机关移送涉嫌犯罪案件所占的比例相当低，对于大量应移送的涉嫌犯罪案件，以罚款代替刑事法律制裁，结案、降格处理，只作为一般的行政违法案件给予行政处罚，大大降低了对刑事犯罪的打击力度和制裁效果。

“2006 年、2007 年两年间，全国行政机关向公安机关移送涉嫌犯罪案件 5229 件，其中 4664 件是检察机关建议移送的，行政执法机关主动移送的案件仅占 10.8%。”① 同期，检察机关还立案查处徇私舞弊不移交刑事案件犯罪嫌

① 闻志强，王春丽．从应然层面看行政执法和刑事司法相衔接的价值所在［J］．法制与经济（下旬），2013（01）。

疑人 246 人。“2008 年 1 月至 11 月又立案查处 136 人。”① “‘在打击侵犯知识产权和制售假冒伪劣商品专项行动’期间，行政机关共立案 15 万多件，但移送司法机关处理的案件仅 1702 件，约占 1.1%。”②

4.1.2 行政与刑事案件转化的两难境地

虽然都是法律法规，但由于分属行政法律法规和刑事法律法规，或由于权力体制不同，或由于法律效力不同，有时候对于同一情况，不同法律法规处理标准和结果不尽相同，甚至产生执法漏洞的现象。例如，对于虚开增值税专用发票的处罚，《刑法》第 205 条③与《最高人民检察院、公安部关于公安机关管辖的刑事案件立案追诉标准的规定（二）》第 61 条④就有不同的规定。

在此规定中对金额作出了明确的规定，即虚开的税款数额在一万元以上或者致使国家税款被骗数额在五千元以上，但对于虚开增值税款数额在一万元以下或者致使国家税款被骗数额在五千元以下的情形并没有明确的规定，依法不对其进行追诉；而根据《中华人民共和国税收征收管理法实施细则》的规定，税务机关和税务人员应当依照税收征管法及实施细则的规定行使税务检查职权，但没有规定其可以行使处罚权。

因此，如果公安机关不追诉，而税务机关又缺乏对其进行查处的法律依据，那么，对于虚开增值税款数额在一万元以下、致使国家税款被骗数额在五千元以下的行为就既不能进行行政处罚，也不能进行刑事惩罚，使得立法的境地比较尴尬。

---

① 周斌．行政部门瞒着刑案不移送，以罚代刑盛行急需大揭盖［N］．法制日报，2009（03）。

② 刘福谦．行政执法与刑事司法衔接工作的几个问题［J］．国家检察官学院学报，2012（20）。

③ 《刑法》第 205 条规定，虚开增值税专用发票或者虚开用于骗取出口退税、抵扣税款的其他发票的，处三年以下有期徒刑或者拘役。本条规定表明虚开增值税专用发票或者虚开用于骗取出口退税、抵扣税款的其他发票的行为，都属于犯罪行为，应当追究刑事责任。

④ 《最高人民检察院、公安部关于公安机关管辖的刑事案件立案追诉标准的规定（二）》第 61 条规定，虚开增值税专用发票或者虚开用于骗取出口退税、抵扣税款的其他发票，虚开的税款数额在一万元以上或者致使国家税款被骗数额在五千元以上的，应予立案追诉。

4.1.3 案件应当移送而给予降格处理

《行政处罚法》和《刑法》的规定都属于原则上或者是方针政策上的规定，可操作性和可行性不强，而在《行政执法机关移送涉嫌犯罪案件的规定》这一法规中，关于案件移送程序的规定较前两者都更进一步，但在具体的执行上仍有很大的自由裁量空间。

《行政执法机关移送涉嫌犯罪案件的规定》及最高人民检察院和最高人民法院的司法解释以及公安部关于经济犯罪案件的追诉标准等规定，“涉嫌构成犯罪，依法需要追究刑事责任的，必须依照本规定向公安机关移送”。看似规定得很详细，但在具体的操作过程中，由于各地方规定的具体金额不一样，追诉标准也因地区的不同而出现地区差异。那么，行政执法机关在具体的判断案件是否达到了移送标准，以及是否移送的问题上，就具有很大的自由裁量权。

另外，《行政执法机关移送涉嫌犯罪案件的规定》第6条规定了行政执法机关向公安机关移送涉嫌犯罪案件应附的材料①。看似规定得很具体，但其实里边有很多细节问题没有涉及。如需要移送时提供的关于涉嫌犯罪案件情况的调查报告，法条没有明确说明调查报告的内容，办案人员在移送时当然就根据自己的判断去选择怎样移送，既可以移送与案件联系较大的调查报告，也可以移送全部的调查报告。

《行政执法机关移送涉嫌犯罪案件的规定》第9条关于建议检察机关立案监督的规定，也赋予了执行机关很大的自由裁量空间。公安机关对行政执法机关移送的案件不予立案，而移送机关又认为应当由公安机关决定立案的案件在一定期间内可以申请复议，这毋庸置疑。但如果“可以建议人民检察院依法进行立案监督”，那么从行政机关的角度来说，行政案件的处理周期相对于刑事案件的处理周期短。如果没有法律上的硬性规定，为了减轻讼累，行政机关就没有必要把案件移送给公安机关，并且还要求人民检察院进行立案监督。

对于某些违法案件，不同法律法规定性立案标准不同，导致彼此间互相矛盾或出现真空。从客观上给行政执法人员以极大的自由裁量权，从而滋生执法不严现象。

---

① 《行政执法机关移送涉嫌犯罪案件的规定》第6条规定，行政执法机关向公安机关移送涉嫌犯罪案件，应当附有下列材料：涉嫌犯罪案件移送书、涉嫌犯罪案件情况的调查报告、涉案物品清单、有关检验报告或者鉴定结论，其他有关涉嫌犯罪的材料。

如关于食品安全犯罪的移送标准问题，《食品安全法》第 40 条[①]、第 123 条[②]都作了相关规定，而《刑法》第 144 条[③]也有关于生产销售有毒、有害食品犯罪的规定。另外，《最高人民检察院、公安部关于公安机关管辖的刑事案件立案追诉标准的规定（一）》第 20 条[④]关于食品安全犯罪的相关规定。

由此看来，食品安全犯罪案件的移送关键就是执法机关如何把握食品添加物的危害程度，是否为有毒、有害，也赋予执法人员相当大的自由裁量权。

同样问题也存在于税务机关。税务机关向公安机关移送案件时，根据《行政执法机关移送涉嫌的犯罪案件的规定》，虽然对行政执法机关即税务机关移送涉嫌犯罪案件的基本条件和程序都作了规定，但税务机关和公安机关对于何时移送还存在不同的理解。在实践中，移送涉嫌犯罪的案件通常都是靠协调解决的。

《行政执法机关移送涉嫌犯罪案件的规定》也没有对移送后如何进入刑事程序，以及证据如何转化等一系列问题进行具体规定。最高人民检察院、全国整规办、公安部发布的《关于加强行政执法机关与公安机关、人民检察院工作联系的意见》，虽然对这些问题有所涉及，但只是各部门联合签订的工作文件，在整个法律体系中的地位较低，对有关部门的约束力较弱，而且规定的内

---

① 《食品安全法》第 40 条规定，食品添加剂应当在技术上确有必要且经过风险评估证明安全可靠，方可列入允许使用的范围；有关食品安全国家标准应当根据技术必要性和食品安全风险评估结果及时修订。食品生产经营者应当按照食品安全国家标准使用食品添加剂。

② 《食品安全法》第 123 条规定，违反本法规定，有下列情形之一，尚不构成犯罪的，由县级以上人民政府食品药品监督管理部门没收违法所得和违法生产经营的食品，并可以没收用于违法生产经营的工具、设备、原料等物品；违法生产经营的食品货值金额不足一万元的，并处十万元以上十五万元以下罚款；货值金额一万元以上的，并处货值金额十五倍以上三十倍以下罚款；情节严重的，吊销许可证，并可以由公安机关对其直接负责的主管人员和其他直接责任人员处五日以上十五日以下拘留：第一项用非食品原料生产食品、在食品中添加食品添加剂以外的化学物质和其他可能危害人体健康的物质，或者用回收食品作为原料生产食品，或者经营上述食品。

③ 《刑法》第 144 条规定，在生产、销售的食品中掺入有毒、有害的非食品原料的，或者销售明知掺有有毒、有害的非食品原料的食品的，处五年以下有期徒刑，并处罚金；对人体健康造成严重危害或者有其他严重情节的，处五年以上十年以下有期徒刑，并处罚金；致人死亡或者有其他特别严重情节的，依照本法第 141 条的规定处罚。

④ 《最高人民检察院、公安部关于公安机关管辖的刑事案件立案追诉标准的规定（一）》第 20 条规定，在生产、销售的食品中掺入有毒、有害的非食品原料的，或者销售明知掺有有毒、有害的非食品原料的食品的，应予立案追诉。

容也不健全，致使行政机关在行使执法权的过程中有较大的自由裁量空间。法规中赋予执行机关大量自由裁量权的规定还有很多，这些规定都使案件的移送在实践中难以执行。

4.1.4 行政案件是否移送存在随意性

监督机制的早期理论是古希腊哲学家亚里士多德提出的分权原则，也是西方关于国家权力监督机制提出的最早的学说之一。他认为，“一切整体都有三个要素，即议事、行政、审判三种机能，倘使三个要素都有良好的组织，整体也将是一个健全的机构”①。这一理论为现代国家三权分立制度设立提供了理论基础。

孟德斯鸠认为分权与制衡学说的出发点是，“一切有权力的人都容易滥用权力，这是万古不易的一条经验”②。这一观点进一步阐明了监督力量存在的重要性。同样，我国《宪法》以根本法的形式确立了检察机关有包括对行政执法机关的执法活动进行监督的监督职能。但是，具体到行政与刑事案件转化工作中，我国现行法律法规对人民检察院的法律监督问题多为原则性规定，可操作性不强，缺乏具体而详细的细则，造成检察机关“宪法地位高而法律地位低”的局面③。

根据《刑事诉讼法》的规定，人民检察院的监督权从立案时开始行使，因此，目前人民检察院对行政执法机关进行的监督实际上是一种事后监督，处于一种被动地位。从国务院、最高人民检察院分别颁布的两个文件来看，都同样没有提及检察机关对案件移送之前的行政执法行为的法律监督问题。

在实践工作中，由于信息共享机制不完善、行政机关与司法机关协调配合性不强等原因，“对于行政执法进行到何种程度，是否涉嫌刑事犯罪等情况，检察机关并不能及时掌握，只有等行政执法机关将案件移送给公安机关，检察机关才能就是否立案进行监督，而无法提前介入，对行政执法机关进行监督”④。

目前的法律法规以及规范性文件都缺乏检察机关对未移送案件具有知情权的规定。根据《刑事诉讼法》规定，检察机关对于移送案件仅有纠正权和质

---

① ［希腊］亚里士多德．政治学［M］．北京：商务印刷馆，1965：214。

② ［法］孟德斯鸠．论法的精神［M］．北京：商务印刷馆，1978：155。

③ 黄燕．行政执法与刑事司法衔接机制之完善［D］．湘潭大学法学院，2012（05）。

④ 伍青萍．“两法”衔接机制的总体构想与实践——以广东省“三打两建”中的探索与实践为例［J］．行政与法，2013（04）。

询权，却没有知情权。《行政执法机关移送涉嫌犯罪案件的规定》第 14 条①就移送案件的监督问题作了规定，这一规定为行政执法机关移送案件提供了法律依据，也确定了检察机关的检察监督职责。

但是，“检察机关对于移送案件的监督多处于被动地位。对于众多行政执法机关和部门办理的行政案件，检察机关能否顺利实施监督很大程度上取决于行政执法机关的主动性。如果行政执法机关既不向检察机关通报也不向检察机关备案，检察机关就对查办案件的进展毫不知情，案件是否达到追诉标准、哪些案件应移未移，对于没有移送的案件，检察机关也无法知晓，难于监督。同样，人民检察院对公安机关的法律监督也颇受限制，对于公安机关是否受案、对于初查阶段是否监督，怎样实施监督，都没有明确的法律或制度依据，仅仅停留在对其实施的诉讼活动进行监督”②。

检察机关的监督范围比较狭窄。根据《宪法》和《人民检察院组织法》的规定，人民检察院享有检察监督权。《宪法》赋予检察机关的检察权并没有关于时间和范围的限制，那么检察机关应当对所有的案件全过程都享有检察权。而在《民事诉讼法》《刑事诉讼法》以及《行政诉讼法》当中都有关于人民检察院监督权的规定。

由此看来，我国法律赋予人民检察院的监督权主要体现在诉讼程序中，即从立案开始行使检察权，监督各机关的立案程序、侦查程序、审理程序，监督在立案过程中是否有应该立案而不立案，或者是不应该立案而立案的情况；监督侦查过程中有没有程序违规的情况；在审理程序中监督法官是否做到公正裁量，有无违反相关的法律程序规定，如采纳未经质证的证据，并对审判过程中法官的自由裁量使用程度以及案件审理的结果都享有检察监督权。

从这一点来看，人民检察院的检察监督权似乎比较完善。但无论从民事诉讼、刑事诉讼或者行政诉讼中的规定看，检察机关行使检察权的起点都是自立案时起。这样一来，就大大缩小了检察机关监督权的范围。更进一步讲，就行政诉讼而言，根据《人民检察院办理行政执法机关移送涉嫌犯罪案件的规定》，检察机关对公安机关应当立案侦查而不立案，或者是不应当立案却立案的情况实施监督。然而，对于立案前，即行政机关的移送情况却没有明确的法律依据，因此检察机关对于行政执法机关不移送、或有“以罚代刑”或徇私

---

① 《行政执法机关移送涉嫌犯罪案件的规定》第 14 条规定：行政执法机关移送涉嫌犯罪案件，应当接受人民检察院和监察机关依法实施的监督。

② 伍青萍．“两法”衔接机制的总体构想与实践——以广东省“三打两建”中的探索与实践为例［J］．行政与法，2013（04）。

枉法等不当操作就很难实施有力的监督。

对行政与刑事案件转化工作的检察监督属于柔性监督，缺乏应有的刚性规定。《人民检察院办理行政执法机关移送涉嫌犯罪案件的规定》第12条、第13条①都使用了“可以提出检察意见”的表述，表明检察机关可以提出也可以不提出检查意见，这就大大降低了检察机关的监督力度。

另外，相关法律并没有对如何有效实施监督权予以明确规定，检察机关缺乏实施监督权的具体方式和途径的指导。何时介入检查监督行政与刑事案件的移送过程，检察机关在移送案件中具体怎样行使监督权也没有规定。至于在实施监督权时出现各种问题应该如何处理，包括如何提出检察意见、意见的效力如何、如果意见不被采纳应怎么办等具体问题，相关文件并未予以详细规定②。因此，关于检察监督权的规定在实践中指导意义不大。

立法的不完善导致检察机关的检察监督权无法行使。由上文可知，我国关于行政案件向刑事案件转化的法律规定并不完善，有的方面规定线条略粗。一种情况是不同法律法规的规定由于都属于内部规定或标准不同，而使得执行机关自由裁量权过宽，如关于案件移送条件。《行政执法机关移送涉嫌犯罪案件的规定》第3条作出了相关规定，然而由于各部门甚至各地区的标准不同，所以执行机关是否将案件移送到公安机关享有很大的自由裁量空间。在这种情况下，即使检察机关想行使检察监督权，但法律并没有规定一个明确的标准，那么检察机关也难以行使。《行政执法机关移送涉嫌犯罪案件的规定》第4条、第6条也是同样的道理。另一种情况是不同法律法规的规定由于都属于内部规定或标准不同，存在相互矛盾的情况，从而导致检察监督权行使困难。如上文所述，2001年国务院《行政执法机关移送涉嫌犯罪案件的规定》第8条与2006年最高人民检察院、监察部等《关于在行政执法中及时移送涉嫌犯罪

---

① 第12条规定，各级人民检察院对行政执法机关应当移送案件而不移送的，可以提出检察意见。第13条规定，各级人民检察院对公安机关不接受行政执法机关移送的涉嫌犯罪案件，或者逾期不作出立案或者不予立案决定，在检察机关依法实施立案监督后，仍不接受或者不作出决定的，可以向公安机关提出检察意见。

② 黄燕．行政执法与刑事司法衔接机制之完善［D］．长沙：湘潭大学法学院，2012(05)。

案件的意见》第5条，分别就公安机关对移送涉嫌犯罪案件的审查期限作出规定[①]，从3日到10日再到30日，这种情况下执行机关无论按哪一种规定都是正确的，检察监督权的落实再次受到了很大的挑战，难以执行。

4.1.5　行政机关移送案件质量难达标

为了保障行政与刑事案件转化工作常态化、持久化，必须健全完善相关配套机制，如信息共享机制、联席会议制度等。由于信息共享机制尚未全面推行、联席会议制度存在一些缺陷，刑事侦查机关与行政执法机关在查处违法行为过程中缺乏有效配合，阻碍了行政与刑事案件转化工作的开展。

信息共享机制建设较为薄弱。信息共享机制建设是实现行政与刑事案件转化工作常态化、有序化、规范化运行的必要机制。2006年《关于在行政执法中及时移送涉嫌犯罪案件的意见》明确提出“建立信息共享机制”之后，虽然各地各部门都进行了积极的尝试和探索，但实际效果仍不尽如人意。当前，大部分地区有效的行政与刑事案件信息共享平台尚未建立起来，广州等一些已经建立起来的地区又因缺乏强有力的法律规范支撑和法律监督等，未能规范有效运行，相应功能未有效发挥。

首先，“案件信息录入不规范、不及时，限制了信息共享平台功能的发挥。案件录入制度是信息共享机制的重中之重”[②]。只有及时规范地录入信息，司法机关才能对行政机关办理案件的情况全面地掌控，从而及时发现犯罪线索、惩罚犯罪。然而，因受制于部门利益、经费投入、人员素质等因素，一些行政执法机关未能及时向信息共享平台更新补充案件信息，延误了司法机关及时了解并发现犯罪线索的最佳时机；同时，监督机制的缺位、行政执法人员不及时录入案件信息的责任追究机制尚未落实等，也导致了行政执法机关在分享案件信息工作中的懈怠。

其次，信息共享平台的发挥效果不充分。在部分已经建立起信息共享平台的地区，一些行政执法机关对信息共享的重视程度不够，忽视案件信息的网上流转，信息录入工作并未纳入行政机关的日常工作范围之中。联席会议制度存

---

① 2001年国务院《行政执法机关移送涉嫌犯罪案件的规定》第8条规定，公安机关应当自接受行政执法机关移送的涉嫌犯罪案件之日起3日内，对所移送的案件进行审查，作出是否立案的决定。2006年最高人民检察院、监察部等《关于在行政执法中及时移送涉嫌犯罪案件的意见》第5条规定，对行政执法机关移送的涉嫌犯罪案件，公安机关应当及时审查，自受理之日起10日以内作出立案或者不立案的决定；案情重大、复杂的，可以在受理之日起30日以内作出立案或者不立案决定。

② 徐英兰．行政处罚与刑罚的衔接问题研究［J］．行政与法，2014（08）。

在缺陷。联席会议主要是由行政执法机关、公安机关以及检察机关为了解决面临的新问题以及案件转化过程中的问题而定期召开的会议。2006 年《关于在行政执法中及时移送涉嫌犯罪案件的意见》第 16 条明确提出，在查办违法犯罪案件工作中，公安机关、监察机关、行政执法机关和人民检察院应当建立联席会议、情况通报、信息共享等机制。这也是首次明确提出建立联席会议制度。但目前的联席会议制度并未发挥理想中的效果。原因就在于“目前的联席会议参与方太局限于行政执法机关及司法机关，只有各部门工作人员参会，而行政相对人、利害关系人的缺席，新闻媒体报道的缺位，都使得联席会议只是封闭性的内部会议，并没有面向真正相关人员”①。另外，由于目前行政案件和刑事案件转化的立法尚不完善，没有赋予检察机关强有力的监督权，在联席会议中涉及行政机关和公安机关比较多，三方达成共识比较困难。

《关于在行政执法中及时移送涉嫌犯罪案件的意见》仅规定建立联席会议制度，但具体由哪个机关牵头召开并没有明确的规定。参加会议的主体，是否包括案件的当事人，是否需要邀请新闻媒体对所达成的共识进行宣传等都规定不明确。在这种情况下，会议所形成的决议往往不具有长久性。规定的模糊性使案件转化过程中的实际问题难以解决，故联席会议制度未收到应有的效果。

4.1.6 接管机关拒绝对移送案件的受理

在司法实践中存在两种情形：一方面，公安机关对于行政机关在执法过程中发现的可能涉嫌犯罪案件，公安机关出于办案警力不足、证据不充分、“一事不再罚”等因素的考虑，对一些移送案件不予立案审查、拒绝受理。这种情况客观上对于行政机关移送案件的积极性是个沉重打击，并造成了行政与刑事案件转化的阻碍和问题。由于法律规定的漏洞，行政机关移送案件的标准和公安机关接受案件的标准即立案的标准不一致。在这种情况下，公安机关不接受移送的案件也无可厚非。行政案件向刑事案件转化的效果不显著，与案件得不到及时的解决和接受机关的态度关系密切。

另一方面，对于行政执法机关移送给公安机关的涉嫌犯罪案件，公安机关立案率及处理率低。即使有的公安机关受理了行政执法机关移送的案件，还会出现两种情况或问题：一是受理案件后不及时或不予立案；二是受理案件后不及时审查或不审查，以致逾期又不予回复。实践中这类情况层出不穷，各级人

---

① 黄燕．行政执法与刑事司法衔接机制之完善［D］．长沙：湘潭大学法学院，2012。

民检察院都有所意识。移送案件受理难、立案难已不是个别问题[①]。另外，即使在移送案件被成功受理立案后，该案件一直进行到侦查程序直至进入审判程序的比例也不高[②]。由这些数字可以直观地感受到行政案件移送刑事案件立案难的现象。

4.2 行政与刑事案件转化问题的原因

4.2.1 现行法律法规不完备

4.2.1.1 现行法律规定原则缺乏细化

行政与刑事案件转化的规定，目前散见于法律、行政法规、行政规章及一些机关的规范性内部文件中，虽然初步构建了关于行政执法与刑事司法转化工作的指导性的法律框架，但是多为原则性的条款，缺乏实务性，可操作性不强。

当前，“两法衔接”工作的依据主要有国务院《行政执法机关移送涉嫌犯罪案件的规定》，最高人民检察院制定或与有关部门共同制定的若干规范性文件，如《关于在行政执法中及时移送涉嫌犯罪案件的意见》《人民检察院办理行政执法机关移送涉嫌犯罪案件的规定》以及各地检察机关与公安机关、行政执法机关会签的文件。从实践需要来看，这些规定仍不够完善。此外，现有规定的法律层级较低，这有待各方面取得共识后予以解决。

一是法律方面。《行政处罚法》第 7 条第 2 款[③]明确规定，当一违法行为同时违反了行政法和刑法，应当予以追究行政责任和刑事责任时，就不能以行政处罚代替刑事处罚。很明显，这是原则性规定，并没有涉及移送程序、公安

---

① 湖南省人民检察院．关于开展“对行政执法机关移送涉嫌犯罪案件专项监督活动”情况报告［R］．2011（06）。文中提到：根据湖南省人民检察院的调研，“2008 年以来，湖南省各级行政机关向公安机关移送涉嫌犯罪案件共四千多件，公安机关立案数为两千多件，立案率为将近一半”。

② 四川省人民检察院侦查监督处．四川省检察机关 2008—2011 年 5 月“两法衔接”工作情况调研报告［R］．2011（09）。文中提到：根据四川省人民检察院的调研，“2008 至 2010 年间，四川省公安机关对行政机关移送案件共立案一千三百多件，其中提起公诉七百多件，立案率刚满 50%”。

③ 《行政处罚法》第 7 条第 2 款规定，违法行为构成犯罪的，应当依法追究刑事责任，不得以行政处罚代替刑事处罚。

机关接受移送案件之后的可操作的程序性规定。同时，在《行政处罚法》第22条[①]中也仅对违法行为同时违反刑法时，行政机关应当将案件移送司法机关追究其刑事责任的大方向性规定，即规定这一类型的案件应当移送司法机关处理，并没有明确的关于案件移送的程序、相关机关接受移送案件之后的审查及立案等程序的具体性规定。《行政处罚法》第7条和第22条规定是关于行政案件向刑事案件转化的规定。

《刑法》第37条[②]虽然对刑事案件向行政案件转化进行了规定，但只是规定了刑事案件向行政案件移送的条件，并没有更进一步的关于移送程序、接受案件的机关审查和立案的程序等具体性规定。

所以，作为整个法律体系中较高位阶的法律，关于行政与刑事案件的相互转化并没有具体的可操作性强的规定。

二是行政法规方面。2001年7月国务院颁布《行政执法机关移送涉嫌犯罪案件的规定》。在本规定中，确定了移送的条件、移送的证据规定、移送的程序、公安机关受案后的审查和立案程序、公安机关认为应当移送而接受机关不予接受的救济以及人民检察院的监督职能等。这也是我国第一次专门就行政执法与刑事司法之间的转化工作作了明确规定。

不难看出，相对于《行政处罚法》和《刑法》的规定，本规定具体到了案件移送所涉及程序，使我国行政案件向刑事案件转化制度初具雏形。其中，《行政执法机关移送涉嫌犯罪案件的规定》第3条以及第18条[③]实为关于移送案件的移送条件和立案标准的规定，很明显比《行政处罚法》和《刑法》的规定更进一步，即发现违法行为涉嫌构成犯罪，依法应当追究刑事责任。

---

① 《行政处罚法》第22条规定，违法行为构成犯罪的，行政机关必须将案件移送司法机关，依法追究刑事责任。

② 《刑法》第37条规定，对于犯罪情节轻微不需要判处刑罚的，可以免予刑事处罚，但是可以根据案件的不同情况，予以训诫或者责令具结悔过、赔礼道歉、赔偿损失，或者由主管部门予以行政处罚或者行政处分。

③ 《行政执法机关移送涉嫌犯罪案件的规定》第3条规定，行政执法机关在依法查处违法行为过程中，发现违法事实涉及的金额、违法事实的情节、违法事实造成的后果等，根据刑法关于破坏社会主义市场经济秩序罪、妨害社会管理秩序罪等罪的规定和最高人民法院、最高人民检察院关于破坏社会主义市场经济秩序罪、妨害社会管理秩序罪等罪的司法解释以及最高人民检察院、公安部关于经济犯罪案件的追诉标准等规定，涉嫌构成犯罪，依法需要追究刑事责任的，必须依照本规定向公安机关移送。第18条规定，行政执法机关在依法查处违法行为过程中，发现贪污贿赂、国家工作人员渎职或者国家机关工作人员利用职权侵犯公民人身权利和民主权利等违法行为，涉嫌构成犯罪的，应当比照本规定及时将案件移送人民检察院。

但是，关于行政执法机关必须移送的证据材料，该规定只是列举了证据材料的内容[①]，并且比较宽泛。因为行政与刑事案件对证据的要求不尽相同，如证明对象和证明标准。如果仅规定需要移交的材料类型，而没有规定受案机关对证据材料的审查程序，没有明确规定证据的证明对象和证明标准，证据转化中的很多问题都不能解决，那么就可能导致行政证据即使进入司法程序，其法律地位和证明力也不能有效地发挥。

在此之前，国务院《关于整顿和规范市场经济秩序的决定》[②] 虽然规定了要加强行政与刑事案件的转化，但也仅是原则性规定，并没有具体可操作性的规定。由此看来，行政法规关于移送案件程序的规定具体到实践操作上依然存在漏洞。

三是规章方面。尽管公安部与相关行政部门联合发布了一些关于知识产权的规章制度和规定[③]，而且都是针对特定领域的行政执法与刑事司法转化问题的相关部门规章。但规定仅涉及侵犯知识产权如著作权和商标权等具体某一方面的案件中刑事案件向行政案件的转化问题，适用范围具有局限性。

四是规范性文件方面。一些规范性文件虽然有涉及行政与刑事案件转化的相关问题，但都属于内部文件，不具有强制力。最高人民检察院《人民检察院办理行政执法机关移送涉嫌犯罪案件的规定》[④] 就属于检察机关的内部规范性文件，只是针对检察机关的有关工作职责要求，并不是严格意义上的司法解释。因此，这个规定对行政执法机关等不具有强制效力，也并没有明确规定行政执法机关应该如何向公安机关移送案件。同时，对其怠于移送案件的情况也缺乏有效、可操作的监督制约机制。

---

① 《人民检察院办理行政执法机关移送涉嫌犯罪案件的规定》第4条规定，对于行政执法机关移送的涉嫌犯罪案件，人民检察院反贪、渎职侵权检察部门应当审查是否附有下列材料：“（一）涉嫌犯罪案件移送书；（二）涉嫌犯罪案件情况的调查报告；（三）涉案物品清单；（四）有关检验报告或者鉴定结论；（五）其他有关涉嫌犯罪的材料”。

② 2001年4月国务院《关于整顿和规范市场经济秩序的决定》提出要求，加强行政执法与刑事司法的衔接，建立信息共享、沟通便捷、防范有力、查处及时的打击经济犯罪的协作机制，对破坏市场经济秩序构成犯罪行为的，及时移送司法机关处理。

③ 2006年公安部和国家版权局共同发布了《关于在打击侵犯著作权违法犯罪工作中加强转化配合的暂行规定》；同年公安部和海关总署共同发布了《关于加强知识产权执法协作的暂行规定》；2011年公安部和国家工商总局共同发布了《关于在打击侵犯商标专用权违法犯罪工作中加强转化配合的暂行规定》等。

④ 该规定明确了行政执法机关、公安机关和检察机关对涉嫌犯罪的行政案件的移送、立案和立案监督的责任。

2004年3月18日最高人民检察院、全国整规办和公安部联合下发了《关于加强行政执法机关与公安机关、人民检察院工作联系的意见》。该意见指出行政与刑事案件转化的过程中还存在一些问题，如信息沟通不畅，相互协作不密切等。提出要建立信息共享机制，要求行政机关及时移交案件，加强行政执法机关、公安机关及人民检察院三部门间的协作与配合，强化案件移送工作，并加强立案监督。

而最高人民检察院、公安部与其他行政部局也曾联合颁发一些规范性文件和意见①，均属于部门之间制定的共同规范性文件，或具有指导意义的部门规范性文件，不具备严格意义上的法律上的普遍适用性，也不具有法律约束力。

4.2.1.2　相关转化规范立法位阶较低

目前关于“两法”衔接机制的法律相关规范的位阶比较低，执行的约束力也不强，如国务院发布的《行政执法机关移送涉嫌犯罪案件的规定》也只是属于行政法规层级。最高人民检察院的规定属于内部的明文规定。地方上各部门联合会签的文件更是缺乏法律属性，无法对行政执法机关形成有效的约束。同时，现有关于“两法”衔接机制的规范原则性规定比较多，实务性、可操作性强的规定比较少。在以上这些规定中，国务院颁布的《行政执法机关移送涉嫌犯罪案件的规定》内容算是比较详细的，但是也仅对行政执法过程中涉嫌犯罪案件的移送条件、基本程序、工作时限及违规责任等作了规定，并没有涉及行政执法的行政证据的法律问题及证据规则问题。

如前文所述，关于行政与刑事案件转化的规定散见于法律、行政法规、规章、部门规范性文件中。从整体来看，从目前的法律、行政法规和规章上来讲，不能形成一个完善的行政执法和刑事执法的转化机制。

法律位阶相对较高的法律所规定的都是原则性与抽象性的规定。其内容相对比较笼统、粗疏，仅作为一个原则及政策性指导，不具有实践操作指导意义，只为行政与刑事案件的转化提供了一种可能性，而不具有可操作性和执行性。

与此同时，在行政法规、规章以及相关部门规范性文件中，没有哪部文件对行政与刑事案件问题作出全面、具体、系统性的规定，而且法律位阶低，法律适用的普遍性和约束力较差，实际可执行力差，对刑事与行政案件转化工作

① 最高人民检察院、全国整规办、公安部和监察部于2006年1月26日联合颁发《关于在行政执法中及时移送涉嫌犯罪案件的意见》。2011年2月9日中共中央办公厅、国务院办公厅转发国务院法制办等部门制定的《关于加强行政执法与刑事司法衔接工作的意见》。

的整体开展及运行不具有相应的指导性和约束力，容易造成行政执法机关与司法机关在法律适用上的困惑和互相推诿的现象。

4.2.1.3　行政违法、行政犯罪规定粗疏

我国行政法中对行政违法行为的规定内容较多，但对行政犯罪的规定比较粗疏。我国行政机关、行政部门较多，行政执法涉及领域广，如违反我国关于知识产权保护条例的规定、违反税务管理规定等。因此，行政违法行为包含众多不同的种类和形式。然而，在我国目前的法律体系中没有行政法典，所有有关犯罪的规定都被囊括在《刑法》当中，其中也包括行政犯罪。

《行政处罚法》规定“构成犯罪的，依法追究刑事责任”，这里所说的“法”指的是《刑法》。而《刑法》中主要规定刑事犯罪的处罚，而对行政犯罪的规定不全面。例如，《刑法》第402条规定的徇私舞弊不移交刑事案件罪，将犯罪主体仅限定为“行政执法人员”，没有涵盖“行政执法机关”；将适用条件限定为“徇私舞弊”，规制范围比较狭窄。而在执法实践当中，还有一系列问题没有被涵盖，包括行政执法机关由于对移送案件的标准、移送程序认识不到位，从而导致的案件该移交而不移交等情况。

另外，《刑法》既没有对行政违法的行为是否会构成犯罪作全面的规定，也没有对具体的行政犯罪行为作出罪名或者处罚上的规定，因此《刑法》中关于行政犯罪的规定也比较粗陋。

由此看来，“行政违法与行政犯罪的规定并没有相应的点对点，行政法中规定的行政违法行为达到犯罪的要求和这一行为转为刑事案件的犯罪在刑法中没有规定或者规定不一致，这种立法上的“断裂”致使行政执法机关在行政执法实践过程中有了过大的自由裁量权，从而利用法律漏洞，间接造成以罚代刑等现象”①，更加阻碍了行政案件和刑事案件之间的转化。

4.2.1.4　法规冲突使执法人员无所适从

正因“两法”衔接机制的法规层级没有达到应有的共性标准，所以衔接机制各部分对于同一衔接机制内的环节可能出现不同的法律要求理解，这就容易造成分歧。如行政机关在行政执法中对自身问题的观察不足，需要检察机关等衔接机制中的监督部分予以规范。问题在于检察机关的依据是以最高人民检察院出台的各种规范性文件做指导，有关行政执法的法律文件无法对其检察监督工作进行规范，造成行政机关、检察机关缺乏法律认识上的共同性，阻碍监

① 李辰星．行政执法与刑事司法衔接机制研究［D］．武汉：武汉大学法学院，2013(05)。

督的实施。此外，刑事司法接受移送环节也有类似的依据缺陷。

关于行政与刑事案件转化的规定多见于一些行政法规、规章、部门规范性文件中，缺乏统一的法律层面标准。“立法方面呈现法出多头的特点，体现在不同机关制定的某些法律规范就同一问题出现不一致甚至矛盾的规定，导致规范的内容之间容易存有冲突。”①

例如，公安机关对移送案件的审查期限问题。国务院、最高人民检察院以及其他行政部门都分别就公安机关对移送涉嫌犯罪案件的审查期限作出了规定，但是，关于审查期限的规定却不相同，从 3 日到 10 日再到 30 日，这就造成公安机关适用时感到无所适从，在一定程度上可能纵容公安机关为自身工作的拖延提供借口，还可能会贻误案件证据的收集调取工作，最终影响后续工作的开展。

又如，关于保险诈骗行为，《保险法》② 已做过相关规定。但纵观《刑法》全文，似乎只有“保险诈骗罪”可以囊括《保险法》第 116 条规定的 13 种情形。但在大多数情况下，违反《保险法》应当依刑法处罚的情形在《刑法》中却找不到具体的处罚依据。如此一来，就会减少行政案件应当移送而不能移送的情况，从而造成以行政处罚代替刑罚的局面。再如，生产不合格产品冒充合格产品的案件，避免不了关于“以假充真”的认定。司法解释规定“以假充真”是指以不具有某种使用性能的产品冒充具有该种使用性能的产品之行为；而行政解释中规定的“以假充真”是指某一产品冒充与其特征、性质不同的另一产品的行为。两个解释对“以假充真”的规定完全不同。类似以上规定的矛盾之处还有很多，这些相互矛盾的规定，容易导致行政执法实践中的违法行为定性与刑事司法中的行为定性不一致，使“两法”的转化不畅。

在实际工作中，行政与刑事案件的转化工作执行情况并不乐观，存在较为普遍的“以罚代刑”现象，行政执法机关由于各种原因不愿意移送，司法机关也不想增加工作量而拒绝受理，以及上文已阐述的关于移送之后由于立法的缺陷而不能进行刑事处罚的客观情况限制，导致一些行政犯罪行为未能及时得

---

① 王琛．行政执法与刑事司法的衔接问题研究［D］．北京：中国社会科学院研究生院，2013（03）。

② 《保险法》第 179 条规定，违反本法规定，构成犯罪的，依法追究刑事责任。第 116 条规定了 13 种禁止性规定，即在保险活动中不得为的行为，其中就包括欺骗投保人、被保险人或者受益人；对投保人隐瞒与保险合同有关的重要情况。

以处置。这就是大多学者将行政与刑事案件转化工作中的问题总结为“四多四少”①。

4.2.1.5　现行有效文件规定漏洞较多

相关规定之间还有许多问题：相关法律的规定存在矛盾，让执法者无所适从。正如上文所列举的关于保险诈骗的案件处理规定，《保险法》已列举出需要追究刑事责任的情况，但与《刑法》作比对②，却有不少衔接不畅的法律断裂，如此一来，就会减少行政案件应当移送而不能移送的情况，从而造成以行政处罚代替刑罚的情况。

例如，某市A彩钢公司生产的彩色钢板产品不符合采用标准的要求，这种不合格彩钢产品达50吨，货值金额25万元。已售出10吨，销售金额6万元，获违法所得0.6万元。该市质监局案审委员会进行了集体审理，将A彩钢公司生产不符合采用的产品标准的行为，定性为生产不合格冒充合格彩钢产品的行为，违反了《产品质量法》第32条之规定，应当给予行政处罚。在这个案例中，A公司给生产的不合格彩钢产品贴上了合格产品的标签，这一行为在行政执法实践中的定性和刑事司法中的违法行为定性不一致。在行政执法中，质监部门为了能使不合格产品的处罚有法律依据，在判定这种行为时一般都以“不合格产品冒充合格产品”进行定性，在刑事司法中认定“不合格产品”的标准和行政执法实践中有所不同。

本案中A彩钢公司生产的不合格产品销售金额已超过5万元，货值金额也已超过15万元，达到“生产、销售伪劣产品案”中“数额犯”的刑事追诉标准，但在行政法规和刑事法规中关于“不合格产品”的认定标准并不相同的情况下，行政机关是否应当将案件移交给司法机关进行处理追究涉案企业的刑事责任呢，相关法律规定的自相矛盾是执法人员在处理案件转化问题上的一大难题。

法律法规关于案件转化的规定弹性空间太大，赋予执行机关较大的自由裁量权，致使法律法规实际可操作性不强，可执行力不足，如《行政执法机关移送涉嫌犯罪案件的规定》第3条关于移送条件的规定。法律法规的规定出

---

① 即应移送给司法机关的行政犯罪案件实际发生多，而真正移送的少；行政处罚结案的多，而司法机关刑事处罚结案的少；刑事处罚的从犯多，受到刑事处罚的主犯较少；判处轻刑或缓刑的较多，判处重刑及实刑的少。

② 纵观《刑法》全文，似乎只有“保险诈骗罪”可以囊括《保险法》第116条规定的十三种情形，但明显大多数情况下违反《保险法》第179条应当依刑法处罚的情形在刑法中却找不到具体的处罚依据。

现空白，导致执法机关没有对违法行为进行处罚的依据，从而造成这些行为得不到法律的制裁。

因此，现行的文件规定漏洞较多，也是造成相关法律可执行力低的原因之一。例如，在食品安全类案件中，违反《食品安全法》的行为是否达到移送刑事案件的标准，法律仅规定“添加有害物质”而并没有更进一步的规定，很大程度上由执法人员自行酌情决定。

4.2.2 移送规定强制力不足

“一项制度如果缺少程序要件将难以协调运行。如果强制推行，就如同古代的严刑峻法，其结果常常是‘治法存而法治亡’。程序建设应当成为我国法制建设乃至社会发展的一个真正的焦点。”① 对于行政与刑事案件工作来说也是如此。当案件从行政执法机关向刑事司法机关移送时，就会产生诸如移送主体、接受移送的主体、移送的条件、移送的材料、移送期限、审查和处理、监督和救济等一系列具体问题，这实际上就是转化程序问题②。

为了更好地保障行政与刑事案件之间的转化，必须建立起系统化、规范化、条理化的行政与刑事案件的移送程序。如果没有一套科学合理、细致具体的操作程序，行政与刑事案件工作的开展将成为一纸空谈。当前，法律法规虽然作出了诸如“如构成犯罪的，移送司法机关处理”的规定，但对于移送的标准、时限、程序、证据等问题无具体的操作细则，导致实践中行政执法机关与刑事司法机关在案件转化工作中进行得并不顺利。

最主要的程序缺陷在于对案件定性及证据的收集、移交过程中存在的分歧。通过对大量案件的了解得知，行政与刑事案件相互转化不顺畅，很大一部分原因就是执法人员对案件移送过程中的程序、事实认定以及案件移送的重要性认识不足。

我们从最高人民检察院公布的指导性案例中选取一个典型案例加以说明。

---

① 季卫东．法律程序的意义——对中国法制建设的另一种思考［J］．中国社会科学，1993（01）。

② 黄燕．行政执法与刑事司法衔接机制之完善［D］．长沙：湘潭大学法学院，2012。

这是一个非法传销案件①。该案由于涉及金额非常巨大，本来应该移送公安机关进入刑事司法程序，但是却因为行政执法人员出于一己私利，而以罚代刑，社会影响极其恶劣。

在这起案件中，胡某和郑某身为国家机关执法人员，没有认识到自己的徇私舞弊行为带来的严重后果。首先，由于没有及时对犯罪行为进行严厉打击，使得违法行为变本加厉，直接导致被害人的经济利益受损；其次，正是由于第一次的犯罪活动没有受到应有的严厉打击，没有及时制止其犯罪活动，因此李某和王某继续并扩大了非法经济活动，加重了犯罪情节，应当受到更严重的刑罚；最后，胡某、郑某身为国家机关工作人员，知法执法犯法，没有对犯罪行为处以应有的惩罚。相反，为了一己之私利，对犯罪行为视而不见，只是象征性地进行行政处罚，没有起到打击犯罪，制止犯罪，保护被害人的作用，不利于维护良好的市场经济秩序。最终以徇私舞弊罪被起诉。

这里所说的执行并不是传统意义上的执行程序，而是既包括传统意义上的执行，即判决、裁定等执行，也包括在行刑转化案件的过程中，执法机关具体要进行的程序，即行政机关对法律规定的应该移送公安机关处理的案件执行移送程序。目前，我国行政与刑事案件转化不顺畅，不仅有体制以及执法人员认识上的不足，还包括在执行过程中没有建立良好有效顺畅的转化机制，从而导致转化程序出现问题，降低了转化案件的办案效率及破案率等。

---

① 2006年，天津华夏神龙科贸发展有限公司涉嫌非法传销，胡某（天津市行政管理局某分局公平交易科科长）带领郑某（该科科员）等人负责对涉嫌非法传销问题进行现场检查。当场扣押财务报表及宣传资料，并询问了公司法定代表人李某，李某承认其公司营业额为114万余元。后由郑某具体负责办理此案。最终胡某和郑某在案件调查终结报告及处罚决定书中认定神龙公司的行为属于非法传销，却隐瞒该案涉及经营数额巨大的事实，为牟取小集体罚款提成的利益，提出行政罚款的处罚意见。后胡某在局长办公会上汇报该案时，隐瞒涉及金额巨大的事实。最终，对当事人作出“责令停止违法行为，罚款50万元”的行政处罚。李某分数次将50万元罚款交给工商分局。胡某和郑某所在的公平交易科因此案得到2.5万元罚款提成。李某在缴纳工商罚款期间又成立三家分公司，继续进行变相传销活动，造成被害人华某等人经济损失共40万余元人民币。公安机关接到举报后查明李某进行传销活动非法经营数额共计2277万余元人民币，而工商局查处时为1600万余元人民币。该区人民检察院在起诉被告人李某、王某非法经营案中发现胡某、郑某涉嫌徇私舞弊不移交被告人李某、王某非法经营刑事案件的犯罪事实。2010年，人民检察院以胡某、郑某因涉嫌徇私舞弊不移交刑事案件罪向人民法院提起公诉。最高人民检察院公布第二批指导性案例［N］．《检察日报》，2012（11）。

4.2.3 体制监督机制不完善

在我国具有行政执法主体资格的行政机关有很多，如城管、规划、税务、工商、卫生、药监等，但并不是所有的行政执法机关都能与刑事司法机关保持良好的衔接。在实践中，一些行政执法机关对于大量应移送的涉罪案件只作为一般的行政违法案件而给予行政处罚结案，以罚款代替刑事法律制裁，造成大量犯罪案件被当作行政违法案件。甚至可能出现行政执法机关和公安机关协商不进行移送的现象，这是由于行政执法机关和公安机关都行使国家行政权，权力的同属性决定了利益的共生性，导致两者在共生利益的驱使下，共同消解涉罪案件。

我国《宪法》第129条明确规定，检察机关是国家的法律监督机关，检察机关对行政执法的监督是检察机关行使法律监督权应有之义，是行政法治的应有之义。但是，现实中检察机关在国家权力体系中的设置与其在实践中的实际状况不相符。目前，检察机关的管理体制为双重领导，导致检察机关在人、财、事等方面难免受制于地方政府、受制于行政权，不能真正独立地发挥监督作用。此外，由于检察机关对行政机关执法过程的监督缺乏直接的法律依据，对行政机关的执法不敢监督或不想监督，监督重形式轻实效，导致了行政权的肆意膨胀和迅速蔓延，检察机关对行政执法机关的监督失去作用。

检察机关作为“两法”衔接机制中监督机制的主要力量，从法律监督手段上、发现问题能力上都存在不足。其一，法律规定了检察机关是国家的法律监督机关，赋予检察机关法律监督的权力，但是事实上，检察机关对行政执法的监督手段十分有限，没有特定的制度或惯例给予检察机关以权力进行介入行政执法或者查阅相关信息；其二，由于信息来源渠道闭塞，对行政执法机关是否移送案件无从知晓。法律对检察机关的监督权如何行使没有明确规定，只强调协调配合，而没有有效的制约手段。实际工作中也只限于事后的书面审查。而行政执法机关提供给检察机关的侦查监督部门的材料往往较少，只提供其认为可以提供的材料，检察机关看不到材料的全部。等到检察机关收到行政机关移送的案件线索或材料时，往往已经过了一段时间，很多案件已经丧失了最佳的取证时机，而此时的监督显得相当无力，结果不利于对经济犯罪的有效遏制和有力打击。

我国宪法明确规定人民检察院是我国的法律监督机关，包含对行政执法的监督。在法律层面的法律监督的依据不足，“目前我国检察机关的法律监督权主要体现在刑事、民事、行政三大诉讼领域，而且缺乏具体、可操作性的规定，仅仅是抽象性、原则性的规定，对于行政执法过程的监督仍是空白，而且检察机关对行政执法活动的监督难以找到明确的法律依据”①。

另外，行政与刑事案件的法律依据主要是行政法规和最高人民检察院自行颁布或与有关部门会签的规范性文件，规范效力低、刚性不足、可操作性差，制约了检察机关对行政执法活动的监督。

我国行政机关和公安机关是相互平行的两个国家机关，二者没有领导与被领导的关系，也没有监督与被监督的关系。就目前来看，我国行政与刑事案件转化工作虽然取得一定的效果，同时也存在着一些可以避免的问题，如相互转化不够顺畅，缺乏统一的协调机制等。如果建立完善的行政与刑事案件互转制度，规范公权力，很好地解决转化不顺畅、道路不畅通、不同机关间的工作不协调这些问题，那么就会使案件的解决更为快捷、高效、准确。所以，行政与刑事案件能够顺利相互转化，需要靠国家建立健全的转化制度予以规范。

在国家没有健全案件转化机制的情况下，作为执法机关的行政机关和公安机关，为了尽快解决案件，提高司法效率，需要在办案的过程中主动建立联系，建立信息共享机制、工作协调机制。

但是，目前执法机关相互间的联系不是很密切，为案件转化工作的解决带来了阻碍。检察监督缺乏信息来源，无法真正介入监督。有些行政执法机关对涉嫌犯罪案件的移送不主动、不及时、消极应付，信息共享平台、案情通报制度等尚未全面推行，行政执法机关与司法机关的信息沟通渠道不顺畅，案件信息得不到有效传递，无从得知行政执法机关和公安机关的办案情况，对于应移未移的案件底数不清、情况不明。

4.2.4 转化的证据标准各异

行政机关的执法依据是行政法，惩治对象是行政违法行为。对于行政违法行为的定性较为宽松、灵活，对证据证明力的要求没有刑事诉讼中证据证明力要求严格，对于案件的认识、判断与刑事法律规范的标准存在一定差距。

行政执法机关调查取证困难重重。由于我国法律没有赋予行政机关侦查权，因此，行政机关调查取证的配套设备没有专业的侦查机关完备。“在这种情况下，针对制售假冒伪劣商品、侵犯知识产权等比较专业、复杂的案件，行政执法机关在调查取证的过程中往往需要消耗巨大的人力、物力、财力和较长时间。如遇到生产销售有毒有害食品罪，需要专业的检测鉴定食品中是否含有

---

① 陈文茜．行政执法与刑事司法的衔接机制研究［D］．北京：中国政法大学研究生院，2007。

有毒有害物质以及含量所占比例，鉴定费用高且时间长"①，加上调查措施、手段有限，行政执法机关的执法能力明显不足。这都为行政执法机关的调查取证增设了重重障碍。

根据目前行政与刑事案件机制的规定，"行政执法机关在移送案件之前，根据违法行为的情节、后果、涉及金额等因素，已经可以确定其涉嫌构成犯罪、需要追究刑事责任，这种要求对于负责行政执法活动的行政机关来说过于严苛。实践中，司法机关对行政机关向自己移送的案件，如果认为其没有充分的证据予以证明，一般都会拒收。这实质上就是变相要求行政执法机关充当侦查机关的角色，这种高要求对于行政机关来说几乎无法达到，也使得转化工作无法正常进行"②。

另外，行政执法与刑事司法存在着证据不转化问题。首先，证据转化缺乏法律支撑。2012 年修订的《刑事诉讼法》第 52 条第 2 款规定："行政机关在行政执法和查办案件过程中收集的物证、书证、视听资料、电子数据等证据材料，在刑事诉讼中可以作为证据使用。"但是，目前法律法规对于行政执法证据转化为刑事诉讼证据的具体条件和程序并没有明确规定，以致现实中行政与刑事案件转化仍比较困难。其次，行政与刑事案件的证据要求和证据标准不一致。行政机关在查处行政违法行为的过程中，对证据的要求不甚严密，获取证据的手段、措施有限，难以收集足够的证据；而公安机关对证据的证明标准要求严格，取证方式、过程都必须合法、规范。所以，在实际情况中，公安机关往往以证据不符合法律规范为由拒绝接收行政机关移送的涉嫌犯罪案件，导致部分案件无法移送。这就挫伤了行政机关移送案件的积极性，宁肯采取行政处理的方式去结案，以罚代刑，从而放纵了犯罪。

4.2.5 公安机关的职能重叠

公安机关兼有治安行政机关和刑事侦查机关的双重身份，所以同时享有行政执法和刑事侦查的双重职权，可以在两种身份之间来回转换。公安机关承担众多行政执法职能，管辖范围广、案件多，而警力有限。对于行政执法机关移送的制售假冒伪劣商品、侵犯知识产权等涉嫌犯罪案件，由于其专业性、复杂性特点，公安机关在查证、取证工作中存在相当大的难度。加之行政执法机关

---

① 伍青萍．"两法"衔接机制的总体构想与实践——以广东省"三打两建"中的探索与实践为例［J］．行政与法，2013（04）。

② 伍青萍．"两法"衔接机制的总体构想与实践——以广东省"三打两建"中的探索与实践为例［J］．行政与法，2013（04）

认定案件事实的标准与刑事司法机关认定犯罪成立的标准存在一定差距，行政执法机关收集证据不足的案件则需要公安机关重新侦查取证，增加公安机关的工作量。

4.2.6　两种机关转化协作差

由于部分刑事司法机关受理行政执法案件态度不是很积极，行政执法机关应当移送的涉嫌犯罪案件而不愿意移送或者移送瑕疵。部分行政执法机关与刑事司法机关或公职人员衔接意识及职业化意识淡漠，衔接知识水平不高。从心态上、技术上都难以达到践行“两法”衔接要求的条件。

此外，案件的侦破需要在第一时间掌握第一手资料，移送案件的时间距离案发较长，侦查部门在针对移送案件的调查上，可能会碍于侦查难的特点而怠于执行侦查，从而不予立案。

在司法实践中，刑事案件与行政案件办案部门双方缺乏沟通，导致转化工作不能有效运行。只有在行政执法机关将案件移送给公安机关时，公安机关和行政机关才会有比较多的沟通和交接，但行政机关在移送案件前的一系列执法活动，公安机关没有介入了解，双方也没有过多沟通。对于可移送可不移送的案件全由行政机关一方决定，容易出现对行政违法行为漏处的情况。

双方缺乏有效的合作运行机制。行政与刑事案件的转化本来就是两个机关之间相互合作、互相配合才能完成的执法活动，但由于目前缺乏有效的合作运行机制，在不同地区、不同级别的两机关案件转化过程会出现不一样的情况，会导致转化工作的混乱。

4.2.7　行政机关缺乏主动性

一些行政机关在执法过程中发现涉嫌犯罪案件，并不积极主动地移送至刑事司法机关，而是以罚代刑。这一问题，有行政机关及其工作人员意识方面的原因，也受行政执法体制的影响。

4.2.7.1　个别行政机关顾忌部门利益

个别行政机关的福利可能与行政处罚、行政征收直接挂钩，如果将案件移送，必然导致经济利益的损失。同时，一些行政执法机关与工作人员可能与犯罪嫌疑人之间存在钱权交易、个人私交等，往往愿意“以罚代刑”“息事宁人”，而不愿将涉嫌犯罪案件移送至司法机关进行处理。所以，以上情况严重的可构成徇私舞弊罪。

某县工商所在对某一民宅查获包装加工假冒“农达 R”除草剂的地下工厂时发现当事人王某已销售“农达 R”除草剂 480 箱，所得销售款 12.48 万元。案发后王某委托熟人多次向该案承办人员毛某等人送礼、请客、说情，要求对违法行为从轻处罚。毛某等办案人员考虑到本单位的实际利益及王某的请客送礼，经所里讨论决定对王某造假一案进行行政处罚。后来王某因继续制造、销售假“农达R”除草剂被某市工商所查获。毛某也因此事败露。公安机关认为毛某身为执法人员，徇私舞弊，对依法应当移交司法机关追究责任的案件不移交，情节严重，其行为已构成徇私舞弊不移交刑事案件罪，进行立案侦查。

4.2.7.2　个别行政机关对转化意识不强

一些行政执法机关认为其主要任务是查处行政违法行为，处理违法行为的案件，而打击破坏社会主义市场经济秩序的犯罪和妨碍社会管理秩序的犯罪则是司法机关的事。对于案件之间的关联、转化以及移送意识不强，因而制约了行政与刑事案件工作的开展。

4.2.7.3　行政执法体制的局限性

“我国目前行政执法体制呈现条块而分割状，各行政执法部门一般是各司其职，相互之间缺乏及时、有效的沟通，而查处食品安全违法犯罪等破坏社会主义市场经济秩序的行为往往涉及多个部门。”①

在部门之间沟通和配合较少的情况下，案件长期得不到有效处理，更无法被移送至司法机关。另外，现行财政体制对行政执法活动的财力保障不足，影响了执法人员移送涉嫌犯罪案件的积极性。

4.2.8　执法人员职业素养不高

一些办案人员守法意识不强、法律素养不高。部分行政执法机关对“两法”衔接这项工作的重视程度不够。虽然该项工作已经开展长达八年之久，但由于文件规定的内容大多是原则性、倡导性或建议性的，没有具体、刚性的规定和法律约束力；加之各自处在不同的领域，没有制约关系；有的单位至今未将该项工作列入日常考核的范围。在主观上也缺乏将涉嫌刑事犯罪案件移送司法机关处理的意识，或者因为担心移送的案件不成案而影响了工作绩效。执法过程中往往简单操作，对违法行为未作深层次的分析，偏重于行政处罚，一罚了之。

“一些行政机关工作人员对于案件移送的程序、方法和法律后果、案件移

---

① 伍青萍．“两法”衔接机制的总体构想与实践——以广东省“三打两建”中的探索与实践为例［J］．行政与法，2013（04）。

送的重要性缺乏应有的认知，认为‘多一事不如少一事，消极不作为’”①，导致一些构成犯罪本应移送的案件因人为因素而不能移送。行政执法机关查处的一些违法行为，可能与地方政府的形象、政府业绩相关联，所以，一些行政执法机关宁可采取行政处理、内部结案的方式，也不愿意移送司法机关处置。

法律和行政法规关于行政与刑事案件转化问题上的许多规定比较模糊，赋予了执法人员较多的自由裁量权。在自由裁量的过程中，如果执法人员专业素养不高，责任心不强，直接省略某些程序，也是案件转化制度中执行情况不乐观的一种原因。

例如，最高人民检察院《人民检察院办理行政执法机关移送涉嫌犯罪案件的规定》第 12 条、第 13 条②都使用了“可以提出检察意见”的表述，表明检察机关可以提出也可以不提出检察意见；在这种情况下，如果执法人员责任心不强而没有主动请求检察机关提出检察意见，那么至少在行政案件和刑事案件转化过程中检察机关的检察监督权没有得到落实。

4.2.9 制约、救济机制不足

行政机关在行政执法中查获行政违法人并取得证据，再移送至刑事司法机关，这个过程耗费大量的行政资源。而如果完成移送，对本案的最终认定只会是以刑事司法裁判处理的案件。有时，行政机关可能连罚没款也要随案移送，行政执法数量和行政处罚所得将或多或少对部门利益产生影响，尤其是在行政罚没较为丰盈的经济行政执法部门等，与行政执法和刑事司法相衔接密切相关的行政部门，行政执法中甚至强调效率“办事”的能力，在这种行政背景和行政意识下，一些行政机关宁可对涉嫌行政犯罪的案件做行政化处理，即行政处罚，也不愿依法让其进入刑事司法程序，从而尽力规避涉嫌行政犯罪的案件转为以刑事司法途径救济的结果。

上述现象的出现，表明“两法”衔接机制对于行政执法机关在应当移送条件下按规定移送的保障性不足，缺乏对相关行政执法权的有效制约，甚至缺乏一定的奖惩机制。《行政处罚法》第 61 条规定：行政机关为牟取本单位私

① 黎群．行政执法与刑事司法的衔接［J］．长春工业大学学报（社会科学版），2014（26）。

② 第 12 条规定，各级人民检察院对行政机关不移送涉嫌犯罪案件，可以提出检察意见。第 13 条规定，各级人民检察院对于公安机关不接受行政执法机关移送的涉嫌犯罪案件，或者逾期不作出立案或者不予立案决定，在检察机关依法实施立案监督后，仍不接受或者不作出决定的，可以向公安机关提出检察意见。

利，对应当依法移交司法机关追究刑事责任的不移交，以行政处罚代替刑罚，由上级行政机关或者有关部门责令纠正；拒不纠正的，对直接负责的主管人员给予行政处分；徇私舞弊、包庇纵容违法行为的，依照刑法有关规定追究刑事责任。《行政执法机关移送涉嫌犯罪案件的规定》第 15 条也有相应规定：行政执法机关违反本规定，隐匿、私分、销毁涉案物品的，由本级或者上级人民政府，或者实行垂直管理的上级行政执法机关，对其正职负责人根据情节轻重，给予降级以上的行政处分，构成犯罪的，依法追究刑事责任。以上规定的不足体现在《行政处罚法》《行政执法机关移送涉嫌犯罪案件的规定》中对于相应的环节只是通过“上级行政机关或有关部门责令纠正”，而当正义的决定权出现在上下级之间，在部门利益面前这种对正义的期待显然非常之渺茫。

5　行政与刑事案件转化证据辨析

5.1　行政与刑事案件证据之间的区别与联系

5.1.1　行政与刑事案件证据之间的区别

5.1.1.1　收集和调取证据的主体不同

行政证据是指行政执法机关依法定程序，收集和调取用来证明行政法律事实的相关材料。目前，我国的行政执法机关主要包括工商、税务、卫生、环保、质监和金融监管等部门，这些主体在执法过程中所收集和调取的证据就是行政证据。

刑事证据的收集和调取，则是在法律的明确规定下，由享有刑事侦查权的机关进行。根据法律规定，我国享有刑事侦查权的主体是公安机关、人民检察院、人民法院三个刑事司法机关。这三个机关的工作人员有权收集和调取刑事证据。行政机关和刑事司法机关的职能权限不同，采取的取证行为性质也不同。

5.1.1.2　收集和调取证据的程序不同

行政执法活动更注重效率性。行政处理决定往往是由行政执法机关当场作出，即使不是当场作出行政决定，也会在法律规定的一个较短的时日内作出。而刑事证据的收集程序比行政证据的收集程序更为烦琐、严格。

在刑事案件中，对有罪的人要做到事实清楚、证据确凿，方能追究其刑事责任，也要兼顾无罪的人不被错误地入罪。因而，对于刑事证据的收集和调取必须遵守更为严格的程序。

5.1.1.3　对收集的证据审查方法不同

对于行政证据而言，行政机关既是收集主体，也是审查证据真实性、合法性的主体，其与相对人之间逐步体现出一种不对称，即缺乏对等层面的抗辩机制，以及相应层面上的公开透明度，因此对行政证据的审查难以保证客观、透明和公正。

所有的刑事证据都必须在法庭上出示，并由当事人进行当庭质证，才能作为认定案件的依据。刑事证据的审查主体是非收集证据的一方，即由法庭进行审查和认定。所以，刑事证据的审查更为合法、公平和公正。

5.1.1.4　行政与刑事案件证明对象不同

行政机关收集和调取证据主要是为了确认行为人的违法行为是否客观存在，是为证明行为人违反了相关行政法律法规，从而需要承担一定的行政责任，侧重于对客观违法行为及所产生后果的考察。

刑事司法机关收集和调取证据的目的是为了证明行为人有犯罪事实。此犯罪事实的构成包括客观行为、犯罪动机、意图和社会危害性等内容。

5.1.1.5　行政与刑事案件证明标准不同

《行政处罚法》中明确行政证据的证明标准为“违法事实确凿并有法定依据”。

《刑事诉讼法》规定刑事诉讼的证明标准为“案件事实清楚，证据确实充分”。《刑事诉讼法》中还规定刑事证据要达到“对所认定事实已排除合理怀疑”的标准①。

从法律对行政证据和刑事证据的证明程度来看，前者更强调法律真实，后者侧重于案件体现出的客观事实方面。相比较刑事诉讼证据而言，行政证据的证明标准远远达不到刑事证据的证明要求。因此，行政证据与刑事证据之间的互相转化并不能“一刀切”，必须区分具体情况，采取不同的适用程序，或直接适用、或经过形式审核、或重新提取。

---

① 宋维彬．行政证据与刑事证据衔接机制研究——以新《刑事诉讼法》第52条第2款为分析重点［J］．时代法学，2014（06）。

5.1.2 行政与刑事案件证据之间的联系

5.1.2.1 违法竞合情况下证据具有双重性

行政机关在行政管理的过程中，对于违法竞合的情况，在于行政相对人不仅违反行政法规的规定，也同样违反相关刑事法律的规定，需要追究相应刑事责任，所以，应当对已有的证据进行评判。

行政执法机关针对刑事案件，应根据证据查证是否需要移送并作出如下考量：一是判断现有证据是否足以认定行政相对人构成行政违法；二是判断依据一定的证据，行政相对人是否构成犯罪而且需要追究刑事责任，即是否达到移送刑事司法机关的立案条件。“对于行政执法机关而言，其行政执法中的证明标准从一般意义上要低于刑事司法中的证明标准。”①

在很多情况下，公安机关在行政处罚过程中所取得的证据，也可以被采用并成为其他刑事案件的立案前提条件。例如，在处理卖淫嫖娼行政案件后，所得到的证据在很多情形下成为介绍、引诱、强迫、组织、容留、卖淫罪等犯罪行为所认定的基本证据；还有的案件在被查明存在涉嫌犯罪行为的同时符合违法行为条件，这时不仅应追究其刑事责任，同时应追究其行政责任，产生行政与刑事案件竞合情形。

对于这些情况，公安机关能否把行政执法机关收集的行政证据直接作为刑事证据来使用，争议一直很大。有的学者提出观点认为，“公安行政处罚的证据材料不具有刑事诉讼证据能力，不能作为刑事诉讼证据在法庭上质证”；还有的学者提出观点认为，“公安行政处罚的证据只需经过一定的转化程序就可以变成刑事诉讼证据”②。

因此，可以对公安机关处理行政处罚案件中收集的证据采取选择性地使用。对鉴定意见、检验报告等专业性不可重复获取的实物证据，只需要对其进行合法性、真实性审查，侦查机关即可直接使用③；对于调查笔录、询问笔录等言词证据来讲，收集的证据易受不同取证人主观因素的影响而出现不同，具

---

① 孙康．行政证据与刑事证据的衔接与转化［J］．学习论坛，2012（03）。

② 谭畅．论公安机关行政证据与刑事证据的转化衔接［D］．长沙：湖南师范大学法学院，2011。

③ 《最高人民法院关于适用〈中华人民共和国刑事诉讼法〉的解释》第65条第1款规定，行政机关在行政执法和查办案件过程中收集的物证、书证、视听资料、电子数据等证据材料，在刑事诉讼中可以作为证据使用；经法庭查证属实，且收集程序符合有关法律、行政法规规定的，可以作为定案的根据。

有较大的不确定性、随意性，所以只能由侦查机关重新调取。

5.1.2.2 刑事案件转为行政案件证据直接使用

刑事案件无论是在收集证据的程序要求上，还是在对案件事实证明标准上，都要高于行政案件。因此，当刑事案件不成立，但是仍然需要对违法行为人追究法律责任时，刑事案件中的证据就作为行政案件处理的根据，而无须再另行收集证据。

5.1.3 行政违法行为与刑事犯罪行为的共通性

行政违法行为和刑事犯罪行为既有共通性，也有不同之处。二者的共通性主要表现在以下几点：第一，不管是行政违法行为还是刑事犯罪行为，都触犯了相关法律法规；第二，不管是行政违法行为还是刑事犯罪行为，都会给社会带来不同程度的危害；第三，不管是行政违法行为还是刑事犯罪行为，都会受到法律的惩处。行政违法行为和刑事犯罪行为之间没有不可逾越的鸿沟，行政违法行为可能演化成刑事犯罪行为。

5.2 行政与刑事证据能够转化的依据与理由

2012 年《刑事诉讼法》第 52 条增加的第 2 款，标志着行政执法证据与刑事司法证据衔接制度在我国正式确立。而在 2012 年《刑事诉讼法》修订之前，行政执法证据与刑事司法证据衔接还一直只是刑事司法实践中的一种尝试。因此，对该条款具体规定的正确理解，是讨论行政执法证据与刑事司法证据衔接方式的必要前提和基础。《刑事诉讼法》第 52 条第 2 款规定："行政机关在行政执法和查办案件过程中收集的物证、书证、视听资料、电子数据等证据材料，在刑事诉讼中可以作为证据使用。"针对这一法律条款，不同的学者作出了不同的解读，并在以下很多方面产生了热烈的讨论，主要包括：(1) 侦查主体扩展的外延；(2) 可供衔接证据的种类；(3) 证据衔接的法律地位等。

5.2.1 2012 年《刑事诉讼法》第 52 条第 2 款的规定

刑事证据与行政证据的转化及适用通过《刑事诉讼法》第 52 条第 2 款这一条款得以确定。该条款强化了两种程序相互转化的制度，避免重复取证，有利于节约司法资源，提升司法效能。这是我国法律首次明确赋予行政证据以刑事证据资格，从而成为行政证据向刑事证据转化的法律依据。

5.2.1.1 明确了行政证据的刑事证据能力

根据《刑事诉讼法》第52条第2款的规定，作为刑事办案机关，根据案件情况有权直接将行政证据直接转化为刑事证据，没有任何附加条件。

这一条款的规定，从法律上明确了在行政执法过程中，行政机关收集的部分证据可以直接作为刑事证据在刑事诉讼中运用。这实际上是赋予了行政证据等同于刑事证据的证明力。

《刑事诉讼法》这一规定解决了行政证据在刑事诉讼中的运用问题。刑事证据和行政证据虽存在差异性，但其最本质的属性并无不同。这一规定赋予行政证据以刑事证据资格，可以将行政证据视同刑事证据。

5.2.1.2 客观上提高了行政证据的证明标准

我国刑事证据的证明标准为“案件事实清楚，证据确实、充分”。具体来说，就是要求实体上达到案件事实清楚，程序上达到证据确实、充分。根据《刑事诉讼法》第52条第2款的规定，认可行政证据可以作为刑事证据使用，而行政机关在收集证据的过程中，程序上会存在某种瑕疵，且收集到的证据在行政诉讼中的证明标准低于刑事诉讼中的证明标准。

在我国的传统证据理论以及现行的刑事诉讼法中，刑事证明是严格的标准，即“事实清楚，证据确实、充分”。在行政证据转化为刑事证据后，应客观上提高行政证据在刑事证据中适用的证明标准，必须严格按照“案件事实清楚，证据确实、充分”这一准则，依此来规范行政证据在刑事司法中的适用，维护实体和程序上的正义。

在行政执法机关查处违法行为的过程中，其收集的行政证据证明力较低，如言词证据具有较强的主观性，易变性较大。而在行政证据转化为刑事证据后，通过刑事证明标准的衡量，进而提高行政证据的证明力。

5.2.1.3 促进行政机关提高收集证据的积极性

行政执法机关在行政执法过程中往往不注重对证据的收集，而在行政诉讼中，多数情况是行政机关需提供证据证明自身行政行为的合理性和合法性。《刑事诉讼法》（2012年）第52条第2款的规定，使得行政执法机关在查处违法行为的过程中，提高自身收集证据的积极性，同时会更加注重对于证据的保存，使行政执法机关认识到其行为对于整个证据转化的重要性。

5.2.1.4 合理配置司法资源节省司法成本

规范和节约诉讼资源的投入是司法体制改革的重要目标之一。“从法经济学方面来说，一个理性人可以使有限度的法律资源在一定程度上发挥出本身最大的价值和效用，降低诉讼成本一直是司法诉讼机制及其相关程序设置不倦追求的目标。”① 贝里斯指出：“经济效率问题是我们在对法律程序进行评价时所要考虑的一项重要因素。”②

《刑事诉讼法》第52条第2款的规定，在一定程度上合理地配置了司法资源，降低了司法成本，避免了收集证据的重复工作和资源浪费。

5.2.2 证据的本质属性决定了刑事行政证据转化的可行性

关于证据的本质，不同的学者从不同的角度进行了探讨，因此形成了很多种学说。有的学者认为，证据是与案件有关的一切事实。有的学者认为，“证据由内容和形式共同构成”，因此“所有证据都是事实和证明手段的证明体”。还有的学者认为，证据是与案件事实相关的信息，用于证明所主张事实存在的可能性。与以上的学说观点均不同，我国2012年《刑事诉讼法》第48条第1款则规定：“可以用于证明案件事实的材料，都是证据。”

行政执法证据是指行政执法机关及其工作人员在执法过程中固定、提取、收集的事实材料，用以证明行政相对人从事违反行政法律法规、规章的行为，进而作为作出行政裁决的根据。其与我国刑事司法证据的本质是相同的，也即都是能够用来证明案件事实的材料。在这里，需要澄清一组概念：证据与证据材料。所谓证据材料，又叫证据资料，是指与案件事实具有关联性的事实材料；而所谓证据，是指在查证属实的基础上，最终作为认定案件事实根据的事实材料。但是，无论是在理论界还是在学术界，对于这组概念并不严格进行区分，而是经常进行混合式的应用。在文章此处所使用的“证据”一词，并未进行严格的区分，因为无论是证据还是证据资料，在本质上都是与案件事实具有内在关联性的事实资料。

行政执法证据与刑事司法证据的同质性还体现在证据的特征上。从根本上

---

① 潘丽．论行政证据材料在刑事诉讼中的运用［D］．杭州：浙江工商大学法学院，2013。

② 左卫民，周长军．刑事诉讼的理念［M］．北京：法律出版社，1999：154。

来说，两种证据都具备证据的“三性”——关联性[①]、真实性[②]、合法性[③]。无论是行政证据，还是刑事证据，都具有上述的关联性、真实性及合法性，此为两者最本质的共同点。在行政执法和刑事司法活动中，虽然对于证据收集、采用的标准要求并不完全一致，但是这两种程序中的证据所具有的特征却是相同的，即证据的客观性、关联性和合法性等。

首先，所谓证据的关联性，又称证据的相关性，是指证据事实与案件事实存在客观上的内在联系性，从而能起到证明的作用。在行政执法过程中，行政机关及其工作人员所收集的证据，都是围绕行为人的违法事实进行的，因此这些证据与行为人的违法事实均具有内在的关联性；而在刑事司法程序中，侦查机关及其工作人员所收集的证据，是围绕行为人的犯罪事实而展开的，因此这些证据与行为人的犯罪事实均具有内在的关联性。而在行政、刑事交叉的案件中，行为人同一违法行为同时触犯了行政法律和刑事法律，因此，行政机关在行政执法过程中所收集的证据与行为人犯罪事实具有极大的内在关联性。

其次，所谓证据的合法性，又称证据的法律属性，“是指证据的形式和证据的收集、运用必须符合法律的规定”。无论是行政执法证据，还是刑事司法证据，其制作主体、收集程序以及运用途径都有相应的法律规定。因此，这两种证据只要是按照法律规定被收集、固定下来的，就具有证据的合法性特征。

最后，所谓证据的客观性，又称证据的真实性或者可靠性，是证据的本质属性，任何证据只有在查证属实的基础上，才能作为认定案件事实的依据。反之，则不能作为案件事实的认定依据。无论是作为行政裁量的根据，还是作为刑事司法裁判的根据，证据都必须具有客观性这一特征。只有证据具有了客观

---

① 证据关联性是指证据与待证事实必须密切相关，具备证明待证事实的属性。关联性证据包括定罪证据和免罪证据两种。定罪证据与事实之间是内在的直接的关系，而免罪证据与事实之间则是外在的间接的关系。例如，死刑案证明标准更严格，要求“排除一切合理怀疑”。(1) 先前类型行为（如“前科行为”）不得作为定罪证据，但可以作为量刑证据。(2) 品行证据不得作为定罪证据，但可以作为量刑证据。(3) 表情证据既不得作为定罪证据，也不得作为量刑证据。

② 证据真实性，即证据所表达的事实或内容是真实的，不是臆想或虚构的。(1) 利害关系规则。如果证据与结果或当事人存在利害关系，通常会影响到言词的真实性。(2) 生活逻辑规则。若言词证据存在因果时序逻辑错误，则内容真实性存在疑问。(3) 相互印证法则。若证据之间内容吻合、细节一致，则称能够相互印证，其真实性显著增强。如传来证据最好由原始证据来印证。(4) 仅就言词证据而言，距发案时间越近，其真实性越强。

③ 证据合法性侧重于形式，主要解决证据资格也就是证明能力的问题。(1) 证据形式应当符合诉讼法的法定分类。(2) 取证主体要适格，取证方法和程序要合法。

性，其才能如实地反映已经发生的案件事实，也才能保证行政裁决和司法判决的正当性。

此外，两种证据的种类相似。我国《刑事诉讼法》第 48 条第 2 款、第 3 款规定，证据包括：物证；书证；证人证言；被害人陈述；犯罪嫌疑人、被告人供述和辩解；鉴定意见；勘验、检查、辨认、侦查实验等笔录；视听资料、电子数据。证据必须经过查证属实，才能作为定案的根据。由此可见，我国刑事司法证据共包括以上八种证据形式或者叫证据种类。而行政执法证据包括物证、书证、证人证言、鉴定意见、视听资料、当事人陈述和现场笔录等。其中，两种证据在物证、书证、证人证言、鉴定意见和视听资料等种类上是相同的，所以不存在衔接证据形态的问题。

而行政执法程序中的当事人陈述、勘验笔录和现场笔录等证据形态，也可以和刑事司法程序中的被害人陈述，犯罪嫌疑人、被告人供述和辩解及勘验检查笔录、辨认笔录等证据形态相对应。也就是说，行政执法证据和刑事司法证据在证据种类上是非常相似的。由于在证据本质、属性上相同，又在证据的种类上相似，行政执法证据和刑事司法证据可以说是具有极大的同质性，该同质性与行政违法行为和刑事犯罪行为一道，为行政执法证据与刑事司法证据之间的衔接，奠定了坚实的理论基础。

5.2.3 行政与刑事证据的定义以及证明作用较为相近

刑事证据和行政证据都是用来证明案件事实的材料，都是为了证明案件的真实情况。而且，从种类上来说，刑事证据和行政证据基本相同。行政执法机关在收集证据时，主要有调查笔录；物证及书证；当事人供述和辩解；证人证言；证人和当事人亲笔书写的材料；视听资料；行政执法机关经法定机关鉴定后出具的鉴定意见等。

《刑事诉讼法》中规定的证据种类有：物证、书证；被害人陈述，证人证言，犯罪嫌疑人、被告人供述和辩解；鉴定意见；勘验、检查、辨认、侦查实验等笔录；视听资料、电子数据。通过比较我们可以发现，行政证据与刑事证据的种类基本上相同或相近。

行政执法机关在行政处罚中收集的证据与刑事诉讼程序中司法机关在侦查程序中获得的证据相比，只是行政执法机关收集的证据材料与刑事证据的法律依据不同，并没有本质上的差异。

刑事证据在考量合法性依据时，不仅要符合《刑事诉讼法》的规定，也要符合国家其他行政法律及法规。公民可以向司法机关提供证据材料，行政执法机关同时也可向刑事司法机关提供相应的证据材料。①

所以，行政证据在转化过程中，并不会改变其作为证据的本质属性，转化后的行政证据才能符合刑事证据的形式和内容要求，从而保障证据转化的顺利实现。

5.2.4　刑事证据与行政证据之间转化过程是求同存异

刑事证据与行政证据之间的转化实际上是求同存异的过程。两者之间有共同特点，即合法性、关联性、真实性三个方面，这是保证证据转化的最基本条件。同时，我们所说的证据转化，“要在不同具体情况下具体分析，不能一概而论，并不是所有的行政证据都要转化成为刑事证据，要在已有的条件下进行转化，并根据证据自身的特点，对符合刑事程序要求的进行转化，不符合要求的进行排除”②。

《刑事诉讼法》第 52 条第 2 款的规定表明，行政证据转化为刑事证据，主要还是客观证据的转化，并没有列举主观证据。因为主观证据的不定性，决定了在刑事证据中与在行政证据的不一致性。这些客观证据在行政案件中和在刑事案件中，其客观性不会发生变化。同时，也是因为这些证据如果不予转化的话，存在无法再重新收集的可能性。而主观证据，在通常情况下可以重复收集。这是刑事诉讼法规定证据转化根本原因所在。

即使是“物证、书证、视听资料、电子数据等证据材料”，也不是必须要在刑事诉讼中使用，刑事诉讼法赋予了办案机关是否使用行政证据的决定权。办案机关在决定行政证据是否在刑事诉讼中使用的过程，就是对行政证据的筛选过程③。

5.3　行政与刑事证据转化存在的问题

5.3.1　案件移送后重新取证时机丧失

行政机关是最先接触相关违法事实的机关，往往也能最先发现一些重要证

① 孙伟．行政执法证据刑事司法化的现实性浅析［J］．山西省政法管理干部学院学报，2013（26）。

② 谭畅．论公安机关行政证据与刑事证据的转化衔接［D］．长沙：湖南师范大学法学院，2011。

③ 谭畅．论公安机关行政证据与刑事证据的转化衔接［D］．长沙：湖南师范大学法学院，2011。

据，能够对犯罪事实进行定性且确定其可能涉及刑事犯罪。行政执法机关进行移送涉嫌犯罪案件时，会随案移送一些证据材料，如果可以在刑事诉讼中直接使用，将会节约司法资源。同一般刑事案件比较，行政执法机关将案件移送至刑事司法机关所经历的周期较长，且程序较为复杂，一些证据可能会在移送期间消失。公安司法机关在接受移送案件之后，若重新取证，就有可能会错失取证的黄金时机。

5.3.2 行政证据不符合刑事证据要求

司法实践中，公检法机关对行政机关收集的证据要求很高，同时，由于在转化移送案件过程中证据方面存在瑕疵被反复退回，使得行政机关自身工作效率降低，也将降低行政机关对案件移送的积极性。

首先，在证据收集程序方面，“刑事诉讼证据与行政执法证据的收集程序相比较为严格，行政证据的收集程序包括询问方式、询问地点、询问程序的规定都不如刑事诉讼证据的收集程序严格”①。“一是没有明确要求询问地点。行政执法中，一般并没有对询问地点进行规定；在刑事司法机关调查阶段，调查人员询问的地点应该在证人的住所，也可以是学习地点或工作单位；在必要的时候，也可以要求证人到指定的司法机关。二是询问随意性大。询问证人、刑事诉讼被害人应当在一个单独的地方。在行政执法过程中，行政执法机关可能会共同询问多个证人和被害人。三是缺少权利告知程序。在刑事诉讼中，询问人员在询问前应将有关诉讼权利和义务告知证人和被害人，并指出如若故意作出虚假事实或作伪证应负的法律责任；而在行政机关执法过程中，没有诉讼权利告知的要求。”②

其次，行政执法机关移送证据材料的质量不能满足刑事诉讼的要求。一些行政机关及其工作人员对行刑证据转化的认识不够，在行政执法过程中不善于自主发现、收集和整理归纳涉嫌犯罪方面的证据，缺乏对证据收集的敏感性。移送刑事司法机关的主要还是一些涉及违法数额等方面的书面证据，通常反映不出关于违法犯罪行为事实中一些细节方面的重要内容，抑或移送了一些重要证据，也仅仅体现为“个体证据”，并没有形成“证据链”，难以达到刑事诉

---

① 方志勇，林伟平．“两法”衔接证据转化问题研究——以修正后的《刑事诉讼法》第52条第2款为视角［J］．公安研究，2013（04）。

② 蔡佩玉．行政证据转化为刑事证据的法律问题与应对策略［J］．广州市公安管理干部学院学报，2015（09）。

讼证据的要求。[①] 特别是言词证据，制作格式不统一、不规范，即使移送到刑事司法机关，这些证据也无法得到有效利用，仍需要刑事司法机关重新调取。

5.3.3　证据转化缺乏合理的对接程序

行政执法机关在发现涉嫌犯罪案件后，应移送至公安司法机关进行刑事处理，此时，随案移送证据的效力问题，是影响行政与刑事案件证据能否顺利转化的关键因素。实践中，行政执法机关与刑事司法机关对于证据的收集和调取的方式也是不同的，两者之间的证明标准存在一定差异。由于缺乏合理的、规范的证据转化对接程序，相关法律、法规对此也没有明确规定，在证明标准上，行政执法机关对于移送刑事司法机关的证据材料，在大多数情况下并不符合刑事证据的要求，使得移送的证据在刑事司法机关工作中难以得到有效的适用。这就要求刑事司法机关对证据进行重新调取，浪费司法诉讼资源，一定程度上影响了刑事司法工作的效率。

5.3.4　证据因缺乏证据能力无法使用

"公安、安全监督、工商、技术监督、税务等具有行政执法权的部门都属于行政执法机关，这些部门的执法领域庞杂，并且都有关于本领域的专业知识。例如，关于安全监督的案件。鉴于安全监督涉及程序性审查和施工现场监督检查等专业知识，在诉讼过程中会经常涉及安全评估、质量检测、材料核查等专业性问题。"[②] "在面对这些专业性特征较强的证据时，行政机关一般都有相应专业领域的专业人员运用专业知识、技术和方法收集和固定证据。"[③] 相反，侦查人员虽然有较强的侦查意识和手段，但却缺少相应的专业技术手段。例如，"虽然侦查机关对于询问证人、痕迹鉴定、文书鉴定能够顺畅进行，然而在安全评估以及财会审核等方面则缺少较为专业的人才和技术设备"[④]。刑事司法机关在适用的过程中具有一定的难度，因此，无法对这些证据进行直接适用。刑事司法中的证据有明确的证明对象，针对性较强。相比而言，行政证

① 谭畅．论公安机关行政证据与刑事证据的转化衔接［D］．长沙：湖南师范大学法学院，2011。

② 周舟．知识产权行政执法与刑事司法衔接机制研究［J］．北京政法职业学院学报，2011（01）。

③ 王敏远，郭华．行政执法与刑事司法衔接问题实证研究［J］．国家检察官学院学报，2009（01）。

④ 吕宝春，王小龙．行政执法证据在刑事诉讼中的有效运用途径分析——兼论行政执法与刑事司法程序的衔接［J］．上海公安高等专科学校学报，2012（05）。

据在收集及保存过程中注重行政处罚的适用性，并不针对刑事司法，因此并不一定符合刑事司法证据的要求。

5.3.5 接受机关对证据保全存在困难

行政执法机关对案件进行移送后，刑事司法机关需要对移送案件的证据进行鉴定和保全，而由于一些证据缺乏专业性和针对性，且证据的鉴定和保全需要耗费一定的司法成本，因此刑事司法机关在对移送案件的证据的鉴定和保全上存在困难。

5.4 行政与刑事证据存在问题的原因

5.4.1 缺乏统一的诉讼证据规则

“行政与刑事案件证据转化的最大现实难题在于缺少相应法律规范的明确支撑。”[①] 尽管国务院、最高人民检察院、公安部都规定了行政机关移送涉嫌犯罪案件的相关问题，但这些规范性文件法律效力较低，规定只局限在宏观层面。

由于《行政执法机关移送涉嫌犯罪案件的规定》属于国务院行政法规，并不是法律，因此该规定虽然作为行政法规具有一定程度上的法律强制力，但就法律效力来讲，其在刑事司法活动中体现出来的法律效力较弱；《人民检察院办理行政执法机关移送涉嫌犯罪案件的规定》属于规范性指导文件，是检察机关内部使用的，对整个刑事司法活动的规制力度较弱。而且这些规范性文件原则性规定较多，对于在实践中的具体操作没有明确规定。

这些规范性文件只是就行政机关应该将证据材料移送至刑事司法机关，以及行政机关在收集、固定、保全与移送证据等方面进行了规定，然而在关于证据如何进行移送、移送后如何进行效力认定、如何进行转化并将其在刑事司法活动中加以运用以及在对证据不移送时的法律后果等方面却没有明确规定。即使这些规范性文件对上述问题有所指出，但因为在我国立法中的法律位阶较低，其局限性较大，在证据转化移送法律依据的问题上，不能从根本上得到解决。

---

① 黄世斌．行政执法与刑事司法衔接中的证据转化问题初探——基于修正后的《刑事诉讼法》第 52 条第 2 款的思考［J］．中国刑事法杂志，2012（05）。

5.4.2　行刑证据的转化规则缺位

证据的法律效力，一方面是指证据要符合客观性、合法性和真实性；另一方面也要符合刑事诉讼法关于证据的法定分类。在行政执法与刑事司法证据转化的过程中，行政执法机关应注意符合以上两方面的要求。同时，刑事司法机关在对移送案件的审查过程中，应严格依照证据的特性和法定分类，从而保证案件程序和实体上的正义。

“刑事证据在收集、调查、审查等过程中，都有严格的要求，包括对收集主体、收集程序、审查程序、证明标准等方面都必须符合要求，不符合要求的证据就会作为非法证据而予以排除。”①

行政证据不同于刑事证据，在形式和实质上都具有一定的差异性，如果没有明确的证据转化规则，必然会影响行政证据材料在刑事诉讼中的有效运用，或者将剥夺行政机关收集的一些证据材料进入刑事诉讼程序的可能，从而浪费司法资源、影响诉讼效率；或者将一些不符合条件的行政证据材料运用在刑事司法活动中，从而损害犯罪嫌疑人、当事人自身的合法权益，造成司法不公正。因此，为了保证行政与刑事案件工作的顺利进行，亟须制定一套统一的证据转化规则。

5.4.3　证据收集主体不同难统一

“由于刑事诉讼的结果直接关系到当事人的切身利益，包括生命安全、人身自由、经济财产等方面的权利，所以，对于刑事证据的证明标准，一般进行了最严格的规定，也就是排除合理怀疑的程度。”② 在执法过程中，行政机关所收集的证据是按照行政执法标准来进行收集的，必然没有刑事司法机关所要求的那么严格，所以当行政机关把证据材料移送到刑事司法机关时，这些行政证据往往达不到刑事诉讼证据的需要。从这个角度来说，在刑事诉讼中行政证据收集主体的合法性因此而受到质疑。

关于刑事证据的收集主体，《刑事诉讼法》有明确规定：只有审判人员、

---

① 范磊，曾德才，褚红辉．打击非法行医“行刑衔接”工作实践分析［J］．中国卫生法制，2011（07）。

② 方志勇，林伟平．“两法”衔接证据转化问题研究——以修正后的《刑事诉讼法》第52条第2款为视角［J］．公安研究，2013（04）。

检察人员、侦查人员才能依照法定程序收集证据。[①]《刑事诉讼法》第 52 条第 2 款规定了对于物证、书证、视听资料以及电子数据等行政机关在行政执法过程中收集的证据材料，可以将其作为证据运用到刑事诉讼中，但并没有明确指出行政执法机关可以作为收集刑事证据的主体。因此，行政执法机关在向公安司法机关移送行政证据材料的过程中，通常因为在证据收集主体方面不适格而致使证据不被采用。

5.4.4 缺乏有效监督和责任追究

《行政执法机关移送涉嫌犯罪案件的规定》第 14 条规定了行政机关在移送涉嫌犯罪案件时，人民检察院有对其监督的权力。然而，作为行政法规，这项规定的法律位阶低，并没有法律层面的效力级别。“在公权法定原理下，在不同层次国家机关之间，检察机关要实施监督权，必须由全国人民代表大会及其常务委员会决定，才能对行政执法机关进行监督”[②]。

因为缺乏必要的法律依据，检察机关对行政机关将涉嫌犯罪案件进行移送监督存在障碍。在现行行政执法工作体制下，行政机关之间常常处于各司其职的状态，缺乏沟通。在客观层面上，也使得检察机关不能真正介入进行监督活动。在行政与刑事案件转化实践中，由于缺乏监督机制，行政机关就无法及时发现、解决一些问题，如是否准确及时地移送给刑事司法机关涉嫌犯罪的案件、移送的证据材料是否齐备等。由于个别行政机关会存在地方保护主义的狭隘观念或片面从本部门的利益出发，对确属刑事案件的情形作出降格处理或者以罚代刑。同时，监督机制运行的缺失也导致无法追究相关机关及工作人员的责任。

5.4.5 执法人员法律地位不明确

目前，在我国法律条文中，对行政执法人员法律地位的规定并不明确，处于立法真空状态。行政执法人员地位一直无法定性，尤其对于行政执法人员出庭作证问题，“我国对此未作出相关明确的规定于现行《刑事诉讼法》，现今学界中大多认为应将行政执法人员视为证人，可以证人的身份进行出庭作证，

---

① 黄世斌．行政执法与刑事司法衔接中的证据转化问题初探——基于修正后的《刑事诉讼法》第 52 条第 2 款的思考［J］．中国刑事法杂志，2012（05）。

② 方志勇，林伟平．“两法”衔接证据转化问题研究——以修正后的《刑事诉讼法》第 52 条第 2 款为视角［J］．公安研究，2013（04）。

认为证人证言是我国刑事诉讼中重要的法定证据种类之一"①。还有学者认为,"可仿照国外的专家证人制度,在刑事诉讼程序中将行政执法人员视为证人"②。

行政执法人员法律地位的不明确,以及在司法实践和制度要求上还不完善,将直接导致其作为证人证言重要一环的缺失,使法官在审判案件时缺少证明案件情况的法定证据。因此,执法人员法律地位的不明确将在一定程度上不利于法官对于移送案件的审判。

5.5 行政与刑事证据转化问题的对策

5.5.1 在证据转化中应坚持"刑事主导"的原则

"刑事主导",也即"刑事优先"③ 原则,指的是因为同一个案件事实的发生,而引起的刑事案件程序和民事案件程序共同存在的情况,此时应对刑事案件程序进行优先处理,待刑事案件程序审理终结后,进行民事案件程序审理。鉴于此,"刑事优先"原则同样适用于解决"行刑竞合"案件。在一起案件中,当同一行为既违反了刑事法律规范应当追究刑事责任,同时又违反了行政法律规范时,应优先对刑事案件程序进行处理并解决行为人的刑事责任问题,在刑事案件程序审理结束后,进而由行政执法机关进行相关行政处罚。

在行刑竞合案件的证据转化中,也应坚持"刑事主导"。在证据要求以及证明标准方面,刑事诉讼案件要比行政执法案件要求高,之前已经进行行政处

---

① 郭泰和.行政证据与刑事证据的程序衔接问题研究——《刑事诉讼法》(2012 年)第 52 条第 2 款的思考 [J].证据科学,2012 (12)。

② 张彩荣,母光栋.浅析行政执法与刑事司法衔接中的证据转换 [J].中国检察官,2006 (12)。

③ 刑法总则中有所体现,如第 36 条、第 60 条明确规定了"民事责任优先"。即要求在涉及财产型案件中,当出现被执行人需要同时履行特定的民事义务时,其合法财产应当首先用来承担民事责任。1997—1998 年,最高人民法院在《关于审理存单纠纷的若干规定》以及《关于在审理经济纠纷案件中涉及经济犯罪嫌疑若干问题的规定》中,对于刑民交叉案件又作了一些规定,既规定对附带审理又可并行审理情况加以区分,避免了所有案件盲目附带的机械做法。如 1998 年规定,"同一公民、法人或其他组织因不同的法律事实,分别涉及经济纠纷和经济犯罪嫌疑的,经济纠纷案件和经济犯罪嫌疑案应当分开审理"等。同时在实践中,对于国有资产产权界定权限不属于人民法院,对于挪用集体所有制企业财产的案件,通常由国资部门进行产权界定,然后人民法院再根据国有资产产权界定结果,进行刑事裁判。这些限制性规定体现了法律理念和人文精神理念的萌芽。

罚的，在证据能力要求层面，其行政处罚依据的证据并不总是符合刑事案件诉讼程序的要求。相反，经司法机关认定的事实和审查的证据，行政执法机关通常可将其作为进行行政案件处理的依据，这样就能够简化行政证据与刑事证据的转化程序，有效节约司法资源。

5.5.2　全面收集证据不应忽视无罪、罪轻的证据

在案件移送至刑事司法程序中，基于正义性的要求，并不排斥无罪、罪轻的证据。我国《刑事诉讼法》第 39 条规定的关于犯罪嫌疑人、被告人无罪抑或罪轻方面的证据材料的相关调取程序，以及第 40 条规定的关于辩护人应及时将有关犯罪嫌疑人没有在犯罪案发现场、不符合刑事责任年龄的标准等方面的证据告知公安机关、检察机关。

可以借鉴我国《刑事诉讼法》第 39、40 条的规定，针对行政机关在执法过程中出现的无罪、罪轻的证据，辩护人可以申请侦查机关进行调取，以便从正义性的角度考量，更好地维护当事人的合法权益。

5.5.3　采取合理的方式和措施进行行政证据保全

对于证据的保全方式主要体现于行政机关执法过程之中，“之所以注重证据的保全方式，主要在于案件在移送刑事司法机关后，侦查机关要在移送证据的基础上进行审查，且行政机关所移送的证据中实物证据较少，大多是制作不规范的言词证据”①。

因此，证据的完整性对于整个案件十分重要。我国对于行政执法过程中证据保全的法律规范，主要为 2001 年国务院颁布的《行政执法机关移送涉嫌犯罪案件的规定》。该规定第 4 条第 1 款对此作出了相关规定②，第 2 款则进一步规范了对易腐烂、变质等不宜或者不易保管的涉案物品的保存。

由此可见，行政机关在对违法案件进行查处的过程中，应根据不同证据的不同特点，采取相应的措施对证据进行保存，保证证据的完整性，更好地保障侦查机关对移送案件进行审查。

《行政执法机关移送涉嫌犯罪案件的规定》还提出了对于行政执法和刑事

---

① 陈文茜．行政执法与刑事司法的衔接机制研究［D］．北京：中国政法大学研究生院，2007。

② 《行政执法机关移送涉嫌犯罪案件的规定》第 4 条第 1 款规定：行政执法机关在查处违法行为过程中，必须妥善保存所收集的与违法行为有关的证据。

司法转化中证据的保全方式[①]。而目前我国法律规范并没有规定证据转化之后的保全方式，以及接受证据的主体应采取怎样的方式对移送的证据进行保全。

因此，在构建刑事证据法的过程中，应在明确接收证据主体的基础上，针对不同证据自身的特点，规范证据的保全方式。如对证人证言，主要采用笔录和录音的方法加以保全；对一般物证，应列目录附卷保存，对于不适宜附卷保存的物证，可采用拍照、录像等方法予以保全；对于痕迹证据，可用拍照或录像等方法进行保全。

5.5.4　刑事、行政机关协作，确保证据收集全面及时

首先，建立行政机关与刑事机关之间常态化的信息交换沟通机制，对管辖范围内的各类违法行为进行研究分析，包括构成要件、刑事立案标准等方面，并建立相应的评审机制，及时沟通各自获得的线索和信息，确保证据的及时性和有效性[②]。行政执法机关在发现案件可能涉嫌犯罪、案情复杂的情况下，可以及时向公安机关、人民检察院、人民法院等司法机关咨询并沟通信息，听取其他司法机关提出的收集、转化建议。特别是在对证据收集、保全、固定等行政执法机关不太确定的方面，公安机关应该及时提出相应建议，以确保收集证据的及时性。

其次，建立重大行政违法案件司法机关提前介入制度。行政机关在收集证据的过程中，特别是关于证人证言、被害人陈述等言词证据时，如果发现明显可疑，并可能构成刑事犯罪的证据的，应该及时通知侦查机关，侦查机关可提前派员介入取证阶段，依照法律规定的条件和程序，按照刑事诉讼证据的标准进行取证，使证据收集规范化和合法化，适用于刑事诉讼。

再次，建立针对各类型行政案件的取证指引规则。通过对行政执法机关取证行为、方向及内容的规范，可提高行政执法机关提取证据的准确性和有效性，使得行政执法机关在提取行政证据的时候，就使其具备了刑事证据的效力

---

① 《行政执法机关移送涉嫌犯罪案件的规定》第4条第2款规定：行政执法机关对查获的涉案物品，应当如实填写涉案物品清单，并按照国家有关规定予以处理。对易腐烂、变质等不宜或者不易保管的涉案物品，应当采取必要措施，留取证据；对需要进行检验、鉴定的涉案物品，应当由法定检验、鉴定机构进行检验、鉴定，并出具检验报告或者鉴定结论。

② 方志勇，林伟平．“两法”衔接证据转化问题研究——以修正后的《刑事诉讼法》第52条第2款为视角［J］．公安研究，2013（04）。

和标准，减少了刑事诉讼程序中的重复工作，节省诉讼资源，提高办案效率①。要实现这一目标可以从两方面共同着手：一方面，行政执法机关可以在取证阶段向公安司法机关咨询甚至邀请公安机关派员协助；另一方面，当行政案件有可能涉及刑事诉讼的时候，司法机关可以主动提前介入，帮助并引导行政司法机关进行证据的收集、保全和固定，使其具备法律效率，并能为诉讼所用。

《刑事诉讼法》第 52 条第 2 款规定，行政机关在行政执法和查办案件过程中收集的……等证据材料，可以将其作为证据在刑事诉讼中使用。行刑证据的转化，必须明确证据的移交主体，从而明确双方主体的各自责任。根据《刑事诉讼法》第 52 条第 2 款的规定，移送证据的一方为行政执法活动的行政机关。查办案件的内涵相对明确，主要是指纪检监察机关②。这里所指的行政机关的范围比较广泛，主要在于其是否有权收集证据材料，特别是书证、物证、电子数据以及视听材料等证据。不仅包括有行政执法权的行政机关，还包括法律、法规授权和受委托行使行政执法权的组织。

此处必须指出，党的纪律检查机关并不属于行政机关范畴，虽然党的纪检机关可以以监察机关的名义移送案件，实践中党的纪检机关确实也存在自己向公安司法机关移送案件的情况，但是，其向公安司法机关移送的证据材料并不适用《刑事诉讼法》第 52 条第 2 款的情形。

行政机关移送的证据材料由于涉及案件不同，接收证据的机关也不尽相同，如涉及普通刑事案件接收主体就是公安机关，涉及腐败犯罪案件接收主体就是人民检察院，涉及自诉案件接收证据相关材料的主体就是人民法院。

5.5.5 把握行政执法与刑事司法证据转化的时机

行政执法与刑事司法证据转化的时机，即何时对证据进行移送，这也是行政执法与刑事司法中证据转化的一个重要的组成部分。国务院 2001 年颁布的《行政执法机关移送涉嫌犯罪案件的规定》第 6 条规定了关于“行政执法机关向公安机关移送涉嫌犯罪案件，应当附有的材料”③。其中的涉案物品清单、

---

① 肖宏武，李晓飞．从行政证据到刑事证据：转换的三重思考［J］．证据学论坛，2008（01）。

② 高通．行政执法与刑事司法衔接中的证据转化——对《刑事诉讼法》（2012 年）第 52 条第 2 款的分析［J］．证据科学，2012（20）。

③ 《行政执法机关移送涉嫌犯罪案件的规定》第 6 条规定，行政执法机关向公安机关移送涉嫌犯罪案件，应当附有下列材料：包括涉嫌犯罪案件移送书、涉嫌犯罪案件情况的调查报告、涉案物品清单、有关材料检验报告或者鉴定结论及其他有关涉嫌犯罪的材料。

有关材料检验报告或者鉴定结论以及有关涉嫌犯罪的材料应被视为包含了行政机关在查处违法行为时收集到的证据。

2011 年 2 月 9 日，中共中央办公厅、国务院办公厅发布的《关于加强行政执法与刑事司法衔接工作的意见》中，对于移送材料的范围也作了明确规定。规定指出，行政执法机关向公安机关移送涉嫌犯罪案件时，应当移交案件的所有材料，同时将案件移送书及有关材料目录抄送人民检察院。规定中的“所有材料”，应包含所有证据材料。因此，行政执法机关应根据以上条文规定，将行政执法过程中收集到的证据移送至刑事司法机关，从而提高效率，节约司法资源。

5.5.6 完善证据法规，制定统一规则，明确证明标准

行政执法与刑事司法的转化是目前理论界研究较多的问题。同时，实践中行政执法机关发现的涉嫌犯罪案件被越来越多地移送至公安司法机关，这对于打击犯罪、维护社会公正、节约司法资源、提高诉讼效率都具有非常重要的意义。

行政证据与刑事证据之间的转化，是影响行政与刑事案件转化的重要因素，因为证据的转化涉及刑事司法和行政执法两项活动。因此，就需要制定一部单独的《刑事证据法》，可以列专章详细规定刑事证据与行政证据的转化规则、标准和程序。

刑事诉讼法关于证据转化问题，虽然规定了在一定条件下行政执法证据可以作为刑事司法证据使用，但相关法律条文所进行的表述过于笼统，且缺乏指导性和可操作性，必然会造成司法实践中的不同做法及理论上的分歧。对行刑证据的转化，应该有一部统一的证据规则进行规范，对行政执法和刑事司法起到示范和导向作用，使行政证据向刑事证据的转换趋于规范化、合理化。

制定的证据规则要集行政执法证据和刑事司法证据于一体，对于证据的取证、保全、固定、使用或取舍的标准等问题都要作具体详细的规定和要求，以便解决证据转化问题。

在证据转化程序中，还需明确相关的规定，如完善行政执法取证规则，严格取证形式，增加对权利人的告知义务等，尽量使移送的证据材料在形式上满足刑事证据的合法性要求。建立行政执法机关在移送证据前的审核制度。行政机关要主动进行自我复核程序，并在移交证据材料之前严格执行，加盖公章并

由案件负责人签字，落实责任①。

我国行政诉讼法与刑事诉讼法对于证据标准的规定是不同的，行政诉讼的证据标准在实践中要低于刑事诉讼中的证据标准。有观点认为，一些行政行为涉及行政相对人的人身权利，保障相对人的合法权益就成为行政执法中最重要的价值取向。为了赋予行政证据与刑事诉讼的证明标准一致的证明力，在认定事实和证据上也应适用“证据确实充分标准”，从而使两种证据的转化更为顺畅②。

证据的合法性及证明标准直接关乎程序正义和实体正义，因此，在构建刑事证据法的过程中，应采用严格的证明标准，即“案件事实清楚，证据确实充分”标准，在此环节进行严格把关，防止冤假错案的发生。

虽然《刑事诉讼法》第52条第2款规定了行政机关在行政执法过程中收集的部分证据材料可以在刑事诉讼中使用，但这只是对证据转化的笼统性规定，对不同形式的证据材料分别如何进行转化却没有明确规定，在实务中易引起争议。对于不同形式的行政证据材料应区别对待。对于由行政机关依法提取的证据，如物证、书证、视听资料、电子数据等证据，审核后如符合刑事证据的标准，则可以作为刑事证据在法庭上出示；对于一些专门性证据材料，如检验报告、鉴定结论、扣押清单等，如果是在法律规定的范围内依法定程序收集的，进行形式审查即可，司法机关若认为有疑点的，经复验、复查后查证属实的，可以提交司法机关使用；而对于言词材料则相对复杂一些，如果是执法过程中的调查、谈话、询问笔录，以及行政相对人的陈述笔录、自述材料等言词证据材料，原则上要求司法人员重新收集、制作。而对于确有原证人、陈述人死亡、失踪等一些意外情况，侦查机关可以采取其他印证方法，如将该证据与其他证据比对互相印证，如果彼此能够吻合，又同时证明了违法犯罪事实，就可以将该证据作为刑事证据使用。

5.5.7 建立公安机关的认定机制，确保证据真实性

对行政执法证据的审查、认定，是保证行政证据在刑事诉讼中有效运用的重要前提。

首先，明确对行政证据审查的内容。对行政证据的审查应包括对证据真实

① 孙伟．行政执法证据刑事司法化的现实性浅析［J］．山西省政法管理干部学院学报，2013（26）。

② 陈文茜．行政执法与刑事司法的衔接机制研究［D］．北京：中国政法大学研究生院，2007。

性和对证据收集合法性的审查。真实性即证据所反映的内容必须是真正发生过的事实，证据自身的内容必须是客观真实的，可以从是否为原件原物、证据形成的原因、发现证据的客观环境等方面进行审查。合法性，是指证据的收集程序和方式等必须符合法律的规定，关键在于明确审查的法律依据。行政机关在其行使职权、开展行政执法活动过程中，由于其只接受行政执法的法律法规规范，特别是在提取行政证据的时候，行政执法机关并不考虑刑事诉讼规范的制约，因此，决定了其收集制作的证据也主要适用行政执法的法律法规规范。而对其合法性审查也主要依据行政执法的法律法规。大量的行政证据可能都达不到刑事诉讼法律法规规定的合法性标准。如果因此而弃用行政证据，将会产生大量的司法资源浪费，诉讼效率也会受到严重影响，也就违背了职权法定的原则。

其次，建立公安机关证据认定机制的组织力量。县级以上公安机关可以把侦查、法制等部门的骨干集中起来，在内部设立一个专门的部门来主管和负责参与行政证据的资格认定①。

再次，要建立常规化的联系制度。要和人民检察院、人民法院等司法机关建立常规联系，特别是遇到疑难、复杂案件时，要及时邀请人民检察院、人民法院相关人员指导和参与证据的认定。

此外，在制定公安机关证据认定标准时，应适用刑事诉讼法中的非法证据排除规则②，将严重违反法定程序，以暴力、胁迫等非法手段调取的、严重侵犯当事人合法权益的证据排除出刑事司法程序，从而也避免行政证据在刑事诉讼中使用所带来的风险。

5.5.8 建立刑事和行政程序检验鉴定一体化机制

行政执法活动涉及社会生活的方方面面，在不同领域出现的法律事实需要不同的执法机关进行执法、不同的鉴定机构进行鉴定，这些鉴定的结果可能不一。移送涉嫌犯罪的案件若再通过专门鉴定机构重新鉴定的话，则浪费司法资源、降低诉讼效率。针对此问题，立法机关应出台法律，统一规定有资格进行

---

① 谭畅．论公安机关行政证据与刑事证据的转化衔接［D］．长沙：湖南师范大学法学院，2011。

② 潘丽．论行政证据材料在刑事诉讼中的运用［D］．杭州：浙江工商大学法学院，2013。

检验鉴定的个人及机构，对其鉴定程序、职能、权限、法律责任等作出统一规定[①]。只要是这一法定的鉴定个人或鉴定机构所出具的鉴定结论，就具备刑事证据和行政证据双重的证据效力，也就是说在刑事司法和行政执法中都可以使用。在这一前提下，在行政执法程序中作出的鉴定结论，便可在刑事司法程序中直接作为证据使用，有利于促进行政与刑事案件的转化。

5.5.9 降低证据转化过程中的人为影响证据能力

实践中，行政执法机关发现可能涉嫌犯罪的案件时，往往不愿意移送刑事司法机关，一是受行政部门自身利益及工作绩效方面的影响；二是一些行政机关工作人员法律意识不强，业务水平有限；三是缺乏制约和惩罚机制，移送意识淡薄。因此，为了促进行政证据与刑事证据的顺利转化，必须建立一支高素质的行政执法队伍，减少证据转化过程中不当的人为因素。

首先，提高行政执法人员的法律素养。在行政执法过程中，要牢固树立程序意识和证据意识，深化行政执法人员对行政与刑事证据转化工作的认识。其次，提高行政执法人员的业务技能。可以通过开展各项活动来提高行政执法人员的业务素养，提高自身的办案技能，包括专题研讨、专项培训、与司法机关开展经验交流等方式，完善在取证过程中的合法性以及规范性，提升在收集、固定以及保全证据方面的水平。

5.5.10 提高证据转化过程中的监督机制的时效性

强化证据转化过程中检察机关的监督职能。发挥检察机关的职能作用，如在移送案件过程中要注意检查调阅是否移送全部材料；必要时提供检察建议；严肃追究徇私枉法机构或个人的刑事责任；同时要完善证据转化工作中的监督机制。

首先，对行政机关证据收集合法性的监督。检察机关应严格监督，查看行政人员在收集证据过程中是否有违法违规行为，是否滥用职权或者徇私枉法，对以暴力、胁迫等非法方法收集的证据可以决定不适用或者要求行政机关重新收集。如果发现行政机关在证据收集过程中有违法行为，应提出相应的纠正意见，或提请监察机关予以一定的行政处分。其次，监督行政机关是否移送了全部证据，就移送证据的全面性对行政机关进行监督。检察机关通过信息共享平台，及时掌握行政机关移送案件的情况，对于移送材料不全面的情况应及时提

① 谭畅．论公安机关行政证据与刑事证据的转化衔接［D］．长沙：湖南师范大学法学院，2011。

出意见。再次，检察机关对行政机关证据保全的监督。要监督行政机关对证据是否按规定的方法进行保全。证据的收集和保全是决定行政证据能否顺利进入刑事诉讼程序的重要因素，检察机关的监督工作是确保证据顺利转化的重要一环。

需要构建检察机关提前介入机制。检察机关发挥法律监督职能方面的重要形式之一是提前介入权。一是可以监督案件移送的过程；二是可以对行政执法活动进行间接监督。

当行政执法机关发现在查行政案件可能涉嫌犯罪时，应及时向检察机关通报情况。当检察机关认为有必要时，可以主动派员提前介入，就案件定性以及证据收集、固定以及保全等方面给予行政执法机关一定的帮助。行政执法机关和检察机关可尝试共同出台行刑案件的相应规定，完善行刑案件转化程序以及注意内容，同时包含检察人员介入行刑案件的途径以及方式①。

5.5.11 强调审判机关对证据基本属性的严格审查

审判机关对于行政执法证据的审查，主要围绕着证据属性的有无而进行，即审查行政执法证据的关联性、客观性和合法性。只有在行政执法证据具备这三种属性的情形下，其才能作为法官认定案件事实的根据。

5.5.11.1 证据的关联性审查

所谓证据的关联性审查，是指对证据所承载的信息与案件事实是否具有一定的联系所进行的审查。那么如何理解这种关联性呢，关联性是指某一证据的存在能够证明案件事实存在或者不存在的一种可能。这种可能性越大，该证据与案件事实的关联性就越大；反之，某一证据的存在不能够证明案件事实的存在更可能或者更不可能，那么其关联性就越小。

对于行政执法证据而言，这种关联性的审查同样是适用的。在行政、刑事交叉案件中，这种关联性主要是由行为人从事某一行为既违反了行政法律规范又触犯了刑事法律规范所引发的。行政执法机关在执法过程中所收集、固定的证据极有可能既与行为人的行政违法事实具有相关性，也有可能与行为人的刑事违法事实具有相关性。但是，行政执法证据主要是围绕行为人的行政违法事实固定、收集的，这些证据对于认定行为人的行政违法事实具有关联性，并不一定都与行为人的刑法犯罪事实具有相关性。而行政机关由于专业领域的不同，可能会不加筛选地将所收集的证据全部移送给公安机关。那么，审判机关

① 吕保春，王小光．行政执法证据在刑事诉讼中的有效运用途径分析——兼论行政执法与刑事司法程序的衔接［J］．上海公安高等专科学校学报，2012（22）。

在审理案件的过程中就需要对这些证据的关联性进行审查，以使与案件事实不具相关性的证据被排除在刑事诉讼之外，进而保障案件事实认定的准确性。简言之，在刑事案件的审判中，如果行政执法证据能够使得行为人的犯罪事实具有存在或不存在的可能性，那么其便具有了刑事证据的关联性；反之，其便不具有刑事证据的关联性。

5.5.11.2　证据的客观性审查

所谓证据的客观性审查，是指围绕着证据所承载的案件信息是否真实、可靠而进行的审查。证据只有是真实、可靠的，而非虚构、捏造的，才能作为认定案件事实的依据。在刑事诉讼中，为了确保证据的客观性，一方面要求检察机关以及诉讼当事人向人民法院必须提供真实、可靠的证据，不得虚构、捏造、篡改证据；另一方面要求人民法院在审查证据时必须全面、客观、公正，不能凭借个人的主观想法先入为主、以偏概全。

对于行政执法证据而言，审判机关主要是审查其所承载的信息有无虚构、捏造事实的情形。如果其存在此种情形，则不能作为认定案件事实的依据。对于捏造、篡改证据的行政机关，审判机关应该进行劝诫、警告或者罚款，并向主管该行政机关的上级机关进行通报。如果情节严重的，该行政执法机关具体工作人员还要面临相应的处罚，如滥用职权罪。

5.5.11.3　证据的合法性审查

所谓证据的合法性审查，主要是对证据是否按照法定程序收集和提供、是否符合法律规定的条件所进行的审查。这种审查具体包括取证主体是否合法、取证过程是否合法、取证手段是否合法三个方面。

首先，取证主体的合法性，是指刑事证据的收集、固定必须由法律规定的主体进行，即公安机关、检察机关和审判机关。具体到行政执法证据而言，由于我国《刑事诉讼法》第52条第2款赋予了行政机关的刑事证据侦查主体之资格，那么审判机关在对其进行审查时，主要是看该证据是否由行政机关所固定、收集。对于行政机关的范围，本书第三部分已经进行了论述，在此不再展开。总之，如果此类证据是由行政机关或者法律法规授权的组织固定、收集的，那么其取证主体就具有合法性；反之，其取证主体就不具有合法性。

其次，取证过程的合法性，是指刑事证据的收集、固定必须按照法律规定的程序进行。如侦查机关对于证人的询问应该分开进行，不能集中询问。对于行政执法证据而言，其必须是行政机关在执法过程中收集、固定的，必须至少有两名行政机关工作人员同时在场，且在出示相应工作证的情况下进行。其中任何一个条件不满足，该行政执法证据的取证过程便不具有合法性。

最后，取证手段的合法性，是指刑事证据的收集、固定手段必须符合法律的规定。按照我国《刑事诉讼法》第 54 条的规定，对于犯罪嫌疑人、被告人供述的收集，侦查机关不得采用刑讯逼供等非法方法；对于证人证言、被害人陈述的收集，侦查机关不得采用暴力、威胁等非法方法。否则，这些证据必须予以排除。这一规定同样适用于审判机关对于行政执法证据的审查。

综上所述，行政执法证据只有在具备了证据的关联性、客观性与合法性的情形下，才能作为审判机关认定案件事实的依据。

6 行政与刑事案件转化程序的构建

6.1 执法理念更新与相应机制的确立

6.1.1 增强刑事司法一体化理念

刑事司法一体化的理论根基是系统论。“根据系统论有关理念，为明确地界定、了解整个系统及构成要素间的运作目的。应当首先明确当下整个系统指向的运作目的，而后，在整个系统运作目的的基础上确定每个构成要素之间的运作目的。”① 虽然应先考虑整个系统的目的，但各个构成要素自身也是独立的存在，个体自身的目的追求要与整体目的的追求相吻合。

因此，“为更好地把握和了解刑事司法系统中各个机构运作状况以及相互间关系，就需要运用系统的眼光进而去考察和研究刑事司法系统现实中的整体运行状况”②。在行政与刑事案件互相转化过程中，参与机关应秉持刑事司法一体化理念，将行政与刑事案件转化过程视为一个整体系统，明确整个案件转化过程的目的。在此基础上，明确案件转化过程中各个机关自身的目的，强化自身职责定位，从而依照法律规定，保障行政与刑事案件转化程序，切实维护宪法法律权威，实现程序正义和实体正义。

---

① 刘静坤．刑事司法一体化视野下之侦查功能研究［J］．贵州警官职业学院学报，2006（02）。

② Watson. Criminal Justice［J］. Pearson Education，2003（54）。

6.1.2 行政与刑事案件转化中的协调机制

我国《刑事诉讼法》第7条规定了人民法院、公安机关以及人民检察院在刑事司法诉讼中的工作关系原则，即互相配合，分工负责，互相制约，以此来规制权力滥用的同时，达到节约诉讼资源的目的。在行政与刑事案件转化程序中，行政执法机关和刑事司法机关分别涉及不同部门、不同领域之间的不同问题，需要解决在案件转化过程中所面临的疑难问题，如刑事司法机关在审查行政执法机关移送案件的证据方面的问题，需要对证据进行保全措施等，行政执法机关应配合刑事司法机关的审查。

在法律规定的自身职责之内，应建立行政执法机关和刑事司法机关在行政与刑事案件转化中的联合办案机制，构建符合案件转化的联合办案程序、工作联系，加强协调配合，切实提高刑事司法机关办案效率，节约诉讼资源。2010年10月，根据最高人民检察院、公安部、商务部、监察部的统一部署安排，在全国范围内开展了专项监督活动，其监督活动范围针对的主要是行政执法机关对于涉嫌犯罪案件移送的情况。

6.1.3 搭建案件转化信息网络共享平台

行政执法机关应联合刑事司法机关搭建行政与刑事案件转化网络信息共享平台。行政执法机关可将在执法过程中收集的数据信息录入网络信息平台，一方面可以保证数据的准确性和及时性，另一方面也可解决与刑事司法机关之间拷贝信息材料的不便。

在构建信息共享平台方面，上海浦东走在全国的前列①。为进一步加强行政执法与刑事司法相转化工作，上海市人民检察院联合行政执法机关印发了关于“信息共享平台”的相关规定②，从而规范“行政执法与刑事司法信息共享

---

① 2005年2月，浦东新区人民检察院成功开发了“行政执法与刑事司法信息共享平台”，为今后行政执法程序和刑事司法程序转化机制提供了优质和高效的工作平台，使得行政执法程序和刑事司法程序转化机制落实到具体案件层面。信息共享平台开通运行半年后，一些行政执法机关逐步开始主动将涉嫌犯罪案件移送至公安机关达到15件，且公安机关均已进行立案。浦东新区人民检察院建议一些行政机关将涉嫌犯罪案件移送公安机关线索达到19件。

② 2006年2月，上海市整规办、市人民检察院联合印发了关于《行政执法与刑事司法信息共享平台的应用管理暂行办法》，对信息平台的专用登记、及时对信息进行输入和案件处理流程形式、信息结果反馈等方面作出了明确规定。

平台”的建设和应用管理。同样，湖北省江汉区也成功建立了信息共享平台①。

通过对刑事与行政执法信息共享平台的建设，实现行政机关和刑事司法机关案件信息资源共享，从而顺畅地实现行政与刑事案件转化工作。

6.1.4 健全检察机关主导的联席会议制度

由于在行政与刑事案件转化过程中会涉及众多的部门和单位，会出现一系列复杂难以由单个机关解决的问题。因此，行政执法机关与刑事司法机关对重大、复杂、疑难问题进行协商，是行政与刑事案件转化的必然途径。

中共中央办公厅和国务院办公厅2011年转发国务院法制办等部门《关于加强行政执法与刑事司法衔接工作的意见》明确指出，构建行刑案件转化工作中的联席会议制度。但是，现行的联席会议机制有两大方面弊端：“第一，联席会议的主导方并不确定，各个机关常常是通过轮流方式主持联席会议，在会议内容方面缺少一个对会议意见进行统一的主体，导致会议的功效大打折扣；第二，联席会议程序透明度不强，在实践工作中，联席会议的举行多以几个机关内部形式召开，缺少行政相关人参与会议旁听，更没有和新闻媒体间形成及时沟通的关系”②。

因此，基于宪法和法律赋予检察机关法律监督的地位，同时在行政与刑事案件转化中的中立角色，应当由检察机关担任主持会议的主体，定期负责召开联席会议，并由各机关主要负责人参与会议讨论。同时，基于公开原则的需要，应当允许行政相对人参与旁听，会议的内容应通过新闻媒体及新闻发布会形式向社会大众公布，确保公众的知情权。

6.1.5 明确行政执法人员的法律地位和责任

在行政执法机关将涉嫌犯罪案件移送至刑事司法机关后，在案件证据存有异议且对定罪具有影响的情况下，在行政执法人员出庭过程中应对收集到的证据作出相应合理说明或者有关解释。但我国《刑事诉讼法》并未对行政执法

① 湖北省江汉区人民检察院通过联合质监、税务、工商等多家行政执法机关，以江汉区政府网为依托，建立刑事与行政执法信息共享平台，确立了案件移送、信息通报、疑难复杂且案件联合协调处理及备案审查等多个制度，使得互联互动与资源共享在行政执法机关和刑事司法机关间得以实现，使案件及时进入刑事诉讼程序。

② 刘远，赵玮．行政执法与刑事执法衔接机制改革初探——以检察权的性质为理论基点［J］．法学论坛，2006（01）。

人员的法律地位以及出庭作证问题作出明确的规定。大多数学者认为，出庭作证时可以将行政执法人员视为证人。

在确定其法律责任的同时，也可以参照关于证人在出庭作证时作虚假陈述或者作伪证时应承担的法律责任。在对行政执法人员法律地位的定性过程中，应考虑到其是在履行自身的一定职责范畴，可认为其是在履行职责义务，类似侦查人员，而不是作为行政被告人的地位，应区别于最高人民法院《关于行政诉讼证据若干问题的规定》中“行政执法人员作为证人出庭作证”的诉讼地位。

在定性时，可参考《刑事诉讼法》第57条第2款关于人民法院通知“有关侦查人员或者其他人员出庭说明情况”的规定，将行政执法人员纳入“其他人员”的范畴，这样，对于行政执法和刑事司法案件证据转化更具有现实意义。

6.1.6 改善衔接程序，提高效率

6.1.6.1 完善受理审查程序

国务院《行政执法机关移送涉嫌犯罪案件的规定》第8条规定，公安机关在接受行政执法机关移送涉嫌犯罪案件之日起3日内依照法律审查移送案件，但并未明确规定立案时限。2006年最高人民检察院等四部门联合发布的《关于在行政执法中及时移送涉嫌犯罪案件的意见》第5条规定，对行政机关移送的涉嫌犯罪案件，公安机关自受理之日起10日以内作出立案或者不立案的决定；案情重大、复杂的，可以在30日以内作出决定，并将决定书面告知移送案件的行政执法机关、同级人民检察院及相关权利人。后者弥补了前者立法上的空白，但是后者属于个别部门之间订立的共同工作规范，不具有法律上的普遍适用效力。前者属于法规，效力相对较高，但是规定不完备。

6.1.6.2 建立监察追责制度

国务院《行政执法机关移送涉嫌犯罪案件的规定》第16条规定了对行政机关工作人员违反规定，未在规定时间内移送案件，对正职负责人或主要责任人处以行政处分，如若行为构成犯罪则要追究刑事责任。第17条规定，公安机关违反本规定，不接受行政执法机关移送的涉嫌犯罪案件，或逾期未处理，对负责人给予行政处罚或追究刑事责任。虽然有责任规范，但是未将责任落实，不足以形成威慑作用。立法应当完善问责机制，保证行政机关及时移送，检察机关发挥监督职能。

建立检察追责制度，首先，扩大举报渠道，不仅依赖机关内部发现，而且

重视社会举报，对人民反映的问题及时作出解答；其次，建立绩效考核制度，用以约束各部门工作人员各司其职，按照法律法规规定对案件作出合法处理；再次，完善问责机制，明确规定行政机关工作人员、司法机关工作人员在“两法”衔接中对不法行为所承担责任大小，可以将案件性质、案件影响力作为处罚的参考，或参考类似行为作出明确规定。至于责任追究方面，可以是通报批评、取消评选和晋级资格、暂停执法活动、吊销行政执法证件和调离工作岗位、依法给予行政处分等行政责任的追究方式，也可以是扣发奖金津贴、承担赔偿等经济责任的追究方式，涉嫌犯罪的移送司法机关处理。同时，考虑对衔接中的犯罪，刑法采取特殊的追溯时效制度。可以考虑将行政机关与犯罪嫌疑人串通且行政机关包庇而使犯罪人逃避侦查的案件，视为追溯时效中断，以起到震慑作用。

6.1.6.3 建立移送反馈制度

行政机关移送司法机关的案件处理结果无外乎以下三种情况：第一，移送的案件构成犯罪的；第二，移送的案件不构成犯罪；第三，移送的案件即不构成犯罪，也非行政违法。无论案件处理结果是三者中哪一个，都应当反馈到行政机关。如果案件不属于接受案件的司法机关管辖，需要将转送情况一并反馈，如果出现需要采取紧急措施的情况，则先由接受机关采取紧急措施，再转送给相应机关，并将处理流程完整反馈至行政机关。对于情况一，将案件的侦查、审查起诉和判决结果一并通知行政机关；对于情况二，司法机关将案件退回行政执法机关，由行政机关追究相应的行政责任；对于情况三，司法机关可直接作出不构成犯罪的处理，并将其认为不是违法行为的理由书面告知行政机关。

6.2 现行相关法律规定的修改和完善

6.2.1 提高规范行政与刑事案件转化规定的位阶

目前，规范行政与刑事案件的转化规定，主要是一些行政法规和规范性文件①，其法律效力层次较低。

规范性文件的制定主体地位导致了这些文件位阶较低，不利于行政与刑事案件转化工作的有序进行。因此，应当提高有关规范行政与刑事案件转化规定的位阶，如构建单独的《刑事证据法》，可直接由全国人大常委会起草，使其成为一般性法律，从而使行政与刑事案件证据转化顺畅；可制定单独的、统领行政执法和刑事司法转化方面的一般性法律，从而更好地发挥行政与刑事案件转化机制应有的作用。

6.2.2 整合现行行政与刑事案件转化的相关规定

我国目前刑事和行政案件转化程序的规范性文件的制定机关不统一且规范性文件较多，容易导致行政执法机关和刑事司法机关在适用时无所适从。应当对现行关于行政与刑事案件转化程序的法律法规进行整合，制定一部统一规范行政与刑事案件转化程序的一般性法律。对一些过时的规范性条文进行删减。在适用的过程中结合实际情况，及时更新不符合实际的规范条文，从而保证行政与刑事案件转化程序的顺畅。

6.2.3 完善衔接程序立法

我国现行法律对违法行为的处罚主要采取两种方式：一是某行为违反行政法律法规构成犯罪的，依法给予刑事处罚，尚未构成犯罪，依法给予行政处罚；另一种是违法行为违反行政法律法规，依法给予行政处罚；构成犯罪的，依法给予刑事处罚。对行政违法人员的立法模式是在行政法律法规中使用依附的散在型立法模式，即行政法规未明确规定行政违法人员触犯《刑法》的具体内容及刑罚方式，仅概括作出"构成犯罪的依法追究刑事责任"类似规定。至于构成哪个罪名，如何追究刑事责任，则依附于《刑法》有关条款规定。有时，在行政法规中并未明确指明适用《刑法》哪一条款，造成适用困难。

这种立法模式既有优点也有弊端。优点是：避免因行政违法行为增多破坏刑法体系完整统一，使得行政法规中的行政违法与刑法互相协调。同时，具有

---

① 2001年国务院出台的《关于整顿和规范市场经济秩序的决定》以及《行政执法机关移送涉嫌犯罪案件的规定》，最高人民检察院等部门出台的《人民检察院办理行政执法机关移送涉嫌犯罪案件的规定》，最高人民检察院、公安部等部门于2004年发布了《关于加强行政执法机关与公安机关、人民检察院工作联系的意见》等。2011年2月，中共中央办公厅、国务院办公厅以"两办"文件形式转发了《关于加强行政执法与刑事司法衔接工作的意见》。

相对灵活性，对没必要适用《刑法》处罚的轻微刑事犯罪行为，由公安机关根据《治安管理处罚法》的规定进行处理。弊端是：这样的依附式规定易造成定罪量刑的随意，违反罪刑法定，导致行政处罚与刑事处罚不能恰如其分地适用，实际上损害法律权威性和可预测性。但是，目前这种立法模式在我国运行相对良好，如果采取独立立法模式可能损害法律的可预测性，耗费大量的人力、物力、财力，因此，目前“两法”衔接重点不是将行政违法人员独立立法，而是完善“两法”衔接制度。建立完善“两法”衔接法律制度，行政机关在移送涉嫌犯罪的案件时，公、检、法与行政执法机关应当有可操作性强的法律规定。如案件进展、案件通报、机关之间沟通制度、检察意见司法建议制度。“两法”衔接是有限度的，刑事司法不能取代行政执法。刑事诉讼法的目标是保障人权、限制公权、定纷止争，因此，划定各部门的职能，保障诉讼参与人权利是刑事诉讼法的内在要求，也是“两法”衔接工作的指导理念。司法机关仅对衔接案件的行政行为进行指导，保证案件依法转化和处理，并在职权范围内进行监督。

建立明确具体的制度，能够减少办案人员主观因素对案件的影响，但需要高效力的法律文件支持。目前，关于行政执法与刑事司法制度衔接的规定，立法位阶低、效力低。因此，需要全国人大常委会制定法律，一方面弥补现有规定漏洞；另一方面提升法律效力、权威性、执行力。明确规定公检法三部门之间责任分摊，明确检察机关法律监督职能，明确人民法院及时将案件处理结果通报制度。这样完备的法律能够弥补现行“两法”衔接工作在法律层面上的不足。同时，完善相关案件的司法解释，如将“情节严重”量化，明确价值认定标准使用顺序。

6.2.4　健全刑事案件与行政案件移送规定

6.2.4.1　细化移送标准

“两法”衔接机制主体的范围应当包括所有行政执法机关、公安机关、检察机关、审判机关，行政监察机关五大部分。行政执法机关主要指拥有行政处罚权的机关，如食品药品监督管理机关、税务机关、工商管理机关等。办案过程中，公安机关或检察机关如果发现本机关正在处理的案件不符合《刑法》规定的犯罪构成，不成立刑事犯罪，但属于一般违法行为，要承担行政法律责任，应当移送相对应的行政机关处理。这样的双向移送制度至关重要。除了行政机关在办理案件时发现涉嫌犯罪的应移交司法机关处理外，也应建立司法机关将在刑事侦查、审查、起诉和审判中发现的不构成犯罪但构成违法的案件移交行政机关的制度。

6.2.4.2 确立移送时间

在行政执法与刑事司法衔接中的移送时间是分为不同情形的。一是行政机关发现行政违法行为可能构成刑事犯罪，将案件移送到公安机关的时间；二是公安机关发现不属于本机关管辖的，转送有管辖权机关的时间；三是行政机关或公安机关在处理移送案件时发现存在人员渎职或贪污行贿、受贿犯罪或利用职权侵犯公民权利的行为，将案件移送检察机关的时间。国务院《行政执法机关移送涉嫌犯罪案件的规定》第5条第2款规定，行政机关的移送决定被公安机关批准的，应当在24小时内移送。第7条规定，发现不属于本机关管辖的，公安机关在24小时内转送有管辖权的机关。第16条只是原则性地规定，发现行政机关违反规定逾期不移送案件或以罚代刑，对相关负责人员进行行政处分，构成犯罪的依法追究刑事责任。第18条规定此类情况应当比照本规定将案件及时移送人民检察院。这一模糊的规定，有可能会造成二次以罚代刑情况的出现。笔者认为应该添加这一时间点的规定。可以同行政执法情况一样，统一规定为如案件性质构成犯罪，24小时内移送检察机关，或者行政机关在3个或5个工作日内移送，保证案件得到及时处理。

6.2.4.3 明确移送材料

关于移送案件同时所要移送的材料，国务院发布的《行政执法机关移送涉嫌犯罪案件的规定》第6条明确规定了五项，即涉嫌犯罪案件的移送书、涉嫌犯罪案件情况的调查报告、涉案物品清单、有关检验报告或鉴定结论、其他有关涉嫌犯罪的材料。最高人民检察院《人民检察院办理行政执法机关移送涉嫌犯罪案件的规定》第4条规定，人民检察院反贪、渎职侵权检察部门审查的行政机关移送材料，与国务院《行政执法机关移送涉嫌犯罪案件的规定》相同。但是，该规定未提及行政执法中发现证据的移送。这涉及不同执法程序中证据效力不同，未明确规定这一点，会为司法机关后续工作造成困难。

笔者建议行政执法部门向司法部门移送案件时一式三份，一份留行政机关存档，一份交公安机关，一份送到检察机关相关监督部门，便于检察机关进行检察监督。对于司法机关审查后认为案件不属于刑事犯罪而退回行政机关的情况，如果行政机关有异议，应增设行政复议程序。复议案件需经集体讨论作出决定，认为原决定不当的要建议相关司法机关重新作出决定并说明理由，同时通知行政部门；维持原决定的，将复议决定书及时送达行政执法部门，并说明维持理由。

6.3　刑事案件转化为行政案件的程序构建

6.3.1　刑事案件向非公安行政机关移送案件程序

6.3.1.1　接受转化的主体范围

在构建公安机关向其他行政机关移送案件的转化程序中，首先是适用主体。适用主体的确定直接关乎整个程序的启动和开展，对后续一系列程序有着重要的影响。因此，适用主体的范围应包括具有行政职权的行政机关，如税务、工商、安全监督、技术监督等具有行政执法权的部门，同时也应包含法律法规授权具有行政职权的社会组织。

在确定接收机关时，必定是行政机关进行接收案件，也需要公安机关将在侦查案件过程中涉及的不同领域的行政违法案件转移到不同的具有行政执法权的行政部门，而接收案件的行政机关应明确、细化本机关内具体的负责案件接收的部门。例如，公安机关在将案件移送至税务部门时，负责接收案件的应为税务机关内负责接收此案件的税务侦查部门。

6.3.1.2　转化案件范围和条件

公安机关向其他行政机关移送案件的过程中，适用案件范围应根据行政执法机关职权不同而确定，如上述涉及的税务、工商、安全监督、技术监督等具有行政执法权的部门。适用案件条件应根据行政违法和行政犯罪两者的区别对案件进行定性。行政违法行为有广义与狭义之分。广义的行政违法行为分为行政主体违法和行政相对人违法。前者主要指行政主体违法行政，如工商局没有依据查封管理相对人的公司。后者主要指公民、法人、其他组织因违反相关行政法律规范而实施的行为，如机动车闯红灯。狭义的行政违法是指行政主体方面的违法①。这里所指行政违法范畴也限于后者。

因此，适用本程序进行转化的行政违法案件，限于以刑事案件立案，但随着诉讼程序的进行，缺乏追究刑事责任的事实要件和法律要件，需要撤销案件，但是行为人的违法行为又必须予以处理且不属于公安机关管辖范围的案件。对此，公安机关应将案件移送至有管辖权的行政执法部门进行处理。

6.3.1.3　转化案件启动与期间

公安机关将不构成刑事案件而需要向其他行政机关移送时，需要经过一定

---

① 李辰星．行政执法与刑事司法衔接机制研究［D］．武汉：武汉大学法学院，2013。

的申请程序。因此，在转化程序启动时，应由公安机关移送部门向本机关负责人书面申请，经负责人批准后，启动案件转化程序。

关于移送转化的期间，2001 年国务院颁布的《行政执法机关移送涉嫌犯罪案件的规定》第 5 条规定了行政执法机关负责人决定批准将涉嫌犯罪案件移送公安机关的，应当在 24 小时以内将案件向同级公安机关进行移送。参照此规定，公安机关向其他行政机关移送案件的送达期间，也应规定为 24 小时，以此来督促公安机关对案件的移送，提高工作效率，节约诉讼资源。

6.3.1.4 移送材料范围和手续

移送案卷材料是转化程序中重要的一环，直接关乎整个案件在已送到接收机关后续环节的有序进行。参照《行政执法机关移送涉嫌犯罪案件的规定》第 6 条的规定，即行政执法机关将涉嫌犯罪案件向公安机关移送的，应当附有的材料，公安机关在向其他行政机关移送案件的移送材料应包括：第一，行政违法案件移送书；第二，涉案物品清单；第三，行政违法案件情况的调查报告；第四，有关鉴定意见或者检验报告；第五，其他有关行政违法的材料。

移送手续是案件移送转化有序进行的重要程序保障，公安机关将行政违法案件及材料移送其他行政机关时，应当制作有关案件移送函，且案件移送函应当由接收移送案件的行政机关负责人签字盖章后，交由行政机关主管部门进行备案，以此来进行对案件转化过程的监督。

6.3.1.5 行政相对人救济途径

行政相对人认为公安机关不应将案件移送至其他行政机关的，可以在收到决定的 5 日内向公安机关申请复议，对复议决定不服的，可以在复议决定作出后的 15 日内向上级机关进行申诉。

同时，公安机关向其他行政机关移送案件后，如有行政相对人或利害关系人在行政机关的行政执法行为作出后，认为行政机关损害其合法权益的，可以依据我国《行政诉讼法》第三章中关于人民法院诉讼管辖程序的规定内容，向有管辖权的人民法院提起诉讼。

接收案件的行政机关在对行政相对人作出具体行政行为时，如行政相对人认为行政机关所作出的行政行为有损自身合法权益，可根据行政机关所作行政行为的性质，向作出行政行为的上一级行政机关申请复议，或者向人民法院起诉，以此来维护自己的合法权益。

6.3.2 刑事和行政一并处罚的案件转化程序

6.3.2.1 应当遵循的原则

6.3.2.1.1 刑事优先原则

刑事优先原则是程序上的一种先行原则，即在进行行政与刑事案件转化程序时应适用的原则；不同法律责任具有独立的地位是刑事优先原则适用的前提。在刑事案件、民事案件和行政案件诉讼程序相互交叉时，考量适用哪一类案件优先处理的普遍原则，对于重大权益的优先保护是其立足点所在。

我国部分学者认为，刑事优先原则同样也可适用于行刑案件竞合情况时的解决。"当违法行为不仅违反相关行政法律规范，同时又违反相关刑事法律规范，且依法应当追究其法律责任时，在适用原则上应优先对其进行刑事诉讼程序，优先解决行为人的刑事责任问题。当刑事诉讼程序终结后再由行政机关根据行政执法程序解决行为人的行政责任问题，不得以罚代刑。"① 同时，也有一些学者持不同意见，认为刑事优先原则并不适用刑行案件竞合情况②。

刑事优先原则确立的主要原因如下：一是刑事责任的价值位阶高于民事责任和行政责任。相对于行政违法行为，刑事犯罪行为是对法律权益更严重的侵害，刑事犯罪表现为个人对国家整体利益的侵犯，刑事诉讼则是以和平的方式来解决社会内部最严重的犯罪的程序，它维护的是社会共同秩序。相比而言，"行政责任远比刑事责任轻，在目标上也只是维护行政机关的正常管理活动，在价值上难以与社会整体秩序相抗衡，两者在价值位阶相差甚远"③。二是可以最大限度完善对社会秩序的保护。刑事处罚比行政处罚的制裁程度严厉，对于具有社会危险性的犯罪分子起到一定的震慑作用，可以更有效地维护社会秩序的稳定。三是司法资源得到节约。"刑事诉讼程序本身的证据要求以及证明标准比其他诉讼程序都高，即使先作出行政处罚决定后，其所依据的证据在证据能力以及证明标准上并不一定具体符合在刑事诉讼程序中的要求，相反经司法机关认定的相关事实以及审查后的有关证据，则行政机关通常可以将其作为

---

① 陈兴良．论行政处罚与刑罚处罚的关系［J］．中国法学，1992（04）。

② 谢治东．行政执法与刑事司法衔接机制中若干问题理论探讨［J］．浙江社会科学，2011（04）。有些学者认为将刑事优先原则适用于行政处罚与刑事处罚竞合的案件中，是对刑事优先原则错误理解和不适当的滥用。在处理行政违法犯罪案件中适用刑事优先原则，在实践中不利于及时制止行政违法犯罪行为的继续实施，不具有可行性。

③ 周长军，王海平．行政执法的检察监督研究［J］．行政执法与刑事执法衔接机制论要，2006（12）。

行政处罚决定的具体依据，这样就能够减少行政证据与刑事证据的转化程序，有效节约司法资源。”①

6.3.2.1.2 责任不可相互取代原则

责任不可相互取代原则，是指在涉及刑事处罚及其他行政处罚案件的同时，要秉承刑事责任和行政责任的独立性，既要追究刑事责任，又要追究行政责任。“在具体适用时就应并行适用行政责任与刑事责任这两种责任形式，而不能以刑事责任代替行政责任，更不能以行政责任代替刑事责任。”②

在适用时，有两点需要注意：一是刑事责任和行政责任两者不得互相替代，尤其是不可用行政处罚代替刑事处罚，即“以罚代刑”③；二是不能只追究行政犯罪人的刑事责任而不追究其行政责任④。

6.3.2.1.3 无缝转化原则

无缝转化原则是行政与刑事案件中同时涉及刑事处罚和其他行政处罚时适用的原则。该原则旨在加大公安机关和其他涉案行政机关在案件转化中的力度，通过完善联席会议，加强工作交流，采取联合行动等方式，实现公安机关与其他行政机关在履行职能以及刑事处罚和其他行政处罚间的转化和配合。

国务院、最高人民检察院、公安部均出台相关规定⑤，对行政执法机关向刑事司法机关移送涉嫌刑事犯罪的案件程序进行了规定，而在行政与刑事案件中同时涉及刑事处罚和其他行政处罚时，根据无缝转化原则，相关法律规定应完善和细化，以此来更好地规范行政与刑事案件中同时涉及刑事处罚和其他行政处罚的情形。

6.3.2.2 转化适用的程序

6.3.2.2.1 适用法律文书

公安机关在处理同时涉及公安刑事处罚和公安行政处罚的案件时，适用法律文书的内容是不同的。在案件刑事处罚方面，公安机关需对涉嫌犯罪的情形

---

① 韩瀚．论行政执法与刑事司法衔接制度的完善——以检察机关的法律监督为核心［D］．合肥：安徽师范大学法学院，2012。

② 刘艳红，周佑勇．行政刑法的一般理论［M］．北京：北京大学出版社，2008：86。

③ 我国《行政处罚法》第7条第2款规定，违法行为构成犯罪，应当依法追究刑事责任，不得以行政处罚代替刑事处罚。

④ 耿刚．行政执法与刑事司法衔接机制研究［D］．扬州：扬州大学法学院，2012。

⑤ 国务院制定的《行政执法机关移送涉嫌犯罪案件的规定》、最高人民检察院出台的《人民检察院办理行政执法机关移送涉嫌犯罪案件的规定》，以及《公安机关办理刑事案件程序规定》。

进行刑事立案，制作刑事立案决定书，经过侦查，在法定期间将案件移送至检察机关，由检察机关提起公诉；而在案件行政处罚方面，公安机关在查明案件事实的情况下，依据有关证据，制作行政处罚决定书。

6.3.2.2.2 审批法律手续

在同时涉及公安刑事处罚和公安行政处罚的案件转化过程中，负责刑事案件的部门如发现此案件也符合公安行政处罚时，则应向有关公安机关主要负责人申请。

一方面，可以实现公安机关内部监督，更好地在程序中对此类案件进行处理和分类，从而节约行政资源和诉讼成本；另一方面，可以防止相关部门滥用职权，一定程度上防止相关行政部门随意插手干预案件，以及相关行政人员滥用职权。

6.3.2.2.3 当事人地位变化

公安机关在将刑事案件中涉及行政处罚的部分转移至本机关相关部门时，当事人在刑事处罚与行政处罚中的地位发生了改变。在涉嫌犯罪的刑事案件中，经过公安机关立案，作出立案决定书之后，当事人被称为犯罪嫌疑人；而公安机关将涉及行政处罚的部分移送至本机关相关部门后，当事人为行政相对人。

6.3.2.2.4 监管场所转换

在同时涉及公安机关刑事处罚和行政处罚转化程序中，根据刑事优先原则，公安机关应先行对涉嫌刑事部分进行立案、侦查，并移送检察机关提起诉讼。经过人民法院审判，作出最终裁判，此时犯罪嫌疑人一般被羁押在看守所。

而在公安机关办理行政处罚部分时，如若作出对行政相对人行政拘留决定的，则应将行政相对人移送到拘留所。

6.3.2.2.5 转化期限计算

公安机关处理的刑事部分经人民法院审判后，如判处刑事被告人管制、拘役或者有期徒刑的，其刑期从判决执行之日起计算。判决执行前先行羁押的，应折抵相应刑期，被判处有期徒刑或者拘役刑罚的，先行羁押 1 日折抵刑期 1 日；被判处管制刑罚的，先行羁押 1 日折抵刑期两日。

经过人民法院刑事审判后，在公安机关处理涉及行政处罚部分时，如若公安机关作出对行政相对人行政拘留的决定，根据“责任不可相互取代”原则，且行政相对人在之前刑事审判中被判处管制、拘役及有期徒刑以上刑罚的，此时根据“吸收原则”，刑事处罚应吸收行政处罚。

6.3.2.2.6　国家赔偿问题

根据我国《国家赔偿法》第6条规定，公民、法人和其他组织的合法权益在行政执法机关或刑事司法机关行使职权时遭受侵害的，可以向赔偿义务机关申请国家赔偿。

在同时涉及公安机关刑事处罚和行政处罚的案件中，如公民、法人或者其他组织在公安机关或者检察机关、人民法院行使职权时，合法权益遭受侵害的，可以依据《国家赔偿法》中关于刑事赔偿和行政赔偿范围相关规定，向赔偿义务机关申请赔偿。

6.4　行政案件转化为刑事案件的程序构建

6.4.1　适用主体和接收机关

在构建行政案件向刑事案件转化程序中，确定适用主体范围时，应当包括公安机关及行政机关，这里所指的行政机关包括行使不同职能的行政执法部门，如税务、工商、安全监督、技术监督等具有行政执法权的部门。

同时，也应包含法律法规授权的行政组织。此处适用主体包含公安机关以及有关监察机关。因在处理行政案件的过程中，如果案件涉嫌刑事处罚或职权犯罪，则需向公安机关或监察机关移送案件。此时，在构建行政案件到刑事案件的转化程序中，接收机关就应为公安机关或者监察机关。

6.4.2　适用案件范围和条件

行政案件向刑事案件转化程序中，在行政案件涉嫌刑事处罚或职权犯罪时，其案件适用范围应根据我国《刑事诉讼法》对于公安机关和检察机关在自身职权内接收案件。

如行政执法机关对于案件涉及公安机关职权范围，则应移送至公安机关；而如果案件涉嫌贪污、受贿等，则应将此案件移送至检察机关，以此来确定案件的适用范围。如上所述，适用条件应根据行政违法和行政犯罪两者的区别对案件进行定性。

6.4.3　明确送达和审查期限

在程序启动时，应由公安机关移送部门向本机关负责人书面申请，经负责人批准，以此来启动案件转化程序。同时，在一定程度上使得公安机关内部监督得以实现。

行政执法机关发现在办案件涉嫌刑事犯罪的，应将案件及时移送司法机关。目前，案件的移送时限包括两种情形[①]：第一种情形较为合理，行政执法机关发现案件涉嫌刑事犯罪，应将案件在 24 小时内移送至有权机关进行处理。审查期限即司法机关接收涉罪案件之后对案件进行审查并作出决定的期限。国务院颁布的《行政执法机关移送涉嫌犯罪案件的规定》均明确说明，公安机关应自受理案件之日起 3 日内对受理案件审查。2006 年最高人民检察院等四部门发布的《关于在行政执法中及时移送涉嫌犯罪案件的意见》第 5 条规定，公安机关应自受案之日起 10 日内作出立案或者不立案的决定，且对于有关案件线索特别重大、复杂的，接收案件的机关可自受案之日起 30 日内作出立案或者不立案的决定[②]。此两种情形可以同时适用，也可分别适用于不同的情况。

6.4.4 移送案件材料和手续

《行政执法机关移送涉嫌犯罪案件的规定》第 6 条规定了行政执法机关将涉嫌犯罪案件移送至公安机关，应当附有相关材料。

对于第 6 条规定中“其他有关涉嫌犯罪的材料”应作广义的分析和理解，即将与原件有关的所有材料都应移送至刑事司法部门。这样做可以更好地使刑事司法机关在办案中提高效率，节约诉讼资源。

移送手续是行政案件向刑事案件移送转化中不可缺少的一环。行政执法机关将案件及材料移送刑事司法机关时，应制作案件移送函，案件移送函由案件接收的刑事司法机关签字盖章后备案。

6.4.5 采取扣押和鉴定措施

在行政案件移送刑事司法机关时，刑事司法机关应根据《刑事诉讼法》

① 第一种情形即行政执法机关在执法过程中发现有关涉嫌犯罪的案件，应当在 24 小时内将此类案件移送至有权机关进行处理；第二种情形为行政执法机关在案发现场查获到的涉案货值、金额达到了刑事规定追诉标准的，应当立即将案件移送司法机关查处。

② 黄燕．行政执法与刑事司法衔接机制之完善［D］．长沙：湘潭大学法学院，2012。

关于查封、扣押书证、物证的规定[1]，规范处理有关涉案物品的扣押。如为查明案情，需对移送的物品、材料或者证据进行鉴定的，应当指派、聘请有专门知识的人进行鉴定。鉴定人进行鉴定后，应当写出鉴定结论并且签名。

6.4.6 当事人救济权利途径

民事领域有一句法谚：无救济则无权利。其意义同样适用于刑事领域，行政相对人认为公安机关不应将案件移送至其他行政机关的，可以在收到决定书的5日内向公安机关申请复议，对复议决定不服的，可以在复议决定作出后的15日内向上级机关进行申诉。

行政案件向刑事案件转化后，经人民法院作出裁判，如被告人或被害人不服一审判决或裁定，我国《刑事诉讼法》第227条、第229条规定，被告人、自诉人和他们的法定代理人，有权用书状或者口头向上一级人民法院上诉。被害人以及他的法定代理人对一审判决不服的，在法定期间内，有权请求同级人民检察院对人民法院判决提出抗诉。同时，《刑事诉讼法》第228条规定，地方各级人民检察院在认为本级人民法院第一审的判决、裁定确有错误的时候，应当向上一级人民法院提出抗诉。从多方面规定不同的救济途径，从而更好地保障公民的合法权益。

---

① 《刑事诉讼法》第139条规定，在侦查活动中发现的可用以证明犯罪嫌疑人有罪或者无罪的各种财物、文件，应当查封、扣押；与案件无关的财物、文件，不得查封、扣押。对查封、扣押的财物、文件，要妥善保管或者封存，不得使用、调换或者损毁。第140条规定，对查封、扣押的财物、文件，应当会同在场见证人和被查封、扣押财物、文件持有人查点清楚，当场开列清单一式二份，由侦查人员、见证人和持有人签名或者盖章，一份交给持有人，另一份附卷备查。第143条规定，对查封、扣押的财物、文件、邮件、电报或者冻结的存款、汇款、债券、股票、基金份额等财产，经查明确实与案件无关的，应当在三日以内解除查封、扣押、冻结，予以退还。

7 行政与刑事案件转化监督机制

7.1 刑事与行政转化检察监督的意义

7.1.1 检察监督是行政与刑事案件转化的保障

随着现代社会发展的多元化，行政机关所具有自由裁量权逐步膨胀，没有完善及强有力保障的权力监督制约机制就必然导致权力被滥用，在行政执法过程中出现的有法不依、执法不严、“以罚代刑”现象就可能屡禁不止。行政机关执法活动的波及范围面较广，宽泛性、时效性特征显著，很难实现对其权力行使的监督。

在实践中存在的监督形式下，国家强制力保障以及刑事犯罪责任追究是检查监督的坚强后盾，且检察权自身所具有的独特监督能力以及司法技术①，决定了其在行政与刑事案件机制中不可替代的监督作用。

有关行政与刑事案件转化的法律法规规定，行政执法机关在将案件移送后，认为案件应当立案而接收机关作出对移送案件不立案决定的，可以向作出不立案决定的机关申请复议，也可向人民检察院提出建议，请求其进行监督；当公安机关发现行政机关存在依法应该移送而没有移送的案件时，可以要求检察机关介入，实施监督职能，督促移送；社会组织及个人发现行政机关存在依

① 李辰星．行政执法与刑事司法衔接机制研究［D］．武汉：武汉大学法学院，2013。

法该移送而没有移送的案件时，也可以向检察机关申请进行监督。因此，检察机关的核心任务是检察监督，这也是转化机制中最重要的监督方式。

7.1.2 检察监督是各机关有效行使职权的保障

在行政与刑事案件转化过程中，行政机关、公安机关和检察机关根据法律规定，在各自权限范围内行使职权，而检察机关的检察监督权是各机关有效行使职权的保障。

我国现行《刑事诉讼法》、国务院出台的《行政执法机关移送涉嫌犯罪案件的规定》、公安部的《公安机关办理刑事案件程序规定》以及最高人民检察院出台的《人民检察院办理行政执法机关移送涉嫌犯罪案件的规定》等相关法律规范文件对行政机关、公安机关和检察机关在行刑案件转化过程中各自相应的职权方面进行了规定。这些规定的主要内容集中指出以下两种情况可以向人民检察院提出建议：第一，行政执法机关认为作出不立案决定的案件接收机关依法应当立案的；第二，公安机关认为行政执法机关依法应当移送案件而不移送的。通过向人民检察院提出建议，来进行检察监督，并且最高人民检察院和上级人民检察院分别加强对行政与刑事案件转化过程中检察机关的监督工作。根据《宪法》规定，检察机关具有法律监督权力。因此，应加强检察机关的监督工作，并对公安机关和行政机关的相关执法情况进行监督，使检察机关监督权对各个参与机关都具有一定的辐射力。

检察机关单独或联合其他相关部门颁布的一些规范性文件对转化机制中的检察监督权作出了相关规定。《人民检察院办理行政执法机关移送涉嫌犯罪案件的规定》以及《关于加强行政执法机关与公安机关、人民检察院工作联系的意见》[①] 等相关文件，对于在行政与刑事案件转化机制中检察机关行使监督职权的途径以及具体制度进行了规定，如行政执法机关需向人民检察院进行备案制度、各部门联席会议制度、信息通报和共享制度等，进一步明确了检察机关监督权的核心地位，为检察监督权的落实提供了可能性和保障[②]。

检察机关在行政与刑事案件转化过程中的检查监督，是行政与刑事案件转化的核心，同时也是人民法院庭审前的最后环节。检察机关可对行政执法机关在案件涉嫌犯罪时而不移送进行监督，同时也对公安机关对移送案件应予刑事

---

① 李辰星．行政执法与刑事司法衔接机制研究［D］．武汉：武汉大学研究生院，2013。

② 陈文茜．行政执法与刑事司法的衔接机制研究［D］．北京：中国政法大学研究生院，2007。

立案而不立案的监督。在对两机关进行监督的基础上，让案件有序地通过行政机关对公安机关的移送，最后将案件移送有关检察机关。

7.1.3 检察监督确保案件转化的有效、高效进行

检察机关的监督是行政与刑事案件转化整个流程顺利通畅的保障。第一，行政执法机关和刑事司法机关在行政与刑事案件移送转化时都可向检察机关申请进行检察监督，使得转化过程顺利开启；第二，行政执法机关以及刑事司法机关审查移送的案件时，检察机关也须对审查过程进行监督；第三，通过履行监督职责，确保案件转化的起始和中间顺利过渡，切实保证行政与刑事案件转化流程的高效和通畅进行。

行政与刑事案件转化过程的核心内容是检察机关的检察监督。行政犯罪案件需要在此种督促力量的推动下，进入到刑事司法诉讼程序。在行政与刑事案件转化中，检察机关的检察监督权主要体现在全程性、主动性及难以替代性方面。

首先，检察机关的检查监督贯穿于行政与刑事案件转化过程的始终，保障程序的顺畅，从而维护程序正义得以实现，在立法中也可以看出检察机关行使检察监督权的全程性，立法本意是值得肯定的。其次，检察机关在行使检察监督权时具有一定的主动性，其可以在行政与刑事案件转化过程中主动监督行政机关和公安机关的行为，并提出检察建议，使得检查监督权落到实处。最后，在行政与刑事案件转化过程中，仅让行政机关和公安机关对自身行为进行监督是万万不行的。行政与刑事案件转化过程中，必须由检察机关作为“监督者”来参与，而且依据《宪法》规定，各级检察机关具有检查监督的权力；行政犯罪进入刑事诉讼程序需要检察监督。

7.1.4 检察监督是行政与刑事案件正当性的保障

检察监督权具有法定性和程序性的特点。从本质上来讲，检察监督权的行使并不具有终局的实体处分效力。有理由认为，检察监督权的行使，只是启动了相应的监督程序，而这种程序，并不会干涉行政机关正常行使各自的权力，同时也与行政行为领域内的公定力等理论不存在互相冲突现象。

行政行为领域的公定力指的是行政行为在成立后，不论是否合法，都具有被法律推定为合法的一种法律效力。所有机关以及组织或个人都应予以尊重。行政行为领域的公定力仅仅表明在由人民法院或者其他机关所作出否定性方面的裁断之前，将推定行政机关的行政行为合法有效，但不意味着推定的行政行

为当然具有合法效力①。

在行政执法程序和刑事司法程序的转化机制中，检察监督权的行使应该具有主动性。检察监督权行使的主要目的在于有些行政执法机关并不严格按照我国相关法律法规规定将涉嫌犯罪的案件进行移送，有些行政机关将涉嫌犯罪的案件“以罚代刑”处理。目前，对这些情形进行程序方面的督促，并没有实际对行政权的行使进行干扰。检察监督是一种程序性监督，这一特点与行政行为的公定力理论并不存在冲突。

7.2　行政与刑事案件检察监督存在的问题

目前，规范我国刑事案件到行政案件转化中的检察监督问题的法律较少，主要的原因是因为实际情况中存在的大多数移送案件为行政执法案件向刑事司法案件的转化。而且现行行政法规大多是规范了行政执法案件向刑事司法案件的转化程序，如国务院出台的《行政执法机关移送涉嫌犯罪案件的规定》，最高人民检察院单独或会同有关部门出台了《人民检察院办理行政执法机关移送涉嫌犯罪案件的规定》《关于在行政执法中及时移送涉嫌犯罪案件的意见》等。在实际工作中，对刑事案件到行政案件的监督并不完善，具体表现在缺少相应的监督法律规范以及法律监督机制的不完善。

7.2.1　行政与刑事案件转化检察监督规范立法不明

鉴于我国现实中存在较多的行政案件到刑事案件转化现状，国务院出台了《行政执法机关移送涉嫌犯罪案件的规定》，该规定明确了行政执法案件向刑事司法案件转化过程中的程序规范，以及检察机关在案件移送过程中的检察监督。

而实践中，对于刑事案件到行政案件转化中的监督规范却是个空白，处于真空状态。使得相关监督机关在行使监督职责时并无相应的法律依据，不利于刑事案件到行政案件转化的顺利通畅进行。根据公权法定的原理，检察机关对行政机关进行的监督制约涉及不同国家机关的职权划分，只能由全国人民代表大会及其常务委员会作出决定。我国现行《宪法》以及《人民检察院组织法》中有关于规范和监督行政执法行为的规定，但规定相对原则和宽泛。

有关规范检察监督的相关规定的法律位阶较低，较多的表现为行政法规等规范性文件，并没有法律的普适效力和约束力，并且原则性规定的内容较多，

① 韩瀚．论行政执法与刑事司法衔接制度的完善——以检察机关的法律监督为核心［J］．安徽师范大学法学院，2012。

不能成为检察机关对于行政机关执法活动进行监督的实质依据。如最高人民检察院与公安部等部门联合下发的《关于加强行政执法机关与公安机关、人民检察院工作联系的意见》，其中强调了公安机关和行政执法机关必须要接受人民检察院依法实施的监督。同时，该意见中详细规定了由人民检察院对公安机关进行立案监督工作中的注意事项，可以很好地预防公安机关不依法立案等问题。不足之处在于该意见只是笼统地指出“人民检察院依法对行政执法机关移送涉嫌犯罪案件情况实施监督”，但并没有具体的程序性规定，如没有详细地说明人民检察院如何对行政机关进行监督。

7.2.2 行政与刑事案件转化检察监督机制不够完善

在刑事案件到行政案件转化的监督现状中，监督机关在案件转化中的职责并不明确，导致实际中的监督机制不完善，且在相关立法规范空白的情况下，对于刑事案件到行政案件转化中的监督机制更是一个大的缺口。现实中，刑事案件到行政案件监督机制的不完善，使得监督机关在行使监督职责时，容易产生多方面的弊病，如会使监督工作开展受阻、怠于行使监督职责等情况的发生。

检察机关在完善行政与刑事案件工作机制中发挥了重要作用，是行政与刑事案件转化的关键所在，在行政案件向刑事案件的转化工作中检察机关的监督权占据重要地位。通过一系列规范性文件的制定，使得检察机关的检察监督地位更加明确。但是实践中，检察机关的监督权并未发挥其应有的主导作用，检察监督仍是一种“外在型”“事后型”的监督。监督机制缺位，具体表现为检察监督的法律规定不完备、监督手段缺乏应有的刚性、监督范围有限等。

7.2.3 行政与刑事案件转化检察监督的力度缺乏刚性

一方面，检察监督属于柔性监督，强制效力不足。“《人民检察院办理行政执法机关移送涉嫌犯罪案件的规定》第 12 条指出，当行政执法机关在执法过程中，依法应当向公安机关移送涉嫌犯罪，而行政执法机关不移送的，各级人民检察院可以提出检察意见。反之，同时该规定第 13 条指出，公安机关进行立案后，各级人民检察院有权对其实行监督，而公安机关仍不改正的，检察机关可以向其提出检察意见。”① 上述规定对于检查意见的提出都用了“可以”二字进行表述，即行政执法机关以及公安机关在作出不当行为时，检察机关有

---

① 刘远，赵玮．行政执法与刑事执法衔接机制改革初探——以检察权的性质为理论基点［J］．法学论坛，2006（01）。

选择权，可以选择向行政执法机关以及公安机关提出相关检察意见，同样也可以选择不向其提出。在一定程度上，这样做削弱了检察机关自身检察监督权所应有的的强制效力。

另一方面，由于在行使方式、行使途径等方面检察监督权存在不完善之处，客观上也影响了对实践工作的指导意义。现行出台有效的一系列规范性文件只是提出，当遇到行政执法机关、公安机关在实施有关程序中存在不当行为时，检察机关可以针对其不当行为提出检察意见。但是，对于检察机关究竟应该如何提出检察意见，检察意见究竟应该如何定位它的效力，如果行政执法机关以及公安机关不采纳所提出的检察意见，检察机关应采取怎样的措施，这一系列问题都没有详细规定①，从而影响了转化工作中检察监督的实际效果。

7.2.4　行政与刑事案件转化检察监督的范围较为有限

我国共有三大诉讼审判活动，人民检察院在对其进行法律监督时，所采用的仅仅是原则性条文的法律依据，而且在相关法律规定中，对行政执法活动的检察监督工作来说，检察机关一般处于立法真空状态，难以找到具体的法律依据。

从国务院、最高人民检察院各自出台的文件来看，目前对行政执法机关进行的检察监督实际上是一种事后监督。在相关文件中，并没有提及案件移送之前对行政执法行为的法律监督问题。在实务中，行政执法机关通常不愿意接受来自人民检察院的监督，这种职权行使范围上的限制，致使检察监督在转化工作中难以充分发挥作用。检察机关在行政与刑事案件转化的监督上，集中体现在监督公安机关立案方面，如 2001 年国务院发布的《行政执法机关移送涉嫌犯罪案件的规定》第 9 条明确规定，公安机关应当接受人民检察院依法进行的立案监督。而对行政案件立案监督却缺少具体程序规范，导致检察机关在行政与刑事案件转化中忽视了对行政机关的立案监督。

7.3　行政与刑事案件转化检察监督不利的原因

7.3.1　行政与刑事案件转化检察监督的被动性

从国务院、人民检察院各自出台的文件来看，目前人民检察院对行政执法

① 黄燕．行政执法与刑事司法衔接机制之完善［D］．长沙：湘潭大学法学院，2012。

机关进行的监督实际上是一种事后监督[①]，只是对于已备案的行政执法机关需要移送给公安机关的案件，以及公安机关是否接收并立案等情况进行监督，对于案件移送之前行政执法行为的法律监督问题并没有提及。

事后监督不利于对整个行政执法活动进行有效监视，不利于及时惩处行政机关的违法行为，同时容易错失前期证据搜集、侦查等相关方面的时机，将对后期进行的刑事司法活动带来不利影响。

7.3.2 行政与刑事案件转化检察监督的程序性

对于检察机关的检察监督权，我国《宪法》和法律都以明确的法律条文进行相关规定，更多地体现为原则性和程序性的规定。此种情况会造成两个弊端，一是“宪法地位高法律地位低”的情形。《宪法》以最高法的形式规定检察机关全面的检察监督权，而我国法律却将检察机关的检察监督权限定在诉讼范围内，使得其职权未得到全面发挥。《宪法》明确规定国家的法律监督机关就是人民检察院，其在行使法律监督权时并没有限制监督权的作用范围。然而，《宪法》层面下的法律通过规定对此作用范围进行过大限制[②]。二是容易使检察机关在实际监督过程中处于被虚化的地位。

行政权日益的膨胀也是虚化检察机关行使检察监督权的重要原因，正如思想家孟德斯鸠[③]所说：“一切有权力的人都容易滥用权力，这是万古不易的一条经验。”[④] 因此，在《宪法》法律层面，虽然对最高人民检察院、地方各级人民检察院和军事检察院等检察机关检察监督权规定的程序性较强，但在实际运作过程中却远远不够，还需要继续补充加强。

“目前对行政执法行为的监督方式有四种，分别为内部监督、外部监督、专门机关监督、社会监督。当前，监督机关众多，职权交叉职权重复的现象普

---

① 行政执法与刑事司法有效衔接机制的建立与完善[EB/OL]. http://www.zjhn.jcy。

② 刘远，汪雷，赵玮. 行政执法与刑事执法衔接机制立法完善研究［J］. 政法论丛，2006（05）。

③ 1748年，孟德斯鸠最重要的也是影响最大的著作《论法的精神》发表。这是一部综合性的政治学著作。孟德斯鸠特别强调法的功能，孟德斯鸠认为法律是理性的体现，法又分为自然法和人为法两类。自然法是人类社会建立以前就存在的规律，那时候人类处于平等状态；人为法又有政治法和民法等。孟德斯鸠提倡资产阶级的自由和平等，但同时又强调自由的实现要受法律的制约，政治自由并不是愿意做什么就做什么。孟德斯鸠说“自由是做法律所许可的一切事情的权利；如果一个公民能够做法律所禁止的事情，他就不再有自由了。因为其他的人也同样会有这个权利。”

④ ［法］孟德斯鸠. 论法的精神（上册）［M］. 北京：商务印书馆，1961。

遍存在。实际上，有时候，监督权更多受制于行政权，因为监督机关在某些问题对行政机关存在依赖，主要表现在人事、财政上等方面。"[①] 检察机关作为享有《宪法》规定的法律监督权的部门，从理论上说，确实应该承担起对行政执法监督的重任，但是往往由于法律依据不足、缺少相应的配套制度对其进行保障等多方面相关因素，检察机关应有的作用尚未能得到全面发挥。

7.3.3 行政与刑事案件转化检察监督信息匮乏性

行政与刑事转化工作中正常开展的监督工作，往往由于缺乏信息而导致重重问题，且频频受制。作为最重要的专门监督机关，检察机关主要从以下两个方面监督行政执法：一方面要监督行政执法人员的行为，是否在执法过程中有徇私舞弊、滥用职权等相关职务犯罪的行为[②]；另一方面，是否在执法过程中出现行政机关将该移送的涉嫌犯罪案件而没有移送的行为。在实践过程中，对于相关涉嫌犯罪案件，存在行政执法机关不主动并且不及时移送的情形，同时信息共享平台的构建以及案情通报制度并不完善，致使信息渠道不顺畅，使得相关案件信息不能够得到有效的传递。因此，检察机关全面掌握行政执法活动的情况，是正常开展监督工作的前提和基础。

信息共享平台建设缓慢，直接导致检察机关信息来源渠道不畅，难于进行监督。国务院法制办等部门推出《〈关于加强行政执法与刑事司法衔接工作的意见〉通知》，中共中央办公厅以及国务院办公厅也转发了该意见，明确要求各级党委和政府要建立行政与刑事案件程序中工作信息的共享平台。然而实践中，从全国情况看，大部分地区信息平台建设进展缓慢，有的地方甚至尚未开始实施建设。调研了解到，行政与刑事案件信息共享平台在实际运用中存在运行机制不畅等多种问题。

一是技术方面存在数据兼容难题。由于每个独立的行政执法机关都有各自的独立的、内部的信息数据系统，然而行政与刑事案件中搭建的信息共享平台的概念实际上是一个接入系统，而各地方采用的不是统一的软件标准，这就导致了当需要向共享平台中输入某些行政处罚案件的相关信息时，即使有技术手段，相应数据也不能全面进行对接，存在一定的滞后性。

二是审批程序复杂，共享平台利用率低。行政执法机关中有一些是由省级

---

① 李辰星．行政执法与刑事司法衔接机制研究［D］．武汉：武汉大学法学院，2013。

② 韩瀚．论行政执法与刑事司法衔接制度的完善——以检察机关的法律监督为核心［D］．合肥：安徽师范大学法学院，2012。

管理部门直接负责管理，进行数据的上传下达、接入导出都需要经过各级机关层层审批，这就使得共享平台难以与实际工作进行快速有效的对接。

三是在行政执法活动中，需要载入的案件的信息量过大，而负责录入信息的人员相对不足，任务相对繁重，有时还需要重复录入，影响了积极性①。这就导致行政执法机关、公安机关、检察机关之间无法充分利用信息技术实现互联互通，检察机关有时不能够准确及时地掌握和了解行政执法机关在查处案件中的实际情况，使得其监督职能无法有效实现，导致存在监督盲点的弊端。

7.4 行政与刑事案件转化检察监督的完善

7.4.1 完善行政与刑事案件转化检察监督的立法

我国要真正实现对行政执法行为的检察监督，重中之重就是要在立法上确定对于行政执法过程，检察机关有检察监督权。如前文所述，目前我国只是在相关法律文件中提出或规定检察机关对行政执法机关有监督权，但却不是先期监督、过程监督，而是集中为被动监督、滞后监督。监督的方式也仅限于“可以”提出检察意见。从分析来看，这些法律文件并不具备在执行方面的刚性要求。而我国现行法律对于行政法治的监督权是否属于检察机关却并没有明确规定。

因此，为了充分发挥检察监督的作用，今后在修改法条，特别是修订《人民检察院组织法》时，应当明确规定检察机关有权对行政执法活动进行监督，并授权检察机关“通知移送案件权”，这样才能保证监督权在态度上的强制性和执行中的操作性。

7.4.2 建立检察机关监督提前介入案件转化程序

为了更好地履行法律监督职能，检察机关必须提前介入刑事案件和行政案件交叉转化过程。目前，在行政与刑事案件实践中，行政执法机关在查处行政违法案件程序中往往由于执法人员法律专业知识与意识不强、执法任务繁忙等原因，对本应移送司法机关进行刑事处理的案件“以罚代刑”，并且存在部分行政执法人员徇私舞弊不对涉嫌犯罪案件进行移送的行为，这极大地阻碍了行政与刑事案件工作的顺利开展。我国目前只是在相关法律文件中规定检察机关对行政执法机关有监督权，但却不是主动监督、过程监督，而是集中为被动监

---

① 元明，张建忠．注重机制建设，推动“两法衔接”规范开展——基于对上海、福建两地实践调查研究的思考［J］．人民检察，2013（23）。

督，缺乏主动性，亟须建立提前介入案件制度。那么，就可以让检察机关把实施监督的时间在必要时提前到行政执法阶段，这样不仅有利于加大检察机关的监督力度，加大了行政执法活动的透明性，同时更有利于及时发现可能涉罪案件。

确立检察机关的提前介入制度，必须明确规定关于检察机关具体如何提前介入的实施细则，具体内容主要应该包含：检察机关提前介入的时间、提前介入的方式、检察机关的权力以及职责、检察监督权行使的程序等内容。值得注意的是，检察机关提前介入行政执法过程，必须把握一个合理的“度”，提前介入并不代表可以干涉行政执法的正常进行。

首先，对于一些性质较轻、社会危害性不大的行政违法案件，检察机关不应提前介入。但是，当行政执法机关对案件性质界定困难或对于适用法律法规把握不准的时候，就应该及时通报检察机关，使其介入监督案件的侦查与分析；检察机关在参与处理案件过程中，如提出移送建议并认为确有必要，行政机关必须移送①。

其次，对于行政机关在执法过程中发现的案情重大、疑难复杂的涉罪案件，检察机关应及时主动地介入。检察机关在处理案情复杂的犯罪案件时，在专业知识和办案经验方面都比行政机关更为丰富，检察机关的及时介入有利于实现对案件的正确定性、规范证据的收集过程，同时有利于后期刑事司法活动的顺畅进行。对于社会危害性大、情节恶劣的行政违法案件，应当大致包括如下情形：广大群众反映强烈的行政执法案件；涉及金额较多、产生较大影响、波及范围广泛并且还没进行移送的相关行政违法案件；有关涉及公共利益、公共安全以及人身安全的重大案件情形，如出现重大有关食品安全、生产安全、偷税逃税、环境污染、渎职侵权等案件。这几类案件社会负面影响大，调查取证难度大，检察机关应积极派员介入行政执法过程。

7.4.3　设立立案监督部门明确检察监督具体情形

立案监督权是人民检察院行使法律监督职能的具体体现，检察机关应加强与行政执法机关和公安机关的联系，健全并完善对行政执法机关和公安机关的立案监督制度，有效实现检察机关的监督作用。

2001 年国务院颁布的《行政执法机关移送涉嫌犯罪案件的规定》中仅规定对行政执法人员不法行为的责任追究，没有涉及检察机关职能。2001 年最

---

①　韩瀚．论行政执法与刑事司法衔接制度的完善——以检察机关的法律监督为核心［D］．合肥：安徽师范大学法学院，2012。

高人民检察院《人民检察院办理行政执法机关移送涉嫌犯罪案件的规定》构建起检察机关受理行政机关移送职务类犯罪案件的有关程序，赋予检察机关对公安机关办理接收行政机关移送的涉嫌犯罪案件进行立案监督的权力，如对公安机关的立案或不立案的决定，如果检察机关认为不正确，可以提出监督意见；列明在几类情形下可以提出检察意见。这样明确规定检察机关的监督范围，有利于保护当事人的合法权利，一方面可以避免行政机关、公安机关对犯罪行为以行政处罚了事，另一方面可以防止公安机关用刑事手段插手经济纠纷，侵犯当事人权利。

但是，目前行政执法与刑事司法衔接的主要六部法律法规中，在立案监督方面还有待完善，具体完善建议如下：第一，现有法律法规中没有赋予检察机关对违法行为的调查权，使得检察机关的立案监督权未被实质化。笔者认为，应当增加检察机关的调查权，包括询问有关人员案件情况，查阅、复制相关法律文书及案卷材料。第二，明确相关司法机关说明不立案或立案理由的时间限制，明确检察机关纠正此类行为的具体程序和期限等，这几项规定可以增加立案监督的刚性。第三，为了解决因此导致检察部门工作量加大、工作反复、人员不够等问题，应当对不同情况进行分流，或增加专门“两法”衔接办公室，培养专业人才应对“两法”衔接中的立案监督机制的独特运作。

首先，加强对行政机关的立案监督。一般来说，行政执法机关是最先接触涉嫌犯罪案件的机关，当行政机关发现案件可能涉嫌犯罪时，将案件及证据材料等移送至公安司法机关。但是实践中，由于利益的驱使，有的行政执法部门却以行政处罚的形式，对于应当移送刑事司法机关的涉罪案件进行结案，放纵了犯罪，因此，应加强对行政机关的立案监督。立案监督对检察机关来讲，应该侧重确立并健全案件的移送制度。行政机关在向公安机关移送涉嫌犯罪案件的时候，应同时向相应的检察机关的立案监督部门进行备案。如行政机关在对涉嫌犯罪案件不进行移送时，人民检察院在进行监督审查后认为案件确实属涉嫌犯罪的，有权并必须要求行政机关对不予立案的理由进行说明；如检察机关认为行政机关所给出的说明理由不能成立的，同时应当下达移送案件的通知书给行政机关，应检察机关要求，行政机关必须将案件移送至公安机关并对涉罪案件进行立案侦查。如果行政机关对案件拒不移送的，此时人民检察院就有权直接通知公安机关对案件进行立案①。

其次，应加强对公安机关在立案监督方面的情形。在接收其他行政执法机

---

① 李辰星．行政执法与刑事司法衔接机制研究［D］．武汉：武汉大学法学院，2013。

关移送来的涉嫌犯罪案件时，如果发现公安机关应当予以立案而不进行立案的，要及时启动立案监督程序，督促公安机关及时立案，防止延误取证，致使对后续的刑事司法程序不力。

再次，应规范退回案件的处理程序，确立行政机关的责任追究机制①。《行政执法机关移送涉嫌犯罪案件的规定》第 9 条规定了关于对公安机关的立案监督②。然而，实践中对于退回的案件，行政机关很少提出异议，导致立案监督流于形式。对于公安机关明显没有规范处理而进行退回的案件，以及复杂、疑难、重大案件，行政机关应当及时对该类案件提出立案监督建议，要求检察机关进行立案监督。

为了更好地促进刑事司法与行政执法的转化工作，建议在检察机关内部成立专门的部门负责立案监督工作。例如，深圳市龙岗区人民检察院将立案监督的职责交由侦查监督科经济犯罪办案组负责，他们采用的是提前介入以及引导等侦查方式，同时在与税务和工商以及卫生等行政机关保持日常沟通与协调的基础上，开展转化监督工作。深圳市宝安区人民检察院则设立了专门负责与行政执法机关联系的“破坏社会主义市场经济秩序犯罪检控室”③。

对于行政机关移送的涉嫌犯罪案件，检察机关在进行立案监督时，由于缺乏行政执法的相关专业知识、对行政法规的了解较少，使检察机关的工作受到很大局限性，导致监督乏力。

因此，应加强检察机关工作人员队伍建设，在日常工作中必须注重与行政执法机关、公安机关的沟通与交流，积极学习行政法规、了解行政执法业务知识，在立案监督工作中能较快地以相对专业的水平开展工作。

7.4.4 建立移案监督制度

检察机关的移案监督权同样重要，以保证行政机关移送的案件依法得到处理。具体可以通过以下方式进行移案监督：第一，移送建议权。检察机关发现行政执法机关有应当移送未移送、逾期未移送的情况，建议行政机关移送涉嫌犯罪线索材料，并抄送检察机关备案；第二，纪律处分建议权。检察机关发现

---

① 陈文茜．行政执法与刑事司法的衔接机制研究［D］．北京：中国政法大学研究生院，2007。

② 《行政执法机关移送涉嫌犯罪案件的规定》第 9 条规定，行政执法机关接到公安机关不予立案的通知书后，认为依法应当由公安机关决定立案的，可以提请作出不予立案决定的公安机关复议，也可以建议人民检察院依法进行立案监督。

③ 韩瀚．论行政执法与刑事司法衔接制度的完善——以检察机关的法律监督为核心［D］．合肥：安徽师范大学法学院，2012。

行政执法人员未依法移送案件或利用职权瞒报案件，情节轻微的，有权向纪检监察部门反映情况，对此类行为给予行政处分，以此起到督促作用；第三，调查权。检察机关接到社会举报后，有权向行政机关和公安机关调取案件材料，审查举报事实真实性；第四，赋予检察建议一定的强制性效力。行政执法机关违反国家法律法规政策时，检察机关可以要求上级政府给予其行政处分。

检察机关发现涉嫌犯罪未移送至司法机关，或以行政处罚代替刑事处罚的情况，给国家、集体、个人利益造成严重损害，需要采取补救措施的，实施问责机制。检察机关的检察建议要具有刚性，让行政机关和公安机关重视建议，并根据建议重新考量案件，将处理结果通报检察机关。这样，在促进依法行政、规范行政执法行为的同时，防止行政权力膨胀，减少行政执法腐败现象。

7.4.5 加大宣传力度，提高对监督的思想认识

检察机关的监督是行政与刑事案件机制得以顺利进展的关键因素，为了促进行政与刑事案件的有效转化，必须将检察监督制度的健全与完善提上议事日程。行政执法机关、公安机关、检察机关及其工作人员必须深化对行政与刑事案件工作机制的认识，强化检察监督对行政与刑事转化重要性的认识，加强学习，提高自身法律素养和业务水平。

在行政执法机关、公安机关和检察机关内部，可以采取开展专题讲座、研讨会等形式的学习活动，加大对检察监督工作的宣传力度，使检察监督工作真正地被纳入相关工作人员的具体工作中，为更好地行使检察监督权创造有利环境。

7.4.6 建立信息共享机制，拓展检察监督信息来源

检察监督的有效行使必须以信息的获取为前提，搭建信息共享平台、构建信息共享机制，是实现有效监督的前提和基础。建立和完善信息共享平台，将更好地提高行政机关和公安司法机关两者间实现转化工作对接后的效率，便于检察机关监督行政执法程序，更高效地对犯罪行为进行打击。因此，要充分运用高科技手段建立“网上转化、信息共享”平台，行政执法机关与公安机关、人民检察院、人民法院之间依托平台实现信息联网、互通有无，建立实时性的沟通机制，实现案件处罚以及移送的网络备案、全面跟踪相关案件流程、推动执法动态方面的公开交流以及相关业务转化，便于检察监督权更好地行使。

例如，2015 年 1 月 20 日，四川省“两法”衔接信息共享平台步入试运行阶段，标志着四川省内关于“两法”衔接情况的信息实现了省市县三级互联互通。通过这样的信息共享平台，对案件的处理流程、处理结果一目了然，行政执法机关、司法机关、检察机关可以对案件全程追溯。依托这样的信息共享

平台，各机关在规定的时间内将本机关处理案件的情况录入上传到信息共享平台，案件移送、受理、监督都可以网上进行，保障案件各流程公开、透明。而且，前期的执法部门可以跟踪案件处理的流程，后端的司法监督部门也能够实时监督执法流程，做到了相互监督。

信息共享机制是在实践中不断地探索的。例如，上海市浦东新区人民检察院在全国范围内率先推行了信息共享机制。该机制自推行以来取得了阶段性成果，现已得到了实践部门一定程度的肯定和较为普遍的推广；又如，浙江省舟山市人民检察院与行政执法机关之间构建了完善的信息共享平台，同时指定专人负责平台的应用管理，促进信息的传递和沟通；2011 年 11 月，安徽省凤阳县正式开通了行刑案件信息共享平台；2012 年 6 月，河北省石家庄市建立了行刑案件转化机制信息共享平台①。

要想实现行政执法机关、公安机关、检察机关之间的信息共享，前提在于搭建信息共享平台、明确共享信息的内容，关键在于明确如何对外公开行政执法机关的信息，以及如何实现监督机关与行政执法机关之间信息共享。

首先，先建立市一级信息共享平台，再建立省一级、国家级的信息共享平台，逐步深入联合越来越多的部门。先从行政执法向刑事司法衔接较多的部门开展，令信息共享观念深入执法人员内心，成为工作常态，各机关感受此制度带来的工作便利，提高积极性，这样也避免自上到下推广运行的阻力和难度。加强信息平台操作培训。举办操作培训，演示信息共享平台应用、安全维护等功能，并对案件信息录入、接收以及纠错方法进行培训和具体辅导，规范操作流程。实时更新和管理信息平台。为了信息共享平台稳定、安全运行，各有关机关要做好系统维护、升级工作，提高平台简便性和功能性，以确保案件能准确、及时录入系统。

其次，要丰富网络信息共享的内容。信息共享的内容应包括：具体的行政执法主体、案件的处理程序、案件线索及查获的证据材料、行政处罚情况、司法机关的接收情况、审查与处理结果等。为了及时、准确地录入及接收案件信息，各行政执法机关、公安机关、检察机关应设立具体的部门或工作人员，分别负责案件信息、移送情况的录入与接收；对于公安司法机关反馈的案件处理结果，行政执法机关应派专人负责接收。对于录入、反馈信息不及时的，应直接追究直接责任人的责任。

再次，要构建信息共享机制通报制度。行政执法机关应及时将查处的案件

---

① 潘丽．论行政证据材料在刑事诉讼中的运用［D］．杭州：浙江工商大学法学院，2013。

相关情况、向公安机关移送的涉嫌犯罪案件的情况（包括案件数量、简要案情等），向检察机关进行通报。同时，检察机关也应及时通报案件的立案监督情况，对公安机关的立案、侦查工作开展立案监督。

最后，要完善备案审查制度。行政执法机关向公安机关移送涉嫌犯罪案件，应及时抄送检察机关备案。公安机关也应将关于接收移送的案件审查情况，对案件作出立案抑或不立案的决定报检察机关备案，主动接受检察监督。另外，要建立与之相配套的奖惩机制。对各机关关于信息共享平台的管理及应用情况进行考核，对信息录入全面、及时的机关予以奖励，对没有按规定录入、接收信息的机关给予一定的惩罚。

同时，对“两法”衔接案件较集中的行政部门，可成立相应的执法协作办公室，发挥检察、公安、行政部门各自优势，通力合作有效打击犯罪。处理重大疑难案件时，可以准许司法机关提前介入，运用司法资源快速、及时、准确判断案件性质、固定案件证据，行政执法机关和司法机关有效配合，整合资源，凝聚执法合力。

结　　论

行政与刑事案件的转化机制是一项系统工程，对于充分发挥刑事执法与行政执法的资源共享和优势互补，加强法律监督，节约执法资源，共同形成打击合力，实现公正执法、依法行政，保障社会主义建设事业的顺利进行，具有重要的促进作用。

本书在厘清行政与刑事案件转化的相关命题、历史演化、相互关系后，阐述了刑事案件与行政案件转化的理论依据、正当性及可行性，通过实证研究，对典型案例进行综合分析，发现行政与刑事案件转化中凸显的主要问题，挖掘其深层次的原因，抓住行政与刑事案件转化中的两大主要问题，即证据问题及监督问题；在此基础上构建行政与刑事案件转化机制，从执法理念、实体法完善、两种案件互相转化程序来研究。

本书着力于完善刑事与行政转化程序相关立法规定，构建转化程序，建议细化相关法律法规，确立及提高其法律效力和可操作性。从机制上研究刑事与行政互涉案件的转化问题，把刑事司法和行政执法有机衔接起来，从而使两者的定位问题在实践中得以解决，同时使理论和实践中的法律问题也得到解决。

本书旨在研究刑事执法与行政执法互相转化问题，近年来一直是热点所在，而专家学者的研究多散见于期刊文献，大多致力于大方针政策的制定，却缺少可依照履行的操作性，而真正将两个方面结合起来，综合研究分析的专著和文献目前还较为鲜见。

本书着眼于对行政与刑事案件从概念到相关理论都进行深入的梳理和研究，对行政与刑事案件转化问题作系统化总结、分析、阐述，究其根源，在抽象层面提炼凝结，在此之上演绎并回到实践，尝试构建两种案件的转化程序，以期对实践有益。

附录 1

行政执法机关移送涉嫌犯罪案件的规定

中华人民共和国国务院令第 310 号

《行政执法机关移送涉嫌犯罪案件的规定》已经 2001 年 7 月 4 日国务院第 42 次常务会议通过，现予公布，自公布之日起施行。

总理　朱镕基

2001 年 7 月 9 日

第一条　为了保证行政执法机关向公安机关及时移送涉嫌犯罪案件，依法惩罚破坏社会主义市场经济秩序罪、妨害社会管理秩序罪以及其他罪，保障社会主义建设事业顺利进行，制定本规定。

第二条　本规定所称行政执法机关，是指依照法律、法规或者规章的规定，对破坏社会主义市场经济秩序、妨害社会管理秩序以及其他违法行为具有行政处罚权的行政机关，以及法律、法规授权的具有管理公共事务职能、在法定授权范围内实施行政处罚的组织。

第三条　行政执法机关在依法查处违法行为过程中，发现违法事实涉及的金额、违法事实的情节、违法事实造成的后果等，根据刑法关于破坏社会主义市场经济秩序罪、妨害社会管理秩序罪等罪的规定和最高人民法院、最高人民检察院关于破坏社会主义市场经济秩序罪、妨害社会管理秩序罪等罪的司法解释以及最高人民检察院、公安部关于经济犯罪案件的追诉标准等规定，涉嫌构成犯罪，依法需要追究刑事责任的，必须依照本规定向公安机关移送。

第四条　行政执法机关在查处违法行为过程中，必须妥善保存所收集的与违法行为有关的证据。

行政执法机关对查获的涉案物品，应当如实填写涉案物品清单，并按照国家有关规定予以处理。对易腐烂、变质等不宜或者不易保管的涉案物品，应当采取必要措施，留取证据；对需要进行检验、鉴定的涉案物品，应当由法定检验、鉴定机构进行检验、鉴定，并出具检验报告或者鉴定结论。

第五条　行政执法机关对应当向公安机关移送的涉嫌犯罪案件，应当立即指定 2 名或者 2 名以上行政执法人员组成专案组专门负责，核实情况后提出移送涉嫌犯罪案件的书面报告，报经本机关正职负责人或者主持工作的负责人审批。

行政执法机关正职负责人或者主持工作的负责人应当自接到报告之日起3日内作出批准移送或者不批准移送的决定。决定批准的，应当在24小时内向同级公安机关移送；决定不批准的，应当将不予批准的理由记录在案。

第六条　行政执法机关向公安机关移送涉嫌犯罪案件，应当附有下列材料：

（一）涉嫌犯罪案件移送书；

（二）涉嫌犯罪案件情况的调查报告；

（三）涉案物品清单；

（四）有关检验报告或者鉴定结论；

（五）其他有关涉嫌犯罪的材料。

第七条　公安机关对行政执法机关移送的涉嫌犯罪案件，应当在涉嫌犯罪案件移送书的回执上签字；其中，不属于本机关管辖的，应当在24小时内转送有管辖权的机关，并书面告知移送案件的行政执法机关。

第八条　公安机关应当自接受行政执法机关移送的涉嫌犯罪案件之日起3日内，依照刑法、刑事诉讼法以及最高人民法院、最高人民检察院关于立案标准和公安部关于公安机关办理刑事案件程序的规定，对所移送的案件进行审查。认为有犯罪事实，需要追究刑事责任，依法决定立案的，应当书面通知移送案件的行政执法机关；认为没有犯罪事实，或者犯罪事实显著轻微，不需要追究刑事责任，依法不予立案的，应当说明理由，并书面通知移送案件的行政执法机关，相应退回案卷材料。

第九条　行政执法机关接到公安机关不予立案的通知书后，认为依法应当由公安机关决定立案的，可以自接到不予立案通知书之日起3日内，提请作出不予立案决定的公安机关复议，也可以建议人民检察院依法进行立案监督。

作出不予立案决定的公安机关应当自收到行政执法机关提请复议的文件之日起3日内作出立案或者不予立案的决定，并书面通知移送案件的行政执法机关。移送案件的行政执法机关对公安机关不予立案的复议决定仍有异议的，应当自收到复议决定通知书之日起3日内建议人民检察院依法进行立案监督。

公安机关应当接受人民检察院依法进行的立案监督。

第十条　行政执法机关对公安机关决定不予立案的案件，应当依法作出处理；其中，依照有关法律、法规或者规章的规定应当给予行政处罚的，应当依法实施行政处罚。

第十一条　行政执法机关对应当向公安机关移送的涉嫌犯罪案件，不得以行政处罚代替移送。

行政执法机关向公安机关移送涉嫌犯罪案件前已经作出的警告，责令停产停业，暂扣或者吊销许可证、暂扣或者吊销执照的行政处罚决定，不停止执行。

依照行政处罚法的规定，行政执法机关向公安机关移送涉嫌犯罪案件前，已经依法给予当事人罚款的，人民法院判处罚金时，依法折抵相应罚金。

第十二条 行政执法机关对公安机关决定立案的案件，应当自接到立案通知书之日起3日内将涉案物品以及与案件有关的其他材料移交公安机关，并办结交接手续；法律、行政法规另有规定的，依照其规定。

第十三条 公安机关对发现的违法行为，经审查，没有犯罪事实，或者立案侦查后认为犯罪事实显著轻微，不需要追究刑事责任，但依法应当追究行政责任的，应当及时将案件移送同级行政执法机关，有关行政执法机关应当依法作出处理。

第十四条 行政执法机关移送涉嫌犯罪案件，应当接受人民检察院和监察机关依法实施的监督。

任何单位和个人对行政执法机关违反本规定，应当向公安机关移送涉嫌犯罪案件而不移送的，有权向人民检察院、监察机关或者上级行政执法机关举报。

第十五条 行政执法机关违反本规定，隐匿、私分、销毁涉案物品的，由本级或者上级人民政府，或者实行垂直管理的上级行政执法机关，对其正职负责人根据情节轻重，给予降级以上的行政处分；构成犯罪的，依法追究刑事责任。

对前款所列行为直接负责的主管人员和其他直接责任人员，比照前款的规定给予行政处分；构成犯罪的，依法追究刑事责任。

第十六条 行政执法机关违反本规定，逾期不将案件移送公安机关的，由本级或者上级人民政府，或者实行垂直管理的上级行政执法机关，责令限期移送，并对其正职负责人或者主持工作的负责人根据情节轻重，给予记过以上的行政处分；构成犯罪的，依法追究刑事责任。

行政执法机关违反本规定，对应当向公安机关移送的案件不移送，或者以行政处罚代替移送的，由本级或者上级人民政府，或者实行垂直管理的上级行政执法机关，责令改正，给予通报；拒不改正的，对其正职负责人或者主持工作的负责人给予记过以上的行政处分；构成犯罪的，依法追究刑事责任。

对本条第一款、第二款所列行为直接负责的主管人员和其他直接责任人员，分别比照前两款的规定给予行政处分；构成犯罪的，依法追究刑事责任。

第十七条　公安机关违反本规定，不接受行政执法机关移送的涉嫌犯罪案件，或者逾期不作出立案或者不予立案的决定的，除由人民检察院依法实施立案监督外，由本级或者上级人民政府责令改正，对其正职负责人根据情节轻重，给予记过以上的行政处分；构成犯罪的，依法追究刑事责任。

对前款所列行为直接负责的主管人员和其他直接责任人员，比照前款的规定给予行政处分；构成犯罪的，依法追究刑事责任。

第十八条　行政执法机关在依法查处违法行为过程中，发现贪污贿赂、国家工作人员渎职或者国家机关工作人员利用职权侵犯公民人身权利和民主权利等违法行为，涉嫌构成犯罪的，应当比照本规定及时将案件移送人民检察院。

第十九条　本规定自公布之日起施行。

附录2

人民检察院
办理行政执法机关移送涉嫌犯罪案件的规定

高检发释字〔2001〕4号

根据《中华人民共和国刑事诉讼法》的有关规定，结合《行政执法机关移送涉嫌犯罪案件的规定》，现就人民检察院办理行政执法机关移送涉嫌犯罪案件的有关问题作如下规定：

一、对于行政执法机关移送检察机关的涉嫌犯罪案件，统一由人民检察院控告检察部门受理。

人民检察院控告检察部门受理行政执法机关移送的涉嫌犯罪案件后，应当登记，并指派二名以上检察人员进行初步审查。

二、人民检察院控告检察部门审查行政执法机关移送的涉嫌犯罪案件，应当根据不同情况，提出移送有关部门的处理意见，三日内报主管副检察长或者检察长批准，并通知移送的行政执法机关：

（一）对于不属于检察机关管辖的案件，移送其他有管辖权的机关处理；

（二）对于属于检察机关管辖，但不属于本院管辖的案件，移送有管辖权的人民检察院办理；

（三）对于属于本院管辖的案件，转本院反贪、渎职侵权检察部门办理。

对于性质不明、难以归口办理的案件，可以先由控告检察部门进行必须的调查。

三、对于不属于本院管辖但又必须采取紧急措施的案件，人民检察院控告检察部门在报经主管副检察长或者检察长批准后，应当先采取紧急措施，再行移送。

四、对于行政执法机关移送的涉嫌犯罪案件，人民检察院反贪、渎职侵权检察部门应当审查是否附有下列材料：

（一）涉嫌犯罪案件移送书；

（二）涉嫌犯罪案件情况的调查报告；

（三）涉案物品清单；

（四）有关检验报告或者鉴定结论；

（五）其他有关涉嫌犯罪的材料。

人民检察院可以要求移送案件的行政执法机关补充上述材料和证据。

五、对于行政执法机关移送的涉嫌犯罪案件，人民检察院经审查，认为符合立案条件的，应当及时作出立案决定，并通知移送的行政执法机关。

六、对于行政执法机关移送的涉嫌犯罪案件，人民检察院经审查，认为不符合立案条件的，可以作出不立案决定；对于需要给予有关责任人员行政处分、行政处罚或者没收违法所得的，可以提出检察意见，移送有关主管部门处理，并通知移送的行政执法机关。

七、对于人民检察院的不立案决定，移送涉嫌犯罪案件的行政执法机关可以在收到不立案决定书后五日内要求作出不立案决定的人民检察院复议。人民检察院刑事申诉检察部门应当指派专人进行审查，并在收到行政执法机关要求复议意见书后七日内作出复议决定。

行政执法机关对复议决定不服的，可以在收到人民检察院复议决定书后五日内向上一级人民检察院提请复核。上一级人民检察院应当在收到行政执法机关提请复核意见书后十五日内作出复核决定。对于原不立案决定错误的，应当及时纠正，并通知作出不立案决定的下级人民检察院执行。

八、对于人民检察院决定立案侦查的案件，办理案件的人民检察院应当将立案决定和案件的办理结果及时通知移送案件的行政执法机关。

九、移送涉嫌犯罪案件的行政执法机关对公安机关不予立案决定或者不予立案的复议决定有异议，建议人民检察院依法进行立案监督的，统一由人民检察院侦查监督部门办理。

十、人民检察院应当依法对公安机关办理行政执法机关移送涉嫌犯罪案件进行立案监督。对于具有下列情形之一的，人民检察院应当要求公安机关在收到人民检察院《要求说明不立案理由通知书》后七日内将关于不立案理由的说明书面答复人民检察院：

（一）人民检察院认为公安机关对应当立案侦查的案件而不立案侦查的；

（二）被害人认为公安机关对应当立案侦查的案件而不立案侦查，向人民检察院提出的；

（三）移送涉嫌犯罪案件的行政执法机关对公安机关不予立案决定或者不予立案的复议决定有异议，建议人民检察院依法进行立案监督的。

人民检察院认为公安机关不立案理由不能成立，应当通知公安机关在收到《通知立案书》后十五日内决定立案，并将立案决定书送达人民检察院。

十一、对于人民检察院认为公安机关不立案理由成立的，或者认为公安机关的不立案理由不成立而通知公安机关立案，公安机关已经立案的，人民检察院应当及时通知提出立案监督建议的行政执法机关。

十二、各级人民检察院对行政执法机关不移送涉嫌犯罪案件，具有下列情形之一的，可以提出检察意见：

（一）检察机关发现行政执法机关应当移送的涉嫌犯罪案件而不移送的；

（二）有关单位和个人举报的行政执法机关应当移送的涉嫌犯罪案件而不移送的；

（三）隐匿、销毁涉案物品或者私分涉案财物的；

（四）以行政处罚代替刑事追究而不移送的。

有关行政执法人员涉嫌犯罪的，依照刑法的有关规定，追究刑事责任。

十三、各级人民检察院对公安机关不接受行政执法机关移送的涉嫌犯罪案件，或者逾期不作出立案或者不予立案决定，在检察机关依法实施立案监督后，仍不接受或者不作出决定的，可以向公安机关提出检察意见。

有关公安人员涉嫌犯罪的，依照刑法的有关规定，追究刑事责任。

十四、最高人民检察院对地方各级人民检察院，上级人民检察院对下级人民检察院办理的行政执法机关移送的涉嫌犯罪案件，应加强指导和监督，对不依法办理以及办理过程中的违法违纪问题，要依照有关规定严肃处理；构成犯罪的，依法追究刑事责任。

十五、各级人民检察院对于其他机关和部门移送的涉嫌犯罪案件，依照本规定办理。

附录3

关于在行政执法中及时移送涉嫌犯罪案件的意见

最高人民检察院、全国整顿和规范市场经济秩序领导小组办公室、公安部、监察部　高检会［2006］2号

各省、自治区、直辖市人民检察院、整顿和规范市场经济秩序领导小组办公室、公安厅（局）、监察厅（局），新疆生产建设兵团人民检察院、整顿和规范市场经济秩序领导小组办公室、公安局、监察局：

为了完善行政执法与刑事司法相衔接工作机制，加大对破坏社会主义市场经济秩序犯罪、妨害社会管理秩序犯罪以及其他犯罪的打击力度，根据《中华人民共和国刑事诉讼法》、国务院《行政执法机关移送涉嫌犯罪案件的规定》等有关规定，现就在行政执法中及时移送涉嫌犯罪案件提出如下意见：

一、行政执法机关在查办案件过程中，对符合刑事追诉标准、涉嫌犯罪的案件，应当制作《涉嫌犯罪案件移送书》，及时将案件向同级公安机关移送，并抄送同级人民检察院。对未能及时移送并已作出行政处罚的涉嫌犯罪案件，行政执法机关应当于作出行政处罚十日以内向同级公安机关、人民检察院抄送《行政处罚决定书》副本，并书面告知相关权利人。

现场查获的涉案货值或者案件其他情节明显达到刑事追诉标准、涉嫌犯罪的，应当立即移送公安机关查处。

二、任何单位和个人发现行政执法机关不按规定向公安机关移送涉嫌犯罪案件，向公安机关、人民检察院、监察机关或者上级行政执法机关举报的，公安机关、人民检察院、监察机关或者上级行政执法机关应当根据有关规定及时处理，并向举报人反馈处理结果。

三、人民检察院接到控告、举报或者发现行政执法机关不移送涉嫌犯罪案件，经审查或者调查后认为情况基本属实的，可以向行政执法机关查询案件情况、要求行政执法机关提供有关案件材料或者派员查阅案卷材料，行政执法机

关应当配合。确属应当移送公安机关而不移送的，人民检察院应当向行政执法机关提出移送的书面意见，行政执法机关应当移送。

四、行政执法机关在查办案件过程中，应当妥善保存案件的相关证据。对易腐烂、变质、灭失等不宜或者不易保管的涉案物品，应当采取必要措施固定证据；对需要进行检验、鉴定的涉案物品，应当由有关部门或者机构依法检验、鉴定，并出具检验报告或者鉴定结论。

行政执法机关向公安机关移送涉嫌犯罪的案件，应当附涉嫌犯罪案件的调查报告、涉案物品清单、有关检验报告或者鉴定结论及其他有关涉嫌犯罪的材料。

五、对行政执法机关移送的涉嫌犯罪案件，公安机关应当及时审查，自受理之日起十日以内作出立案或者不立案的决定；案情重大、复杂的，可以在受理之日起三十日以内作出立案或者不立案的决定。公安机关作出立案或者不立案决定，应当书面告知移送案件的行政执法机关、同级人民检察院及相关权利人。

公安机关对不属于本机关管辖的案件，应当在二十四小时以内转送有管辖权的机关，并书面告知移送案件的行政执法机关、同级人民检察院及相关权利人。

六、行政执法机关对公安机关决定立案的案件，应当自接到立案通知书之日起三日以内将涉案物品以及与案件有关的其他材料移送公安机关，并办理交接手续；法律、行政法规另有规定的，依照其规定办理。

七、行政执法机关对公安机关不立案决定有异议的，在接到不立案通知书后的三日以内，可以向作出不立案决定的公安机关提请复议，也可以建议人民检察院依法进行立案监督。

公安机关接到行政执法机关提请复议书后，应当在三日以内作出复议决定，并书面告知提请复议的行政执法机关。行政执法机关对公安机关不立案的复议决定仍有异议的，可以在接到复议决定书后的三日以内，建议人民检察院依法进行立案监督。

八、人民检察院接到行政执法机关提出的对涉嫌犯罪案件进行立案监督的建议后，应当要求公安机关说明不立案理由，公安机关应当在七日以内向人民检察院作出书面说明。对公安机关的说明，人民检察院应当进行审查，必要时可以进行调查，认为公安机关不立案理由成立的，应当将审查结论书面告知提出立案监督建议的行政执法机关；认为公安机关不立案理由不能成立的，应当通知公安机关立案。公安机关接到立案通知书后应当在十五日以内立案，同时将立案决定书送达人民检察院，并书面告知行政执法机关。

九、公安机关对发现的违法行为，经审查，没有犯罪事实，或者立案侦查后认为犯罪情节显著轻微，不需要追究刑事责任，但依法应当追究行政责任的，应当及时将案件移送行政执法机关，有关行政执法机关应当依法作出处理，并将处理结果书面告知公安机关和人民检察院。

十、行政执法机关对案情复杂、疑难，性质难以认定的案件，可以向公安机关、人民检察院咨询，公安机关、人民检察院应当认真研究，在七日以内回复意见。对有证据表明可能涉嫌犯罪的行为人可能逃匿或者销毁证据，需要公安机关参与、配合的，行政执法机关可以商请公安机关提前介入，公安机关可以派员介入。对涉嫌犯罪的，公安机关应当及时依法立案侦查。

十一、对重大、有影响的涉嫌犯罪案件，人民检察院可以根据公安机关的请求派员介入公安机关的侦查，参加案件讨论，审查相关案件材料，提出取证建议，并对侦查活动实施法律监督。

十二、行政执法机关在依法查处违法行为过程中，发现国家工作人员贪污贿赂或者国家机关工作人员渎职等违纪、犯罪线索的，应当根据案件的性质，及时向监察机关或者人民检察院移送。监察机关、人民检察院应当认真审查，依纪、依法处理，并将处理结果书面告知移送案件线索的行政执法机关。

十三、监察机关依法对行政执法机关查处违法案件和移送涉嫌犯罪案件工作进行监督，发现违纪、违法问题的，依照有关规定进行处理。发现涉嫌职务犯罪的，应当及时移送人民检察院。

十四、人民检察院依法对行政执法机关移送涉嫌犯罪案件情况实施监督，发现行政执法人员徇私舞弊，对依法应当移送的涉嫌犯罪案件不移送，情节严重，构成犯罪的，应当依照刑法有关的规定追究其刑事责任。

十五、国家机关工作人员以及在依照法律、法规规定行使国家行政管理职权的组织中从事公务的人员，或者在受国家机关委托代表国家机关行使职权的组织中从事公务的人员，或者虽未列入国家机关人员编制但在国家机关中从事公务的人员，利用职权干预行政执法机关和公安机关执法，阻挠案件移送和刑事追诉，构成犯罪的，人民检察院应当依照刑法关于渎职罪的规定追究其刑事责任。国家行政机关和法律、法规授权的具有管理公共事务职能的组织以及国家行政机关依法委托的组织及其工勤人员以外的工作人员，利用职权干预行政执法机关和公安机关执法，阻挠案件移送和刑事追诉，构成违纪的，监察机关应当依法追究其纪律责任。

十六、在查办违法犯罪案件工作中，公安机关、监察机关、行政执法机关和人民检察院应当建立联席会议、情况通报、信息共享等机制，加强联系，密切配合，各司其职，相互制约，保证准确有效地执行法律。

十七、本意见所称行政执法机关，是指依照法律、法规或者规章的规定，对破坏社会主义市场经济秩序、妨害社会管理秩序以及其他违法行为具有行政处罚权的行政机关，以及法律、法规授权的具有管理公共事务职能、在法定授权范围内实施行政处罚的组织，不包括公安机关、监察机关。

附录4

中共中央办公厅、国务院办公厅
转发国务院法制办等部门《关于加强行政执法与刑事司法衔接工作的意见》的通知

中办发［2011］8号

关于加强行政执法与刑事司法衔接工作的意见

做好行政执法与刑事司法衔接工作，事关依法行政和公正司法，事关经济社会秩序维护，事关人民群众切身利益保障。近年来，特别是《行政执法机关移送涉嫌犯罪案件的规定》施行以来，各地区各有关部门建立健全行政执法与刑事司法衔接工作机制，行政执法机关移送涉嫌犯罪案件工作得到加强，一大批危害社会主义市场经济秩序和社会管理秩序的犯罪行为受到刑事制裁，有力遏制了违法罪犯活动。但也要看到，在一些行政执法领域，有案不移、有案难移、以罚代刑的问题仍然比较突出。为了加强行政执法与刑事司法衔接工作，现提出如下意见。

一、严格履行法定职责

（一）行政执法机关和公安机关要严格依法履行职责，对涉嫌犯罪的案件，切实做到该移送的移送、该受理的受理、该立案的立案。

（二）行政执法机关在执法检查时，发现违法行为明显涉嫌犯罪的，应当及时向公安机关通报。接到通报后，公安机关应当立即派人进行调查，并依法作出立案或者不予立案的决定。公安机关立案后依法提请行政执法机关作出检验、鉴定、认定等协助的，行政执法机关应当予以协助。

（三）行政执法机关向公安机关移送涉嫌犯罪案件，应当移交案件的全部材料，同时将案件移送书及有关材料目录抄送人民检察院。行政执法机关在移送案件时已经作出行政处罚决定的，应当将行政处罚决定书一并抄送公安机

关、人民检察院；未作出行政处罚决定的，原则上应当在公安机关决定不予立案或者撤销案件、人民检察院作出不起诉决定、人民法院作出无罪判决或者免予刑事处罚后，再决定是否给予行政处罚。

（四）公安机关对行政执法机关移送的涉嫌犯罪案件，应当以书面形式予以受理。受理后认为不属于本机关管辖的，应当及时转送有管辖权的机关，并书面告知移送案件的行政执法机关，同时抄送人民检察院。对受理的案件，公安机关应当及时审查，依法作出立案或者不予立案的决定并书面通知行政执法机关，同时抄送人民检察院。公安机关立案后决定撤销案件的，应当书面通知行政执法机关，同时抄送人民检察院。公安机关作出不立案决定或者撤销案件的，应当将案卷材料退回行政执法机关，行政执法机关应当对案件依法作出处理。

（五）人民检察院对作出不起诉决定的案件、人民法院对作出无罪判决或者免予刑事处罚的案件，认为依法应当给予行政处罚的，应当提出检察建议或者司法建议，移送有关行政执法机关处理。

（六）行政执法机关在查处违法行为，以及公安机关在审查、侦查行政执法机关移送的涉嫌犯罪案件过程中，发现国家工作人员涉嫌贪污贿赂、渎职侵权等违纪违法线索的，应当根据案件的性质，及时向监察机关或者人民检察院移送。监察机关、人民检察院应当对行政执法机关、公安机关移送的违纪或者职务犯罪案件线索及时认真审查，依纪依法处理，并将处理结果及时书面告知行政执法机关。

（七）行政执法机关在查处违法行为过程中，发现危害国家安全犯罪案件线索，依法应当向国家安全机关移送的，参照《行政执法机关移送涉嫌犯罪案件的规定》和本意见执行。

二、完善衔接工作机制

（八）各地区各有关部门要针对行政执法与刑事司法衔接工作的薄弱环节，建立健全衔接工作机制，促进各有关单位之间的协调配合，形成工作合力。

（九）各地要根据实际情况，确定行政执法与刑事司法衔接工作牵头单位。牵头单位要发挥综合协调作用，组织推动各项工作顺利开展。

（十）建立行政执法与刑事司法衔接工作联席会议制度。牵头单位要定期组织召开联席会议，由有关单位相互通报查处破坏社会主义市场经济秩序、妨害社会管理秩序等违法犯罪行为以及衔接工作的有关情况，研究衔接工作中存在的问题，提出加强衔接工作的对策。

（十一）健全案件咨询制度。对案件重大、复杂、疑难，性质难以认定的案件，行政执法机关可以就刑事案件立案追诉标准、证据的固定和保全等问题咨询公安机关、人民检察院，公安机关、人民检察院可以就案件办理中的专业性问题咨询行政执法机关，受咨询的机关应当认真研究、及时答复。

（十二）建立衔接工作信息共享平台。各地要充分利用已有电子政务网络和信息共享公共基础设施等资源，将行政执法与刑事司法衔接工作信息共享平台建设纳入电子政务建设规划，拟定信息共享平台建设工作计划，明确完成时间，加大投入，加快工作进度，充分运用现代信息及时实现行政执法机关、公安机关、人民检察院之间执法、司法信息互联互通。行政执法机关应当在规定时间内，将查处的符合刑事追诉标准、涉嫌犯罪的案件信息以及虽未达到刑事追诉标准、但有其他严重情节的案件信息等录入信息共享平台。各有关单位应当在规定时间内，将移送案件、办理移送案件的相关信息录入信息共享平台。加强对信息共享平台的管理，严格遵守共享信息的使用权限，防止泄密。积极推进网上移送、网上受理、网上监督，提高衔接工作效率。

三、加强对衔接工作的监督

（十三）县级以上地方人民政府、人民检察院和监察机关要依法履行监督职责，严格责任追究，确保行政执法与刑事司法衔接工作有关制度落到实处。

（十四）完善行政执法与刑事司法衔接工作举报制度。县级以上地方人民政府、人民检察院和监察机关对行政执法机关应当移送涉嫌犯罪案件而不移送或者公安机关应当受理而不受理、应当立案而不立案的举报，要认真调查处理，并将调查处理结果告知实名举报人。人民检察院、监察机关在调查时，应当及时向行政执法机关、公安机关查询案件情况，必要时，可以派人查阅、复印案件材料，行政执法机关、公安机关应当予以配合。

（十五）行政执法机关不移送涉嫌犯罪案件或者逾期未移送的，由本级或者上级人民政府，或者实行垂直管理的上级行政机关，责令限期移送；情节严重的，对负有责任的主管人员和其他直接责任人员依法给予处分；构成犯罪的，依法追究刑事责任。人民检察院发现行政执法机关不移送或者逾期未移动的，应当向行政执法机关提出意见，建议其移送，并将有关材料及时抄送人民检察院；行政执法机关仍不移送的，人民检察院应当将有关情况书面通知公安机关，公安机关应当根据人民检察院的意见，主动向行政执法机关查询案件，必要时直接立案侦查。

（十六）公安机关不受理行政执法机关移送的案件，或者未在法定期限内作出立案或者不予立案决定的，行政执法机关可以建议人民检察院进行立案监督。行政执法机关对公安机关作出的不予立案决定有异议的，可以向作出决定的公安机关提出复议，也可以建议人民检察院进行立案监督；对公安机关不予立案的复议决定仍有异议的，可以建议人民检察院进行立案监督。行政执法机关对公安机关立案后作出撤销案件的决定有异议的，可以建议人民检察院进行立案监督。人民检察院对行政执法机关提出的立案监督建议，应当依法受理并进行审查。

（十七）人民检察院发现行政执法人员不移送涉嫌犯罪案件，公安机关工作人员不依法受理、立案，需要追究行政纪律责任的，应当将可以证明违纪违法事实的材料移送监察机关，由监察机关依纪依法处理，涉嫌犯罪的，应当依法追究刑事责任。

（十八）监察机关发现行政执法人员不移送涉嫌犯罪案件，公安机关工作人员不依法受理、立案，违反行政纪律、需要追究责任的，应当依纪依法处理；情节严重、涉嫌犯罪的，应当移送人民检察院。对行政执法机关或者人民检察院移送监察机关的违纪案件线索，监察机关应当及时受理，认真审查，依纪依法处理，并将处理结果及时书面告知移送案件线索的行政执法机关或者人民检察院。

四、切实加强组织领导

（十九）各地区各有关部门要把加强行政执法与形式司法衔接工作列入重要议事日程，按照执法为民的要求，精心组织，认真督办，狠抓落实。加大培训力度，使行政执法人员和公安机关、监察机关、检察机关相关工作人员熟悉行政执法与刑事司法衔接工作的有关知识和具体要求，强化依法移送、依法办案的意识。加强对行政执法与刑事司法衔接工作的检查和考核，把是否依法移送、受理、立案、办案等情况，纳入政府和有关部门的综合考核评价体系。

附录5

行政处罚法

1996年3月17日第八届全国人民代表大会第四次会议通过，1996年3月17日中华人民共和国主席令第63号公布，根据2009年8月27日第十一届全国人民代表大会常务委员会第十次会议《关于修改部分法律的决定》第一次修正；2017年9月1日第十二届全国人民代表大会常务委员会第二十九次会议《关于修改〈中华人民共和国法官法〉等八部法律的决定》第二次修正

第一章 总 则

第一条 为了规范行政处罚的设定和实施，保障和监督行政机关有效实施行政管理，维护公共利益和社会秩序，保护公民、法人或者其他组织的合法权益，根据宪法，制定本法。

第二条 行政处罚的设定和实施，适用本法。

第三条 公民、法人或者其他组织违反行政管理秩序的行为，应当给予行政处罚的，依照本法由法律、法规或者规章规定，并由行政机关依照本法规定的程序实施。

没有法定依据或者不遵守法定程序的，行政处罚无效。

第四条 行政处罚遵循公正、公开的原则。

设定和实施行政处罚必须以事实为依据，与违法行为的事实、性质、情节以及社会危害程度相当。

对违法行为给予行政处罚的规定必须公布；未经公布的，不得作为行政处罚的依据。

第五条 实施行政处罚，纠正违法行为，应当坚持处罚与教育相结合，教育公民、法人或者其他组织自觉守法。

第六条 公民、法人或者其他组织对行政机关所给予的行政处罚，享有陈述权、申辩权；对行政处罚不服的，有权依法申请行政复议或者提起行政诉讼。

公民、法人或者其他组织因行政机关违法给予行政处罚受到损害的，有权依法提出赔偿要求。

第七条 公民、法人或者其他组织因违法受到行政处罚，其违法行为对他人造成损害的，应当依法承担民事责任。

违法行为构成犯罪的，应当依法追究刑事责任，不得以行政处罚代替刑事处罚。

第二章 行政处罚的种类和设定

第八条 行政处罚的种类：

（一）警告；

（二）罚款；

（三）没收违法所得、没收非法财物；

（四）责令停产停业；

（五）暂扣或者吊销许可证、暂扣或者吊销执照；

（六）行政拘留；

（七）法律、行政法规规定的其他行政处罚。

第九条 法律可以设定各种行政处罚。

限制人身自由的行政处罚，只能由法律设定。

第十条 行政法规可以设定除限制人身自由以外的行政处罚。

法律对违法行为已经作出行政处罚规定，行政法规需要作出具体规定的，必须在法律规定的给予行政处罚的行为、种类和幅度的范围内规定。

第十一条 地方性法规可以设定除限制人身自由、吊销企业营业执照以外的行政处罚。

法律、行政法规对违法行为已经作出行政处罚规定，地方性法规需要作出具体规定的，必须在法律、行政法规规定的给予行政处罚的行为、种类和幅度的范围内规定。

第十二条 国务院部、委员会制定的规章可以在法律、行政法规规定的给予行政处罚的行为、种类和幅度的范围内作出具体规定。

尚未制定法律、行政法规的，前款规定的国务院部、委员会制定的规章对违反行政管理秩序的行为，可以设定警告或者一定数量罚款的行政处罚。罚款的限额由国务院规定。

国务院可以授权具有行政处罚权的直属机构依照本条第一款、第二款的规定，规定行政处罚。

第十三条 省、自治区、直辖市人民政府和省、自治区人民政府所在地的市人民政府以及经国务院批准的较大的市人民政府制定的规章可以在法律、法规规定的给予行政处罚的行为、种类和幅度的范围内作出具体规定。

尚未制定法律、法规的，前款规定的人民政府制定的规章对违反行政管理秩序的行为，可以设定警告或者一定数量罚款的行政处罚。罚款的限额由省、自治区、直辖市人民代表大会常务委员会规定。

第十四条 除本法第九条、第十条、第十一条、第十二条以及第十三条的规定外，其他规范性文件不得设定行政处罚。

第三章 行政处罚的实施机关

第十五条 行政处罚由具有行政处罚权的行政机关在法定职权范围内实施。

第十六条 国务院或者经国务院授权的省、自治区、直辖市人民政府可以决定一个行政机关行使有关行政机关的行政处罚权，但限制人身自由的行政处罚权只能由公安机关行使。

第十七条 法律、法规授权的具有管理公共事务职能的组织可以在法定授权范围内实施行政处罚。

第十八条 行政机关依照法律、法规或者规章的规定，可以在其法定权限内委托符合本法第十九条规定条件的组织实施行政处罚。行政机关不得委托其他组织或者个人实施行政处罚。

委托行政机关对受委托的组织实施行政处罚的行为应当负责监督，并对该行为的后果承担法律责任。

受委托组织在委托范围内，以委托行政机关名义实施行政处罚；不得再委托其他任何组织或者个人实施行政处罚。

第十九条 受委托组织必须符合以下条件：

（一）依法成立的管理公共事务的事业组织；

（二）具有熟悉有关法律、法规、规章和业务的工作人员；

（三）对违法行为需要进行技术检查或者技术鉴定的，应当有条件组织进行相应的技术检查或者技术鉴定。

第四章 行政处罚的管辖和适用

第二十条 行政处罚由违法行为发生地的县级以上地方人民政府具有行政处罚权的行政机关管辖。法律、行政法规另有规定的除外。

第二十一条 对管辖发生争议的，报请共同的上一级行政机关指定管辖。

第二十二条 违法行为构成犯罪的，行政机关必须将案件移送司法机关，依法追究刑事责任。

第二十三条 行政机关实施行政处罚时，应当责令当事人改正或者限期改正违法行为。

第二十四条 对当事人的同一个违法行为，不得给予两次以上罚款的行政处罚。

第二十五条 不满十四周岁的人有违法行为的，不予行政处罚，责令监护人加以管教；已满十四周岁不满十八周岁的人有违法行为的，从轻或者减轻行政处罚。

第二十六条 精神病人在不能辨认或者不能控制自己行为时有违法行为的，不予行政处罚，但应当责令其监护人严加看管和治疗。间歇性精神病人在精神正常时有违法行为的，应当给予行政处罚。

第二十七条 当事人有下列情形之一的，应当依法从轻或者减轻行政处罚：

（一）主动消除或者减轻违法行为危害后果的；

（二）受他人胁迫有违法行为的；

（三）配合行政机关查处违法行为有立功表现的；

（四）其他依法从轻或者减轻行政处罚的。

违法行为轻微并及时纠正，没有造成危害后果的，不予行政处罚。

第二十八条 违法行为构成犯罪，人民法院判处拘役或者有期徒刑时，行政机关已经给予当事人行政拘留的，应当依法折抵相应刑期。

违法行为构成犯罪，人民法院判处罚金时，行政机关已经给予当事人罚款的，应当折抵相应罚金。

第二十九条 违法行为在二年内未被发现的，不再给予行政处罚。法律另有规定的除外。

前款规定的期限，从违法行为发生之日起计算；违法行为有连续或者继续状态的，从行为终了之日起计算。

第五章　行政处罚的决定

第三十条 公民、法人或者其他组织违反行政管理秩序的行为，依法应当给予行政处罚的，行政机关必须查明事实；违法事实不清的，不得给予行政处罚。

第三十一条 行政机关在作出行政处罚决定之前，应当告知当事人作出行政处罚决定的事实、理由及依据，并告知当事人依法享有的权利。

第三十二条 当事人有权进行陈述和申辩。行政机关必须充分听取当事人的意见，对当事人提出的事实、理由和证据，应当进行复核；当事人提出的事实、理由或者证据成立的，行政机关应当采纳。

行政机关不得因当事人申辩而加重处罚。

第一节　简易程序

第三十三条　违法事实确凿并有法定依据，对公民处以五十元以下、对法人或者其他组织处以一千元以下罚款或者警告的行政处罚的，可以当场作出行政处罚决定。当事人应当依照本法第四十六条、第四十七条、第四十八条的规定履行行政处罚决定。

第三十四条　执法人员当场作出行政处罚决定的，应当向当事人出示执法身份证件，填写预定格式、编有号码的行政处罚决定书。行政处罚决定书应当当场交付当事人。

前款规定的行政处罚决定书应当载明当事人的违法行为、行政处罚依据、罚款数额、时间、地点以及行政机关名称，并由执法人员签名或者盖章。

执法人员当场作出的行政处罚决定，必须报所属行政机关备案。

第三十五条　当事人对当场作出的行政处罚决定不服的，可以依法申请行政复议或者提起行政诉讼。

第二节　一般程序

第三十六条　除本法第三十三条规定的可以当场作出的行政处罚外，行政机关发现公民、法人或者其他组织有依法应当给予行政处罚的行为的，必须全面、客观、公正地调查，收集有关证据；必要时，依照法律、法规的规定，可以进行检查。

第三十七条　行政机关在调查或者进行检查时，执法人员不得少于两人，并应当向当事人或者有关人员出示证件。当事人或者有关人员应当如实回答询问，并协助调查或者检查，不得阻挠。询问或者检查应当制作笔录。

行政机关在收集证据时，可以采取抽样取证的方法；在证据可能灭失或者以后难以取得的情况下，经行政机关负责人批准，可以先行登记保存，并应当在七日内及时作出处理决定，在此期间，当事人或者有关人员不得销毁或者转移证据。

执法人员与当事人有直接利害关系的，应当回避。

第三十八条　调查终结，行政机关负责人应当对调查结果进行审查，根据不同情况，分别作出如下决定：

（一）确有应受行政处罚的违法行为的，根据情节轻重及具体情况，作出行政处罚决定；

（二）违法行为轻微，依法可以不予行政处罚的，不予行政处罚；

（三）违法事实不能成立的，不得给予行政处罚；

（四）违法行为已构成犯罪的，移送司法机关。

对情节复杂或者重大违法行为给予较重的行政处罚，行政机关的负责人应当集体讨论决定。

在行政机关负责人作出决定之前，应当由从事行政处罚决定审核的人员进行审核。行政机关中初次从事行政处罚决定审核的人员，应当通过国家统一法律职业资格考试取得法律职业资格。

第三十九条 行政机关依照本法第三十八条的规定给予行政处罚，应当制作行政处罚决定书。行政处罚决定书应当载明下列事项：

（一）当事人的姓名或者名称、地址；

（二）违反法律、法规或者规章的事实和证据；

（三）行政处罚的种类和依据；

（四）行政处罚的履行方式和期限；

（五）不服行政处罚决定，申请行政复议或者提起行政诉讼的途径和期限；

（六）作出行政处罚决定的行政机关名称和作出决定的日期。

行政处罚决定书必须盖有作出行政处罚决定的行政机关的印章。

第四十条 行政处罚决定书应当在宣告后当场交付当事人；当事人不在场的，行政机关应当在七日内依照民事诉讼法的有关规定，将行政处罚决定书送达当事人。

第四十一条 行政机关及其执法人员在作出行政处罚决定之前，不依照本法第三十一条、第三十二条的规定向当事人告知给予行政处罚的事实、理由和依据，或者拒绝听取当事人的陈述、申辩，行政处罚决定不能成立；当事人放弃陈述或者申辩权利的除外。

第三节 听证程序

第四十二条 行政机关作出责令停产停业、吊销许可证或者执照、较大数额罚款等行政处罚决定之前，应当告知当事人有要求举行听证的权利；当事人要求听证的，行政机关应当组织听证。当事人不承担行政机关组织听证的费用。听证依照以下程序组织：

（一）当事人要求听证的，应当在行政机关告知后三日内提出；

（二）行政机关应当在听证的七日前，通知当事人举行听证的时间、地点；

（三）除涉及国家秘密、商业秘密或者个人隐私外，听证公开举行；

（四）听证由行政机关指定的非本案调查人员主持；当事人认为主持人与本案有直接利害关系的，有权申请回避；

（五）当事人可以亲自参加听证，也可以委托一至二人代理；

（六）举行听证时，调查人员提出当事人违法的事实、证据和行政处罚建议；当事人进行申辩和质证；

（七）听证应当制作笔录；笔录应当交当事人审核无误后签字或者盖章。

当事人对限制人身自由的行政处罚有异议的，依照治安管理处罚法有关规定执行。

第四十三条 听证结束后，行政机关依照本法第三十八条的规定，作出决定。

第六章 行政处罚的执行

第四十四条 行政处罚决定依法作出后，当事人应当在行政处罚决定的期限内，予以履行。

第四十五条 当事人对行政处罚决定不服申请行政复议或者提起行政诉讼的，行政处罚不停止执行，法律另有规定的除外。

第四十六条 作出罚款决定的行政机关应当与收缴罚款的机构分离。

除依照本法第四十七条、第四十八条的规定当场收缴的罚款外，作出行政处罚决定的行政机关及其执法人员不得自行收缴罚款。

当事人应当自收到行政处罚决定书之日起十五日内，到指定的银行缴纳罚款。银行应当收受罚款，并将罚款直接上缴国库。

第四十七条 依照本法第三十三条的规定当场作出行政处罚决定，有下列情形之一的，执法人员可以当场收缴罚款：

（一）依法给予二十元以下的罚款的；

（二）不当场收缴事后难以执行的。

第四十八条 在边远、水上、交通不便地区，行政机关及其执法人员依照本法第三十三条、第三十八条的规定作出罚款决定后，当事人向指定的银行缴纳罚款确有困难，经当事人提出，行政机关及其执法人员可以当场收缴罚款。

第四十九条 行政机关及其执法人员当场收缴罚款的，必须向当事人出具省、自治区、直辖市财政部门统一制发的罚款收据；不出具财政部门统一制发的罚款收缴的，当事人有权拒绝缴纳罚款。

第五十条 执法人员当场收缴的罚款，应当自收缴罚款之日起二日内，交至行政机关；在水上当场收缴的罚款，应当自抵岸之日起二日内交至行政机关；行政机关应当在二日内将罚款缴付指定的银行。

第五十一条 当事人逾期不履行行政处罚决定的，作出行政处罚决定的行政机关可以采取下列措施：

（一）到期不缴纳罚款的，每日按罚款数额的百分之三加处罚款；

（二）根据法律规定，将查封、扣押的财物拍卖或者将冻结的存款划拨抵缴罚款；

（三）申请人民法院强制执行。

第五十二条 当事人确有经济困难，需要延期或者分期缴纳罚款的，经当事人申请和行政机关批准，可以暂缓或者分期缴纳。

第五十三条 除依法应当予以销毁的物品外，依法没收的非法财物必须按照国家规定公开拍卖或者按照国家有关规定处理。

罚款、没收违法所得或者没收非法财物拍卖的款项，必须全部上缴国库，任何行政机关或者个人不得以任何形式截留、私分或者变相私分；财政部门不得以任何形式向作出行政处罚决定的行政机关返还罚款、没收的违法所得或者返还没收非法财物的拍卖款项。

第五十四条 行政机关应当建立健全对行政处罚的监督制度。县级以上人民政府应当加强对行政处罚的监督检查。

公民、法人或者其他组织对行政机关作出的行政处罚，有权申诉或者检举；行政机关应当认真审查，发现行政处罚有错误的，应当主动改正。

第七章 法律责任

第五十五条 行政机关实施行政处罚，有下列情形之一的，由上级行政机关或者有关部门责令改正，可以对直接负责的主管人员和其他直接责任人员依法给予行政处分：

（一）没有法定的行政处罚依据的；

（二）擅自改变行政处罚种类、幅度的；

（三）违反法定的行政处罚程序的；

（四）违反本法第十八条关于委托处罚的规定的。

第五十六条 行政机关对当事人进行处罚不使用罚款、没收财物单据或者使用非法定部门制发的罚款、没收财物单据的，当事人有权拒绝处罚，并有权予以检举。上级行政机关或者有关部门对使用的非法单据予以收缴销毁，对直接负责的主管人员和其他直接责任人员依法给予行政处分。

第五十七条 行政机关违反本法第四十六条的规定自行收缴罚款的，财政部门违反本法第五十三条的规定向行政机关返还罚款或者拍卖款项的，由上级行政机关或者有关部门责令改正，对直接负责的主管人员和其他直接责任人员依法给予行政处分。

第五十八条 行政机关将罚款、没收的违法所得或者财物截留、私分或者变相私分的，由财政部门或者有关部门予以追缴，对直接负责的主管人员和其他直接责任人员依法给予行政处分；情节严重构成犯罪的，依法追究刑事责任。

执法人员利用职务上的便利，索取或者收受他人财物、收缴罚款据为己有，构成犯罪的，依法追究刑事责任；情节轻微不构成犯罪的，依法给予行政处分。

第五十九条 行政机关使用或者损毁扣押的财物，对当事人造成损失的，应当依法予以赔偿，对直接负责的主管人员和其他直接责任人员依法给予行政处分。

第六十条 行政机关违法实行检查措施或者执行措施，给公民人身或者财产造成损害、给法人或者其他组织造成损失的，应当依法予以赔偿，对直接负责的主管人员和其他直接责任人员依法给予行政处分；情节严重构成犯罪的，依法追究刑事责任。

第六十一条 行政机关为牟取本单位私利，对应当依法移交司法机关追究刑事责任的不移交，以行政处罚代替刑罚，由上级行政机关或者有关部门责令纠正；拒不纠正的，对直接负责的主管人员给予行政处分；徇私舞弊、包庇纵容违法行为的，依照刑法有关规定追究刑事责任。

第六十二条 执法人员玩忽职守，对应当予以制止和处罚的违法行为不予制止、处罚，致使公民、法人或者其他组织的合法权益、公共利益和社会秩序遭受损害的，对直接负责的主管人员和其他直接责任人员依法给予行政处分；情节严重构成犯罪的，依法追究刑事责任。

第八章 附 则

第六十三条 本法第四十六条罚款决定与罚款收缴分离的规定，由国务院制定具体实施办法。

第六十四条 本法自 1996 年 10 月 1 日起施行。

本法公布前制定的法规和规章关于行政处罚的规定与本法不符合的，应当自本法公布之日起，依照本法规定予以修订，在 1997 年 12 月 31 日前修订完毕。

作者学术成果

近五年成果：

一、承担主要科研任务

（1）主持2017年国家社科基金“国际维和任务区社区反恐与反恐警务研究”（17BGJ042），负责人；

（2）主持2017年度河北省高等学校人文社会科学研究重点项目“联合国维和任务区的反恐社区警务机制研究”（SD172001），负责人；

（3）主持2016年河北省科技厅科技创新项目“科技创新背景下河北省两法衔接保障体系研究”（164576439），负责人；

（4）参与2016年国家社科基金项目“‘两微一端’时代反沉默螺旋传播及网络舆情引导机制研究”，（16BXW058），排名第二；

（5）参与2017年度中国法学会部级法学研究课题“习近平互联网舆论观视域下网络信息传播监管机制研究——以《网络安全法》出台为背景”［CLS（2017）D34］，排名第二；

（6）参与2017年度河北省高等学校人文社会科学研究重点项目“总体国家安全观视域下网络安全法律规制研究——以《网络安全法》出台为背景”（SD172019），排名第二；

（7）参与2016年国家社科基金重大项目“中国参与联合国维和行动战略选择研究”（16ZDA094）；

（8）参与2014年河北省社科基金项目“国家安全和反恐情报危机决策机制构建研究”（HB14TQ003），排名第二；

（9）参与2013年最高人民检察院检察理论研究自筹课题“庭前会议中的检察职能”（GJ2013D10），排名第二；

（10）参与2016年国家社科青年项目“现代边海防视角下陆地边境安全风险防控机制研究”（16CZZ033），排名第三。

二、编著学术著作或教材

（1）主编教材《Community Policing in UN Peacekeeping Missions》（联合国维和任务区社区警务）；

（2）参与编写《“三个第一”建队原则学习与实践》，中国人民公安大学出版社：北京，2018；

（3）参与编写《中国大百科全书（公安学卷）》，中国大百科全书出版社：北京，2016；

（4）参与编写《维和改革与领导力构建》，中国人民公安大学出版社：北京，2018。

三、代表性论文

（1）TPP and TTIP in the Perspective of Overall National Security and The Prospect of“One Belt and One Road”，CPCI-SSH/ISSHP 检索收录，独立发表，2016.12。

（2）以公众为导向的社区警务——以冲突后国家为视角，武警学院学报，独立发表，2016（03）。

（3）维和任务区社区警务本土化初探，武警学院学报，独立发表，2017（01）。

（4）边海防视角下境外极端势力威胁及防控，法治与社会，独立发表，2018（06）。

（5）反恐背景下如何提高国际维和任务区社区警务，教育教学论坛，独立发表，2018（10）。

（6）联合国维和警务英语培训改革研究，教育现代化，独立发表，2018（07）。

（7）特殊人群贩毒活动特点及对策研究，武警学院学报，独立发表，2015（09）。

（8）“微”时代下公安工作面临的问题及对策，人民公安报，独立发表，2014.09.25（08 版）。

（9）联合国维和警务英语培训改革初探，武警学院学报，独立发表，2018（01）。

（10）联合国塞浦路斯维和行动研究，现代世界警察，独立发表，2018（08）。

四、获得主要科研学术奖励

（1）2017 年度公安部技术干部科研奖励津贴三等奖；

（2）“中国警察网”特约专家；

（3）2017 年度武警学院科研先进个人。

参考文献

[1] 周佑勇，刘艳红．行政执法与刑事司法相衔接的程序机制研究［J］．东南大学学报（哲学社会科学版），2008（01）．

[2] 马忠红．论刑事案件的构成要素［J］．中国人民公安大学学报，2012（05）．

[3] 任克勤．论刑事案件（一）——刑事案件的概念、构成与形成［J］．中国人民公安大学学报，1993（03）．

[4] 岳茂华．刑事案件的特性及“七何”要素［J］．政法论坛，1986（02）．

[5] 杜宝庆．刑事司法价值观透视［J］．学术交流，2008（03）．

[6] 马怀德．对我国行政诉讼类型的反思与重构［J］．政法论坛，2001（05）．

[7] 孟鸿志．我国行政执法的概念、存在的问题及对策［J］．中国煤炭经济学院学报，2000（03）．

[8] 姜明安．行政执法的功能与作用［J］．湖南社会科学，2004（01）．

[9] 戴小明．行政执法的内涵及特点探析［J］．中南民族大学学报，2003（07）．

[10] 王春丽．行政执法与刑事司法衔接研究［D］．上海：华东政法大学，2013（03）．

[11] 窦汝辉．公安行政执法与刑事执法的衔接［D］．济南：山东大学法学院，2008（09）．

[12] 穆清．谈行政执法证据在刑事司法中的转化——新《刑事诉讼法》第52条第2款的解读［J］．中国市场，2012（09）．

[13] 童敏．从刑行交叉视角看待行政犯罪及其惩罚［J］．安徽农业大学学报，2010（03）．

[14] 印波．论行刑交叉案件的处理［J］．长沙铁道学院学报，2009（07）．

[15] 曹国华．行政执法与刑事司法信息共享机制建设对策［J］．人民检

察，2010（10）.

［16］方志勇，林伟平．“两法”衔接证据转化问题研究——以修正后的《刑事诉讼法》第52条第2款为视角［J］．公安研究，2013（04）.

［17］何士青．以人为本与法治政府建设［D］．武汉：武汉大学法学院，2005（04）.

［18］张晓彬．论社会管理创新视角下的信访工作［D］．济南：山东师范大学，2013（03）.

［19］王惠玲．行政诉讼原告资格研究［D］．郑州：郑州大学法学院，2004（05）.

［20］张慧清．证据的合法性与行政诉讼败诉风险关系辨析［J］．法学杂志，2011（10）.

［21］胡图．论行政诉讼非法证据的证明制度［J］．吉林工商学院学报，2011（09）.

［22］陈实．警察罚理论研究［D］．武汉：武汉大学，2010（05）.

［23］蒋小燕，何大春．政府信息公开的法律规制［J］．武汉大学学报(哲学社会科学版)，2011（05）.

［24］张彩荣，母光栋．浅析行政执法与刑事司法衔接中的证据转换［J］.中国检察官，2006（12）.

［25］陈文茜．行政执法与刑事司法的衔接机制研究［D］．北京：中国政法大学研究生院，2007.

［26］李玉华．刑事证明标准的新发展——评刑事诉讼法修正案（草案）第52条及相关规定［J］．中国人民公安大学学报（社会科学版），2012（01）.

［27］潘丽．论行政证据材料在刑事诉讼中的运用［D］．杭州：浙江工商大学法学院，2013.

［28］左卫民，周长军．刑事诉讼的理念［M］．北京：法律出版社，1999：154.

［29］孙伟．行政执法证据刑事司法化的现实性浅析［J］．山西省政法管理干部学院学报，2013（26）.

［30］高通．行政执法与刑事司法衔接中的证据转化——对《刑事诉讼法》（2012年）第52条第2款的分析［J］．证据科学，2012（20）.

［31］谭畅．论公安机关行政证据与刑事证据的转化衔接［D］．长沙：湖南师范大学法学院，2011.

［32］潘丽．论行政证据材料在刑事诉讼中的运用［D］．杭州：浙江工商

大学法学院，2013.

[33] 肖宏武，李晓飞．从行政证据到刑事证据：转换的三重思考［J］．证据学论坛，2008（01）．

[34] 吕保春，王小光．行政执法证据在刑事诉讼中的有效运用途径分析——兼论行政执法与刑事司法程序的衔接［J］．上海公安高等专科学校学报，2012（22）．

[35] 李辰星．行政执法与刑事司法衔接机制研究［D］．武汉：武汉大学法学院，2013.

[36] 黄燕．行政执法与刑事司法衔接机制之完善［D］．长沙：湘潭大学法学院，2012.

[37] 李和仁．形成打击经济犯罪的合力——建立行政执法与刑事执法相转化工作机制座谈会述要［J］．人民检察，2003（12）．

[38] 贾宇，舒洪水．论行政刑罚［J］．中国法学，2005（01）．

[39] 陈宝富，李文军．行政执法与刑事司法转化中的检察法律监督［J］. 天津市政法管理干部学院学报，2009（02）．

[40] 韩瀚．论行政执法与刑事司法衔接制度的完善——以检察机关的法律监督为核心［D］．合肥：安徽师范大学法学院，2012.

[41] 刘远，汪雷，赵玮．行政执法与刑事执法衔接机制立法完善研究［J］．政法论丛，2006（05）．

[42]［法］孟德斯鸠．论法的精神（上册）［M］．北京：商务印书馆，1961.

[43] 元明，张建忠．注重机制建设，推动“两法衔接”规范开展——基于对上海、福建两地实践调查研究的思考［J］．人民检察，2013（23）．

[44] 刘静坤．刑事司法一体化视野下之侦查功能研究［J］．贵州警官职业学院学报，2006（02）．

[45] Watson. Criminal Justice［J］. Pearson Education. 2003（54）．

[46] 李维．青海召开行政执法与刑事司法相转化工作机制联席会［N/OL］．正义网，2011-04-27. http：//news. jcrb. com/jxsw/201104/t20110427_535633. html.

[47]［希腊］亚里士多德．政治学［M］．北京：商务印刷馆，1965：214.

[48] 马克昌．中国刑事政策学［M］．武汉：武汉大学出版社，1992 年．

[49] 孙恂．感受“组合拳”的力量——全国首个“行政执法与刑事司法信息共享平台”亮相浦东［J］．浦东开发，2006（07）．

［50］黄钰，刘建平，刘晓明．行政执法与刑事司法转化机制研究［C］．政府法制研究会议论文集，2008（06）．

［51］花耀兰，周晶晶，许丽薇．转化行政执法与刑事司法“信息孤岛”［N］．检察日报，2010（06）．

［52］刘远，赵玮．行政执法与刑事执法衔接机制改革初探——以检察权的性质为理论基点［J］．法学论坛，2006（01）．

［53］谭宗泽．行政违法的研究意义与界定探讨［J］．南京大学法律评论，1996（08）．

［54］王文华．行政犯罪与行政违法的界定及立法方式［J］．东方法学，2008（04）．

［55］陈兴良．论行政处罚与刑罚处罚的关系［J］．中国法学，1992（04）．

［56］谢治东．行政执法与刑事司法衔接机制中若干问题理论探讨［J］．浙江社会科学，2011（04）．

［57］周长军，王海平．行政执法的检察监督研究［J］．行政执法与刑事执法衔接机制论要，2006（12）．

［58］刘艳红，周佑勇．行政刑法的一般理论［M］．北京：北京大学出版社，2008：86.

［59］耿刚．行政执法与刑事司法衔接机制研究［D］．扬州：扬州大学法学院，2012.

［60］张晓彬．论社会管理创新视角下的信访工作［D］．济南：山东师范大学，2013：32.

［61］邹嫣．论我国的行政执法与刑事司法衔接机制［D］．济南：山东大学，2012.

［62］于阳，张惠临．创新检察机关“两法衔接”工作机制研究——基于当前工商体制改革的思考［J］．南方论丛，2015（06）．

［63］张桂年，检察机关构建“两法衔接”机制的探索［N/OL］．基层风采，2012http：//www. mzyfz. com.

［64］朱姝．“以罚代刑”现象防范机制探讨［J］．经济与社会发展，2006（05）．

［65］何士青．以人为本与法治政府建设［D］．武汉：武汉大学，2005（04）．

［66］王婧．“私服”的犯罪认定及其查处［J］．江苏警官学院学报，2013（03）．

［67］姜明安．改革和完善行政诉讼体制机制加强人权司法保障［J］．国家行政学院学报，2015（01）．

［68］李婷．行政诉讼与民事诉讼交叉问题的探究［J］．辽宁警专学报，2014（07）．

［69］宋维彬．行政证据与刑事证据衔接机制研究——以新《刑事诉讼法》第52条第2款为分析重点［J］．时代法学，2014（06）．

［70］黄世斌．行政执法与刑事司法衔接中的证据转化问题初探——基于修正后的《刑事诉讼法》第52条第2款的思考［J］．中国刑事法杂志，2012（05）．

［71］蔡佩玉．行政证据转化为刑事证据的法律问题与应对策略［J］．广州市公安管理干部学院学报，2015（09）．

［72］程龙．新刑事诉讼法行政证据使用条款论析［J］．云南师范大学学报（哲学社会科学版），2015（01）．

［73］郭泰和．行政证据与刑事证据的程序衔接问题研究——《刑事诉讼法》（2012年）第52条第2款的思考［J］．证据科学，2012（12）．

［74］郑曦．行政机关收集的证据在刑事诉讼中的运用［J］．行政法学研究，2014（08）．

［75］刘阳，胡文学．行政执法证据在刑事诉讼中的运用问题研究——兼论《刑事诉讼法》第52条的理解和适用［J］．北华大学学报（社会科学版），2013（10）．

［76］黄维．对刑事证据采纳和采信的研究［D］．昆明：云南大学，2012（05）．

［77］陈忠海，刘东斌．论档案行政执法与刑事司法的衔接［J］．档案学研究，2014（04）．

［78］王乔．公安行政执法证据在刑事侦查中的运用——以《刑诉法》第52条为视角［J］．中国刑警学院学报，2013（06）．

［79］汤茂定．森林公安执行《森林法》收集的行政证据在刑事执法中的适用［J］．森林公安，2014（10）．

［80］全国人民代表大会关于修改《中华人民共和国刑事诉讼法》的决定［G］．司法业务文选，2012（03）．

［81］潘丽．论行政证据材料在刑事诉讼中的运用［D］．杭州：浙江工商大学，2013（12）．

［82］中华人民共和国刑事诉讼法［G］．2012（07）．

［83］宋子玉，郭宁．必须重视行政执法与刑事司法的证据转化——浅析

药监执法证据向刑事诉讼证据转化的若干问题［J］．首都医药，2012（12）．

［84］魏东．论在“打虎拍蝇”中的法治理性［J］．法治研究，2014（10）．

［85］《中华人民共和国刑事诉讼法》修正前后对照表［J］．人民检察，2012（04）．

［86］《刑事诉讼法修正案》全面解读．律师人生［EB/OL］.2014.http://blog.sina.com.

［87］孙康．行政证据与刑事证据的衔接与转化［J］．学习论坛，2012（03）．

［88］崔丽．行政执法证据在刑事司法中的运用［J］．法制博览，2015（06）．

［89］范磊，曾德才，褚红辉．打击非法行医“行刑衔接”工作实践分析［J］．中国卫生法制，2011（07）．

［90］密密．非法行医涉嫌犯罪案件“行刑衔接”规范化程序研究［D］．北京：中国政法大学，2012（10）．

［91］张雍锭，段文博．当前我国危害药品安全犯罪现状及对策研究［J］．福建警察学院学报，2015（02）．

［92］张守良，崔杰．“两法衔接”机制中行政执法信息准入标准研究［J］．中国刑事法杂志，2012（09）．

［93］万毅．逮捕程序若干证据法难题及其破解——法解释学角度的思考［J］．西南民族大学学报（人文社会科学版），2015（02）．

［94］姚芸．商标行政执法研究［D］．重庆：西南政法大学，2011（03）．

［95］林素芳．论刑法谦抑性与能动司法之关系［J］．法学研究，2013（11）．

［96］佟蕴，满树军．也论刑事一体化［J］．国家检察官学院学报，2000（08）．

［97］杨海坤．现代行政公共性理论初探［J］．法学论坛，2001（03）．

［98］高通．行政执法与刑事司法衔接中的证据转化——对《刑事诉讼法》（2012 年）第 52 条第 2 款的分析［J］．证据科学，2012（12）．

［99］陈俊彬．税务检查权和涉税案件刑事侦查权的衔接研究．上海：复旦大学，2010（10）．

［100］刘静坤．刑事司法一体化视野下之侦查功能研究［J］．贵州警官职业学院学报，2006（02）．

[101] 季卫东．法律程序的意义——对中国法制建设的另一种思考 [J]．中国社会科学，1993（01）．

[102] 黄燕．行政执法与刑事司法衔接机制之完善 [D]．长沙：湘潭大学法学院，2012（05）．

[103] 伍青萍．“两法”衔接机制的总体构想与实践——以广东省“三打两建”中的探索与实践为例 [J]．行政与法，2013（04）．

[104] 黎群．行政执法与刑事司法的衔接 [J]．长春工业大学学报（社会科学版），2014（26）．

[105] 刘远，赵玮．行政执法与刑事执法衔接机制改革初探——以检察权的性质为理论基点 [J]．法学论坛，2006（01）．

[106] 陈兴良．论行政处罚与刑罚处罚的关系 [J]．中国法学，1992（04）．

[107] 谢治东．行政执法与刑事司法衔接机制中若干问题理论探讨 [J]．浙江社会科学，2011（04）．

[108] 周长军，王海平．行政执法的检察监督研究 [J]．行政执法与刑事执法衔接机制论要，2006（12）．

[109] 刘艳红，周佑勇．行政刑法的一般理论 [M]．北京：北京大学出版社，2008：86.

[110] 于阳，张惠临．创新检察机关“两法衔接”工作机制研究——基于当前工商体制改革的思考 [J]．南方论丛，2015（06）．

[111] 潘丽．论行政证据材料在刑事诉讼中的运用 [D]．杭州：浙江工商大学法学院，2013.

[112] 孙伟．行政执法证据刑事司法化的现实性浅析 [J]．山西省政法管理干部学院学报，2013（26）．

[113] 周舟．知识产权行政执法与刑事司法衔接机制研究 [J]．北京政法职业学院学报，2011（01）．

[114] 吕宝春，王小龙．行政执法证据在刑事诉讼中的有效运用途径分析——兼论行政执法与刑事司法程序的衔接 [J]．上海公安高等专科学校学报，2012（05）．